현대 인식론

현대 인식론

김기현

The Humanities
11

민음사

서론

　인간은 세계와 다양한 관계를 맺으며 산다. 많은 부분 이 관계는 환경을 자신의 필요에 맞게 이용하려는 행위들로 이루어진다. 이 과정에서 인간은 주어진 조건에 반복된 습관을 통하여 단순히 반사적으로 반응하는 데에 머물지 않고, 체계적이고 조직적으로 대응한다. 이것이 바로 인간을 다른 수많은 동물들로부터 구분시켜 고등 동물이게 하는 한 중요한 특성이라 해도 무리가 아닐 것이다. 인간이 환경에 대하여 체계적이고 조직적으로 대응한다 함은 세계에 대한 포괄적 지식을 근거로 하여 행동하는 능력이 있음을 의미하며, 한 행위가 어떠한 결과를 낳을 수 있는가를 알 수 있음을 의미한다. 그렇다면, 세계뿐 아니라 인간의 본성 및 특성을 이해하고자 하는 철학이 앎(지식)의 문제에 관심을 가지는 것은 당연하다고 할 수 있다. 더 나아가 많은 철학자들은 지식의 추구는 상황에 효율적으로 대응하기 위한 도구적 효용성 때문만이 아니라, 그 자체가 숭고한 가치로서 인간을 규정한다고 주장해 왔다.

세계와 인간을 지적(知的)으로 연결시키는 통로이면서 인간을 규정하는 특성으로서의 지식은 철학의 초창기에서부터 중요한 문제로 다루어져 왔다. 그리고 이 지식의 문제를 다루는 철학의 분과는 인식론 epistemology으로 알려져 있다. 이 책의 목적은 영미 철학의 전통에 서 있는 인식론을 소개하는 것이다. 이 과정에서 각 이론들이 다루는 논쟁점들이 무엇이며, 이 논쟁점들이 지식의 논의에 있어 어떠한 위치를 차지하고 있고, 각 논의가 상호간에 어떻게 연결되어 있는가를 밝힘으로써 독자에게 현대 영미 철학의 인식론에 관한 포괄적이고 명료한 지도를 제공하고자 노력할 것이다.

인식론의 대표적인 주제들로서 이 책의 논의 거리가 될 질문들은 다음과 같다 :

(1) 내가 어떤 사실을 안다는 것은 무엇을 의미하는가?
(2) 내가 어떤 사실을 안다고 할 때, 그러한 사실을 어떻게 아는가?
(3) 나는 얼마나 많은 사실들을 알고 있으며, 알 수 있는가?

(1)은 지식을 어떻게 정의할 것인가의 문제이며, (2)는 한 사실을 아는 근거에 관한 문제로서 이는 다시 표현하면, 〈내가 어떤 사실을 믿는 것이 어떻게 정당하게 되는가?〉의 문제이다. (2)가 표현하는 이 문제는 흔히 인식정당성의 문제라고 불리며, 전통적 인식론자들은 인식정당성이 지식의 한 부분을 이룬다고 생각한다. 즉 한 사실에 대한 지식을 습득하기 위해서는 그 사실을 타당한 근거에 의거하여 정당한 방식으로 믿어야 한다는 것이다.

(3)이 제기하는 문제는 회의론의 문제로 알려져 있다. 회의론이란 (3)의 질문에 부정적인 대답을 하는 입장으로, 〈우리가 아는 것, 또는 알 수 있는 것이 (거의) 없다〉는 주장으로 요약된다. 이 문제가 이 책의 후반에서 다루어진다.

전통적인 인식론은 회의론의 도전에 대한 응전으로 시작되었다고 해도 과언이 아니며, 사실 고대에서 시작하여 인식론이 철학의 주된 경향을 이루었던 근세에 이르기까지 회의론은 인식론의 주된 주제로 다루어져 왔다. 이러한 이유에서 어떤 이는 회의론이 인식론의 도입부에 논의되어야 한다고 주장할지도 모른다. 그러나 논리적인 관점에서 볼 때에 그러한 순서는 타당하지 않다. 회의론은 지식의 불가능성에 대한 주장이며, 이러한 주장의 평가는 지식에 대한 어느 정도의 이해를 요청한다. 지식에 대한 올바른 정의가 주어져 있어야만 그러한 지식을 인간이 소유할 수 있는가의 문제가 의미 있게 논의될 수 있기 때문이다.

반대 방향에서 같은 논지의 주장을 전개할 수 있다. 회의론은 지식이란 인간이 도달하기 어려운 또는 도달할 수 없는 목표라는 주장이다. 목표에 대한 설정이 없이 그에 도달할 수 없다고 주장할 수는 없기 때문에 위 주장은 그 목표에 대한 어떤 특정한 견해를 포함하고 있음이 틀림없다. 그렇다면, 회의론의 정당성은 그것이 설정하는 목표가 정당한가, 즉 회의론이 가정하는 지식의 정의가 정당한가에 의존한다. 따라서, 지식의 정의에 대한 어느 정도의 이해 없이는 회의론에 대한 생산적인 논의가 이루어질 수 없을 것이다.

위와 같은 전체적인 구조 하에서 각 장의 논의가 어떤 내용을 담고 있는지를 간략히 소개하는 것은 독자들에게 도움이 될 수 있으리라 생각한다. 1장은 우리의 지식 개념이 다양함을 지적한 후에 이들 개념들의 특성을 분석하고 인식론에서 주된 주제가 되는 지식이란 어떠한 것인가를 분명히 한다. 이는 이후의 논의의 방향을 설정하는 효과를 가져올 것이다.

2장은 1장에서 규정된 바의 지식에 대한 전통적 정의와 그 내용을 소개하고, 이 정의의 잘 알려진 문제점도 소개한다. 그리고 이 문제점을 해결하고자 하는 다양한 시도들을 소개하면서 비판적으로 고찰한다. 이러한 비판적 작업은 3장의 논의로 자연스럽게 이어진다. 3장의 주 목표는 현대에 상당한 영향력을 가지고 나타난 신빙성 있는 지표 이론을 소개하는 데에 있다. 이 이론의 다양한 형태들이 논의됨과 동시에 이들이 어떻게 지식에 대한 전통적 견해가 갖는 문제에 대한 효과적인 해결책일 수 있는가도 논의된다.

4장에서 6장까지는 전통적 인식론에서 현대의 인식론에 이르기까지 가장 중요한 인식론의 주제라고 할 수 있는 인식정당성의 문제를 다룬다. 4장은 인식정당성에 대한 근본적으로 다른 견해가 인식론에 있음을 제시한 후에 이들을 각기 평가적으로 논의한다. 이들 두 견해가 모두 어려운 문제에 봉착하여 있음을 논증함으로써 앞으로 인식정당성에 대한 논의가 해결하여야 할 숙제를 제시하는 것으로 4장은 논의를 맺는다.

5장은 현대 인식론에서 새로이 주목을 끌고 있는 인식정당성에 대한 내재론/외재론의 대립을 논의한다. 6장은 인식정당성과 관련하여 전통적 인식론에서 가장 많은 주목을 받아온 토대론과 정합론 사이의 논쟁을 논의한다.

7장에서는 6장까지의 논의를 토대로 하여 앞서 약속한 회의론을 고찰한다. 회의론을 위한 다양한 논증들을 살펴보고 이들 사이의 공통점을 추출하고 회의론에 대한 기존의 많은 비판들이 성공적이지 못함을 보인 후에, 3장에서 소개된 이론들을 토대로 하여 회의론에 대응하는 방식을 모색한다.

마지막 장인 8장에서는 오늘날 많은 인식론자들과 과학철학자들이 관심을 갖고 있는 자연화된 인식론을 논의한다. 이 장에서는 자연화된 인식론이라는 이름으로 거론되는 여러 조류들을 고찰한 후에 자연화된 인식론이 진정으로 흥미있는 이론이기 위해서는 어떤 모습을 지녀야 하는가를 논의한다.

이 책은 영미의 현대인식론에 친숙하지 않은 사람들이 어렵지 않게 현대 인식론을 이해하기 위한 길잡이를 제시하는 것과 전문적인 철학인들에게 흥미있는 논의거리를 제시하는 것의 두 마리 토끼를 동시에 잡는 것을 목표로 하고 있다. 평가는 독자들에게 남겨두기로 하고, 모쪼록 이 책이 이러한 목표를 완전히 달성하지는 못하더라도 최소한 쓸모없는 책이 되지 않기를 바랄 뿐이다.

인식론의 주제에 관심을 가진지 꽤 되었다. 처음 내가 유학을 가던 때부터 관심을 갖기 시작했으니, 이제 10년 동안 관심을 가져온 셈이다. 이러한 경험을 토대로 현대 인식론을 위한 작은 길잡이로 이 책을 출판하게 되었다. 원래의 예정대로라면 이 책은 1년 반 전에 나왔어야 하는데 게으른 탓에 이제야 빛을 보게 되었다. 이 책을 준비하는 중에 몇 군데로부터 원고 청탁을 받았고, 그 결과로 이 책의 일부분은 이미 출판된 독립된 논문들과 내용이 중복된다. 4장의 내용은 한국 분석철학회 편 『합리성』(1998)에 수록된 「인식적 합리성의 두 개념」을 이 책의 내용에 맞추어 윤색한 것이다. 그리고 마지막 장인 8장은 김여수 교수님 화갑기념 논문집 『언어, 진리, 문화』의 1권에 수록된 「자연화된 인식론」과 많은 내용이 중복된다.

이 책을 내면서 감사해야 할 많은 얼굴들이 떠오른다. 김여수 선생님과 이명현 선생님은 내가 영미 철학에 관심을 갖도록 인도하여 주신 분들이다. 이 분들과 인연을 맺은 것이 벌써 20년에 접어든다. 지적인 측면은 말할 것도 없고 삶의 여러 측면에서 도움을 주셨고 지금까지도 도와주고 계신 두 선생님께 진정으로 감사를 드린다. 그리고 이 책이 완성될 수 있는 데 큰 도움을 준 미국의 은사인 골드만 Alvin Goldman 교수와 레러 Keith Lehrer 교수에게도 감사를 드린다. 이들은 인식론에 관한 나의 지식을 형성함에 큰 도움을 주었다. 특히 나의 박사논문 지도교수인 골드만은 수없이 많은 개인적인 토론을 통하여 인식론의 문제를 접근하는 모범을 보여주었으며, 나에게 지적인 자신감을

불어넣어 주어 독자적인 학자로 홀로 서는 데에 큰 도움을 주었다.

   그리고 일에 쫓기어 별다른 외조를 하지 못함에도 인내로 잘 참아 주고, 학문의 길을 가는 나를 이해하면서 여러 가지 격려와 자극으로 나의 일에 집중할 수 있도록 도와 준 아내 송윤원에게 고마움을 전한다. 마지막으로 원고 정리에 도움을 준 김현경양과 민음사 정연재씨에게 감사를 전한다.

1998년 8월
김기현

차례

제1장 지식의 여러 유형들 17

    1 절차적 지식, 표상적 지식, 체험적 지식 17

    2 표상적 지식의 여러 유형들 22

제2장 지식에 대한 전통적 정의 — 그 문제점 및 해결 방향 29

    1 정의의 대상과 구조 29

    2 지식에 대한 전통적 정의 31

    3 믿음 조건 33

    4 진리 조건 36

    5 인식정당성 조건 37

        5-1 평가적 성격 38

        5-2 진리 연관적 평가 38

        5-3 오류가능성 42

        5-4 근거의 두 유형 43

        5-5 인식정당성의 복합적 구조 44

    6 전통적 정의의 문제점: 게티어의 문제 48

    7 게티어 문제의 해결책들 50

        7-1 거짓 전제의 배제 51

        7-2 사실과 믿음 사이의 인과 59

        7-3 격파불가능성 64

    8 게티어 문제의 교훈: 지식과 우연적 참의 배제 67

제3장 신빙성 있는 지표 이론 73

    1 가정법적 조건문과 우연의 배제 77

    2 신빙성 있는 지표 이론 84

        2-1 암스트롱: 믿음과 사실 사이의 합법칙적 함축 관계 85

        2-2 노직과 드레츠키: 가정법적 조건의 관계 89

  2-3 골드만: 적절한 대안의 부재 94

  3 신빙성 있는 지표 이론과 그 함축 97

제4장 인식정당성의 두 견해 103

 1 평가의 두 차원 105

 2 인식정당성에 대한 전통적 견해 108

 3 인식정당성에 대한 발생적 견해 114

 4 전통적 견해와 발생적 견해의 변주들 116

 5 전통적 견해와 발생적 견해의 갈등 118

 6 전통적 견해의 문제 121

 7 발생적 견해의 문제 124

 8 결론 128

제5장 내재론과 외재론 131

 1 혼동의 몇 가지 사례들 132

 2 내적인 것과 외적인 것 135

 3 내재론-외재론 구분의 세 차원 138

  3-1 첫째 차원: 인식정당성의 근거 139

  3-2 둘째 차원: 근거의 적절성 142

  3-3 셋째 차원: 토대 관계 148

 4 혼동의 해소 153

 5 내재론/외재론 구분과 전통적 견해/발생적 견해의 구분 156

제6장 토대론과 정합론 161

1 토대론과 정합론: 인식정당성의 구조 161
  1-1 토대론 162
  1-2 정합론 166

2 토대론과 정합론: 인식정당성의 결과 또는 조건 170

3 인식정당성의 후퇴 172

4 토대론의 유형들 176
  4-1 자체 정당성과 명제의 확실성 176
  4-2 경험에 주어진 것과 내성적 확실성 180
  4-3 온건한 토대론 187

5 토대론에 대한 도전: 경험의 이론의존성 192

6 정합론의 유형들 196
  6-1 긍정적 정합론과 부정적 정합론 196
  6-2 선형적 정합론과 전체적 정합론 200

7 인식정당성의 후퇴 재고 201

8 정합론에 대한 도전 205
  8-1 정당성의 상이한 체계들 또는 세계로부터의 괴리 205
  8-2 감각 경험으로부터의 괴리 208

9 토대론과 정합론의 진정한 싸움터 212

제7장 회의론 219

1 회의론의 유형들 221

2 회의론 논증 224
  2-1 첫째 논증: 실수로부터의 논증 224
  2-2 둘째 논증: 지식의 폐쇄성을 통한 논증 227
  2-3 셋째 논증: 확실성의 요구로부터의 논증 230
  2-4 종합적 고찰 232

3 기존의 회의론 비판들 236

    3-1 회의론은 자기 논박적이다 236

    3-2 회의론은 무슨 말을 하는지 알 수 없다 239

4 회의론의 비판적 고찰 241

    4-1 실수로부터의 논증 비판 241

    4-2 지식의 연역적 함축 하에서의 폐쇄성에 대한 논증 비판 245

    4-3 확실성의 요구로부터의 회의론 논증 비판 253

5 결론 255

제8장 자연화된 인식론 261

1 전통적 인식론의 두 가지 특성 262

2 개념적-존재론적 연속성 265

3 방법론적인 연속성 271

    3-1 규범의 경험적 제약 273

    3-2 인식적 규범의 경험적 탐구 276

4 결론 283

    참고문헌 287

    찾아보기 295

늦동이 아들을 키우느라 애쓰시고, 지금까지 생존하셔서 헌정할 기회를 주신 노부모님께 깊은 감사의 마음으로 이 책을 바칩니다.

제 1 장 지식의 여러 유형들

1 절차적 지식, 표상적 지식, 체험적 지식

지식에 대한 논의에 들어가기에 앞서 우선 이 책에서 다루는 지식이 어떠한 종류의 것인가를 분명히 할 필요가 있다. 왜냐하면, 우리말에서의 〈안다〉는 표현은 여러 가지 다른 의미로 사용되며, 각 의미에 대응하는 상이한 지식의 유형들이 있기 때문이다. 다음의 예들을 보자.

(1) 나는 자전거를 탈 줄 안다.
(2) 나는 지구가 둥글다는 것을 안다.
(3) 나는 철호를 안다.
(4) 영수는 여자를 안다.

(1)과 유사한 예들로는 〈나는 술에 취해도 집에 찾아갈 줄 안다〉, 〈나는 미분방정식을 풀 줄 안다〉 등이 있다. 이러한 예들에서 〈안다〉고 함은 특정한 능력이 있음을 의미한다. 이러한 사실은 이 예들에서 〈할 줄 안다〉는 표현이 〈할 수 있다〉 또는 〈하는 능력이 있다〉는 표

현으로 번역되어도 그 의미가 변하지 않는다는 점에서 잘 드러난다. 이러한 종류의 지식을, 인공지능을 연구하는 사람들은 절차적 지식 *procedural knowledge*이라고 부른다. 여기서 주목해야 할 것은 절차적 지식을 갖기 위하여, 반드시 그 절차를 머릿속에 떠올려 생각하고 표현할 수 있어야 할 필요는 없다는 점이다. 예를 들어, 자전거 타기를 가르쳐주는 사람이 아무도 없어 영희가 자전거 타기에 관한 참고서를 구입하여 스스로 자전거 타기를 배웠다고 하자. 이 참고서는 〈자전거가 왼쪽으로 기울면, 손잡이를 왼쪽으로 틀어라〉 등의 교훈을 포함하고 있다. 영희는 이러한 교훈을 숙지하여 드디어 자전거를 탈 줄 알게 되었다고 하자. 일단 영희가 이러한 능력을 갖추게 되면, 비록 영희가 이후에 참고서에 담겨 있는 모든 교훈을 잊는다 해도 영희가 자전거를 탈 줄 안다는 사실에는 아무 변화도 없다. 마찬가지로 자전거 타기에 대한 아무런 사전 정보 없이 무릎이 벗겨지고 손목이 부러지는 고통을 거쳐 스스로 자전거를 탈 수 있게 된 사람의 경우에도 그가 자전거를 탈 줄 안다고 말하는 데에는 아무런 문제가 없다. 자전거를 탈 줄 알기 위하여 그에 관한 정보를 머릿속에 갖고 있을 필요가 없을 뿐 아니라, 그러한 정보를 갖고 있다고 하여 자전거를 탈 줄 안다고 할 수도 없다. 영희는 참고서에 나오는 자전거 타기에 관한 모든 교훈을 외우면서도 자전거를 탈 줄 모를 수 있다.

위의 고찰은 절차적 지식을 갖기 위해서는 한 사람의 행위 체계 또는 인식 체계가 관련된 과제를 수행하기 위한 규칙 또는 규범에 따라 적절히 조직되어 hard-wired 있어야 할 뿐, 어떤 정보가 마음속에 떠올려 있을 필요는 없다는 것을 보여준다. 이러한 점에서 절차적 지식은 위의 (2)에서 나타나는 지식과 다르다. 철호가 지구가 둥글다는 것을 알기 위해서는 그에 해당하는 정보가 철호의 마음속에 떠올려 있어야 한다. 〈마음속에 떠올림〉을 표상이라고 한다면, (2)에서 나타나는 지식의 유형을 표상적 지식이라고 할 수 있겠다. 이러한 표상적 지식을 소유하는 것은 행위를 통하여 어떤 일을 수행할 능력이 있다는 것을 포함하지 않는 듯이 보인다. 예를 들어, 철호가 지구가 둥글다는 지식을 소유하게 됨으로써 이전에는 할 수 없었던 어떤 일을 행동을 통하여 수행할 수 있게 되는지가 분명하지 않다. 그리고 그러한 행위적 능력이 있다고 하더라도, 그것은 표상적 지식을 소유한 일상적 결과이지, 그 자체가 표상적 지식의 본성을 이룬다고 할 수 없기 때문이다.[1]

---

1) 사실 표상적 지식이 절차적 지식으로부터 완전히 분리되어 정의될 수 있는지는 선명하지 않다. 절차적 지식을 신체적 행동을 통한 능력으로 제한한다면, 표상적 지식을 절차적 지식으로부터 독립한 것으로 보는 데 별 어려움이 없을 것이다. 표상적 지식을 신체적 행동 능력을 통하여 정의하는 것은 이미 오래전에 논박된 행동주의behaviorism의 입장에 불과하기 때문이다.

그러나 절차적 지식을 단순히 신체적 행동 능력으로 보는 것은 옳지 않다. 우리가 절차적 지식을 이룬다고 볼 수 있는 능력은 때로는 신체적 행위 능력이 아닌 인식적 추론 능력에 의하여 구성되는 것도 있기 때문이다. 한 사람이 논리학 개론을 배운 적이 없어서 전건 긍정식 Modus Ponens이 무엇인지에 관한 아무런 표상적 지식을 갖고 있지 못한다 하더라도, 만약 그 사람의 일상적 추론이 전건 긍정식이 묘사하는 추론 방식에 따라 일어난다면, 그 사람은 일정한 방식으로 추론할 줄 안다고 할 수 있기 때문이다.

이렇게 절차적 지식을 이루는 행위 능력이 신체적 능력을 넘어서서 인식적 추론 능력까지 포함하는 것으로 보면, 절차적 지식이 표상적 지식의 본질적인 부분을 이룬다고 주장할 수 있는 여지가 생긴다. 다음의 예를 보자. 만약 한 사람이 김구는 암살되었다고 주장하면서, 동시에 그가 지금도 살아 있다고 주장한다면, 우리는 그가 김구는 암살되었다는 것을 안다고 할 수 없다. 이런 경우에 우리는 그가 〈암살되었다〉는 것이 무엇인가를 이해하고 있지 못하다고 판단할 것이다(이 예는 스티치 S. Stich로부터 빌려온 것이다(Stich(1985) : 93-94 참조). 그 이유는 그가 〈암살되었음〉을 포함한 사실을 표상적으로 알기 위해서는 〈암살되었다〉는 것으로부터 〈죽었다〉는 것을 추론할 수 있어야 하며, 〈죽었다〉는 것으로부터 〈현재 살아 있지 않다〉는 것을 추론할 수 있어야 하기 때문이다. 그가 이러한 기본적 추론 능력이 없는 한, 그는 누군가가 암살되었다는 사실을 표상적으로 안다고 할 수 없다. 이 예는 표상적 지식을 갖기 위해서는 일정한

(3)에서 나타난 지식은 특정인에 대한 친숙함을 의미하여, 절차적 지식도 표상적 지식도 아닌 새로운 유형의 지식을 시사하는 듯하다. 그러나 이러한 지식은 위의 두 유형의 지식을 통하여 분석될 수 있다. 예를 들어, 내가 친구인 동식이를 안다고 하자. 이는 과거의 경험을 통하여 그와 친숙하다는 것을 의미한다. 이때 친숙함은 그에 관한 정보를 머리에 떠올리고 있을 뿐 아니라 그와 마주쳤을 때 그를 인지할 수 있으며 이 인지를 통하여 그를 다른 사람들로부터 식별할 수 있는 능력이 있음을 의미한다. 이 경우 동식이에 대한 나의 지식은 절차적 지식과 표상적 지식이 결합되어 있는 것이다. 그러나 한 사람을 안다는 것이 항상 이와 같이 절차적 지식과 표상적 지식 모두를 포함하지는 않는다. 이광수에 대한 나의 지식의 경우를 보자. 나는 이광수를 알고 있다고 할 수 있는데, 나의 지식은 그가 『흙』이라는 소설을 쓴 한국 근대 문학의 대표적 인물이며, 그의 필명은 춘원이라는 등의 표상적 지식으로 이루어진다. 나는 이광수와 마주쳤을 때 그를 다른 사람으로부터 구분하여 식별할 수 있는 능력은 갖고 있지 않다. 따라서, 이 경우의 이광수에 대한 나의 지식은 순수한 표상적 지식인 듯하다. 이렇듯 (3)의 예에서 보이는 지식은 기본적으로 표상적 지식을 포함하면서 때로는 절차적 지식을 수반하기도 하는 지식의 유형으로 보인다.

한편, 위의 (4)의 예에서 나타나는 지식은 또 다른 유형의 지식인 듯이 보인다. 영수가 여자를 안다고 할 때, 이는 〈영수가 세상을 안다〉라고 말할 때와 같이 세상에서 처세하는 방식을 안다는 의미로 쓰일 수 있다. 그렇다면, 〈영수가 여자를 안다〉는 것은 여자와의 관계에서 적절히 행동할 줄 안다는 의미가 될 것이며, 이는 절차적 지식으로 분류될 수 있다. 그러나 〈영수가 여자를 안다〉라는 말은 때로

추론 능력을 필수적으로 가져야 한다는 것을 시사한다.

는 이러한 행동을 통한 처세와는 무관하게 단순히 여자와의 신체적 경험을 가졌음을 의미하는 용도로 사용되기도 한다. 이런 의미에서 사용된 (4)의 지식을 체험적 지식이라고 부를 수 있겠다. 이러한 체험적 지식은 표상적 지식도 절차적 지식도 아니다. 여자에 대한 체험을 갖는 것에 일정한 행위 능력 또는 일정한 표상적 지식이 필수적으로 동반되지 않으며, 절차적 지식 또는 표상적 지식이 동반될 경우에도 이는 체험의 결과이지 그 체험 자체를 이루는 것으로 보이지 않기 때문이다.

지금까지 우리는 〈안다〉라는 단어가 세 가지 커다란 상이한 의미로 사용되고 있음을 보았다. 표상적 지식, 절차적 지식, 체험적 지식이 이들을 대변한다. 그리고 이들의 결합(절차적 지식과 표상적 지식의 결합)을 통하여 분석될 수 있는 지식의 한 유형으로 특정인에 대한 지식의 경우를 보았다. 아직 우리가 살펴보지 못한 지식의 유형이 있는지, 있다면 이미 살펴본 지식의 유형들을 통하여 분석될 수 있을지 하는 것은 흥미로운 문제다. 이 문제는 우리의 미래의 과제로 남겨두기로 하자. 여기서 주목하고자 하는 것은 인식론에서 주된 관심이 되어 온 것은 표상적 지식이라는 점이다.

서론에서 보았듯이 전통적 철학, 특히 인식론이 지식에 관심을 갖는 이유는 지식이 인간과 세계를 지적으로 연결시키는 매개체로서 인간의 특성을 규정한다는 데에 있었다. 환경과의 지적인 관계는 근본적으로 환경에 대한 이해로 이루어지고, 이 이해는 환경의 여러 상태에 대한 표상을 통하여만 가능하다. 이러한 이유에서 전통적 인식론은 표상적 지식을 그 주된 관심사로 삼았으며, 현대의 인식론 역시 표상적 지식을 그 분석 대상으로 삼고 있다. 이 책도 전통을 수용하여 표상적 지식에 논의를 맞추고자 한다.

2 표상적 지식의 여러 유형들

표상적 지식은 흔히 그를 산출하는 인식 능력의 차이에 따라, 또는 그 지식을 이루는 명제를 확증하는 방식의 차이에 따라 경험적 지식 empirical knowledge과 선험적 지식 a priori knowledge으로 구분된다. 물리적 사물들의 특정한 상태는 감각 경험에 의하여 파악된다. 물리적 사물들은 우리의 감각 기관을 자극하고, 이것이 입력으로 작용하여 인지 과정을 거쳐 그들에 대한 판단을 낳게 된다. 이러한 인지 작용의 대표적인 예는 시각이라고 할 수 있고, 이 밖에 청각, 후각, 촉각, 미각 등이 감각 경험을 통하여 개별적 사물들의 상태에 대한 판단을 낳는 인지 작용으로 알려져 있다. 이들 인지 작용은 공통적으로 지각이라는 이름으로 불리고 있으며, 지각의 구체적인 과정이 어떠한가가 알려지기 전부터 지각의 존재 자체는 확고한 위치를 차지해 왔다. 더욱이 심리학과 인지과학이 발전하여 그 구체적인 과정이 상당히 알려진 오늘날에는 지각의 존재를 의심할 수 없고, 따라서 이러한 지각에 의하여 구성되는 세계에 대한 판단이 어떻게 지식이 될 수 있는가 하는 문제는 의미 있는 문제로 제기된다. 이들 지각적 경험에 의하여 얻어진다고 생각되는 지식이 지각적 지식이라고 불린다.

한편, 우리의 감각 경험을 통하여 얻어지고 확증되는 지식들의 범위는 지각에 제한되지 않는다. 우리의 지각은 개별적인 사태에 제한되지만, 우리의 인식은 이들 개별적인 사태에 대한 파악에 머무르려 하지 않고 이들로부터 출발하여 경험 세계를 지배하는 보편적인 법칙에까지 도달하려 한다. 자연과학의 법칙들은 이러한 노력이 낳은 대표적인 예라고 볼 수 있다. 그러나 자연 세계의 일반적 성격에 대한 이들 명제들의 내용이 개별적 지각에 주어지는 것을 넘어선다 하더라도, 이들의 정당성이 최소한 부분적으로는 우리의 지각적 경험에 의존한다는 것은 부정할 수 없다. 이런 의미에서 자연과학의 법칙을 포함하는 자연 세계의 일반적 성질에 대한 지식은 지각적 지식은 아니라 하더라도, 넓은 의미에서 경험적 지식이라고 할 수 있다.

많은 철학자들은 인간들이 경험 이외에 지식을 산출하는 다른 인식 능력을 갖고 있다고 생각한다. 이렇게 생각하는 이유는 당연히 지식이라고 할 수 있지만 감각 경험에 그 정당성을 의존한다고 보기 어려운 경우들이 있기 때문이다. 수학적, 논리학적 진리들에 대한 지식이 그 대표적인 예라 할 수 있겠다. 칸트 I. Kant를 포함한 합리주의 전통에 선 철학자들은 수학적 지식이 경험에 의존하지 않는다는 것을 의심 없이 받아들이고, 이러한 지식이 이성에 의하여 산출된다고 믿는다. 이러한 이성적 지식이 때로는 선험적 지식 a priori knowledge이라고 불리기도 하고, 때로는 초월적 지식 transcendental knowledge이라고 불린다.

선험적 지식과 초월적 지식의 차이는 용어상의 차이 이상의 의미를 갖는다. 이성적 지식을 선험적 지식이라고 부르고, 경험적 지식을 후험적 지식 a posteriori knowledge이라고 부르는 것은 이성적 지식이 경험적 지식에 우선하며, 그를 위한 근거의 역할을 한다는 것을 전제로 한다. 따라서 경험에 의한 지식과 이성에 의한 지식을 선험과 후험의 방식으로 포착하는 것은 양자 사이의 우선성에 대한 특정한 견해를 포함하고 있다. 반면에 경험적 지식과 이성적 지식의 차이를 경험적 지식과 초월적 지식으로 구분하는 것은 양자 중에서 어느 것이 우선적인 것인가에 대한 입장을 포함하지 않는다. 이성적 지식을 초월적 지식이라고 부르는 것은 단지 이성에 의한 지식이 경험과 독립하여(초월하여) 있다는 것만을 함축하기 때문이다.

경험과 더불어 이성이라는 인식 능력을 끌어들이는 것은 철학이 전통적으로 받아들이고 있는 존재론적 이분법과 밀접히 연관되어 있다. 이에 따르면, 세계는 한편으로 개별적인 물리적 사물들로 이루어진 가변적 측면을 갖고 있으며, 다른 한편으로 이러한 가변적 세계의 배후를 이루면서, 혹은 가변적 세계를 초월하여, 보편성을 유지하는 불변적인 측면을 갖고 있다. 지각 경험이 개별적 사물의 가변적인 측면을 파악하고, 지각 경험의 영역을 넘어선 불변적 보편성은 이성에 의하여 파악된다는 것이다.

수학적 지식이 존재한다는 것은 부정하기 어렵고, 그러한 지식이 지각 경험에 의존하지 않는다는 주장은 상당한 설득력을 갖고 있다. 그렇다면, 이성이라고 불리는 별도의 능력이 있다는 주장 역시 설득력이 있다고 할 수 있다. 그러나 이성에 의한 선험적 지식이 어떻게 가능한가라는 문제에 접근하는 데에는 큰 장벽이 놓여 있다. 도대체 이성이 어떠한 인지적 과정을 포함하고 있는지가 불분명하기 때문이다. 한 판단이 지식이 될 수 있는가 없는가는 그 판단이 어떻게 이루어졌는가에 의존한다. 예를 들어, 지각적 판단의 경우를 보자. A라는 사람은 나무에 대한 선명한 감각적 경험에 의하여 〈저기에 나무가 있다〉고 판단한다. B라는 사람은 나무와 상당한 공간적 거리를 갖고 있어 오직 불분명한 감각적 경험을 갖고 있음에도 같은 판단을 내린다. 이때, A는 그 사실을 아는 반면, B는 모른다고 할 수 있다. 이렇게 말할 수 있는 이유는 시각 경험이 작동하는 방식을 고려할 때, A의 판단은 타당한 근거에 의존하여 참일 가능성이 높은 방식으로 성립한 반면, B의 판단은 그렇지 못하였기 때문이다. 이와 같이, 한 판단이 지식이 될 수 있는가를 결정하기 위해서는 그 판단의 배경을 이루는 인지 과정이 어떠한가를 아는 것이 필수적이다.

그러나 선험적 판단의 경우 그 판단의 배경을 이루는 인지 과정이 잘 알려져 있지 않기 때문에 그것이 과연 지식이 될 수 있는가를 객관적이고 생산적으로 논의하기 어렵다. 기하학의 경우를 보자. 기하학적 판단은 정당성을 공리들에 의존한다. 그렇다면, 기하학적 지식은 궁극적으로 공리에 대한 지식에 의존한다고 할 수 있다. 〈두 점간의 가장 가까운 거리는 직선이다〉라는 기하학의 공리를 예로 들어 살펴보자. 이 공리에 대한 판단이 순수하게 추측에 의하여 성립하였든가, 아니면 기하학에 전혀 무지한 사람의 말을 믿고 그러한 판단에 도달하였다면 그것은 지식이 될 수 없다. 이 판단이 단지 한 사람에게 의심할 수 없이 자명하게 보인다는 사실만으로 지식이 될 수도 없다. 도대체 지식이라고 할 수 없는 많은 근거 없는 독단적 생각들이 그러한 생각을 품는 사람들에게 의심할 수 없이 자명하게 받아들여지는 경우들이 허다하기 때문이다. 그렇다면, 기하학의 공리가 지식이 될 수 있는가는 그 공리가 판단으로 성립하는 과정이 어떠한가에 의존한다고 보아야 하는데, 현재로서는 이 과정이 어떠한지가 알려져 있지 않다. 이런 이유 때문에 선험적 지식이 어떻게 성립하는지는 물론이고, 그것이 가능한지조차 논의하기 어렵다.

도덕적 지식의 경우 사정은 더 나쁜 듯하다. 도덕에 관한 비인지주의 non-cognitivism 또는 정의주의 emotivism에 따르면, 도덕적 언명은 단지 주관적인 정서의 표현에 불과하여 시인 또는 부정의 주관적인 태도를 나타낼 뿐이다.[2] 이는 도덕적 판단은 세계에 관한 정보로서의 지식이 될 수 없다는 주장을 함축한다. 도덕에 관한 직관주의 intuitionism에 따르면, 도덕적 지식은 도덕적 직관에 의하여 파악되는 것으로 이해된다. 그러나 이성의 경우와 마찬가지로 이 직관이 어떠한 인지 과정을 포함하고 있는지가 전혀 알려져 있지 않다. 더 나아가, 이때의 직관은 일종의 이성적 능력이면서 도덕이라는 특정한 주제에 대하여만 적용되는 특수 목적의 인식 능력으로 간주되는데, 과연 이러한 능력이 있는지는 더욱 알 수 없는 듯하다.

여기서 경험적 지식만이 가능하고 선험적 지식 또는 도덕적 지식 등의 기타의 지식이 가능하지 않다든가, 이들이 경험적 지식에 비하여 열등하다고 주장하는 것이 아니다. 다만, 심리학의 현단계로서는

---

[2] 정의주의에 관해서는 Carnap(1935); Ayer(1946); Stevenson(1944) 참조.

이들에 포함된 인지 과정이 알려져 있지 않고, 따라서 선험적 또는 도덕적 판단이 지식이 될 수 있는지, 그렇다면 어떻게 지식이 될 수 있는지를 논의하기 어렵다는 것만을 말하고 있을 뿐이다. 언젠가 이들 인지 과정이 좀더 잘 알려져서 이들에 관한 인식론적 논의가 생산적으로 이루어질 날을 기다리면서, 이 책에서는 경험적 지식의 분석에 논의를 제한하고자 한다.

러셀 B. Russell은 경험적 지식을 또다시 직접적 의식에 의한 지식과 서술에 의한 지식으로 구분한다.[3] 이 구분을 이해하기 위하여 감각 경험에 의하여 〈저기에 나무가 있다〉라는 판단에 도달하는 경우를 살펴보자. 이 판단에 도달하는 과정은 다음과 같이 이루어진다. 밖의 나무가 우리의 시각을 자극하여 일정한 형태의 감각적 영상——형태, 색조 등을 포함한——을 산출한다. 이때의 감각적 영상은 아직 명제라는 구조로 분절된 판단의 형식을 갖추고 있지 않다. 이 감각적 영상에 의거하여 우리는 〈저기에 나무가 있다〉라는 주어-술어의 명제 형식을 지닌 판단에 도달한다. 러셀은 위의 감각적 영상을 감각자료 sense-data라 부르고, 이를 알기 위해서는 아무런 추론이 필요하지 않으며 단지 접촉을 통한 직접적 의식만이 필요하다고 한다. 반면에, 이렇게 의식에 주어진 것으로부터 나무라는 외적인 물리적 대상에 이르기 위해서는 추론——아마도 무의식적인 추론——이 개입하게 된다. 이 추론에 의한 지식은 외적 대상에 대한 특정한 서술을 포함하며, 주어-술어의 구조를 지닌 명제의 형식으로 판단이 되어 나타난다. 직접적 의식에 의한 지식과 서술에 의한 지식이라는 러셀의 구분은 관련된 인식 작용의 차이에 의한 것인데, 그것이 결과적으로 산출하는 지식의 내용의 형식에 의하여서는 비명제적 지식과 명제적 지식으로 구분할 수 있겠다. 이 책에서는 주로 명제적 지식의 분석을

---

3) Russell(1912) : 25-32.

주된 관심사로 삼을 것이며, 후에 토대론과 정합론의 논쟁을 다루는 부분에서 직접적 의식의 대상인 감각 자료가 경험적 지식의 형성에 기여하는 방식을 살펴볼 기회가 있을 것이다.

지금까지 우리는 지식의 여러 유형들을 살펴보았는데, 이를 도표로 표현하면 다음과 같다:

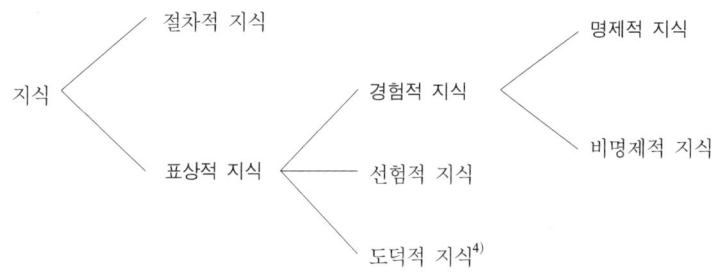

이제 우리의 논의 대상이 표상적 지식, 그중에서도 경험적 명제적 지식임을 분명히 하였으니 지식에 대한 구체적 분석을 살펴보기로 하자.

---

4) 선험적 지식과 도덕적 지식은, 그것이 가능하다면, 명제적 지식일 것이라고 생각한다.

제 2 장 지식에 대한 전통적 정의
─── 그 문제점 및 해결 방향

1 정의의 대상과 구조

앞 장에서 언급되었듯이, 이 책에서 다루는 지식은 경험적 사실에 대한 명제적 지식이다. 한 사실에 대하여 어떤 사람은 알지만, 다른 사람은 모를 수 있다. 나는 한국의 초대 대통령이 이승만이라는 것을 알지만, 아프리카의 콩고에 사는 우탕가는 그러한 사실을 모른다. 즉, 한 명제로 표현되는 지식은 인식 주관에 상대적이다. 또한 지식은 한 시점에서 습득하였다가 이후에 잃을 수 있다. 나는 한 사람의 이름을 과거에 알았지만, 이 지식이 이후에 나의 기억 속에서 완전히 사라져 지금은 전혀 그 이름을 기억하지 못할 수 있다. 즉, 지식은 시간에 상대적이기도 하다. 그렇다면, 인식론이 분석하고자 하는 지식은 일정한 시간에 특정한 인식 주관에 속하는 지식이다. 지식을 소유하는 인식 주관을 S라 하고, 지식의 내용을 이루는 명제를 P라 하고, S가 P를 아는 시점을 t라 할 때, 인식론은 〈S가 t에 P를 안다〉는 것이 무엇인가를 정의하고자 하는 것이다. 그러나 이 글에서는 편의상 시간에 대한 언급을 생략하고 단지 〈S가 P를 안다〉는 사실의 분석에 주목하고자 한다.

지식에 대한 전통적 정의를 살펴보기에 앞서 철학에서 정의가 무엇을 목표로 하는가에 대하여 간략히 살펴보자. 정의가 되는 항목은 흔히 피정의항 definiendum이라 불리고, 정의를 수행하는 항목들은 정의항 definiens이라 불린다. 한 개념에 대한 정의는 정의항들을 나열함으로써 이루어진다. 예를 들어, 인간을 이성적 동물이라고 정의할 때, 인간이 피정의항이고 〈이성적임〉과 〈동물임〉이 정의항들을 이룬다. 이러한 정의는 두 가지 주장을 포함한다. 첫째로, 정의는 각 정의항이 피정의항의 필요조건이라는 주장을 포함한다. 즉, 이성적이 아니고서는 인간일 수 없으며, 또한 동물이 아니고서는 인간일 수 없다는 주장이 인간을 이성적 동물로 정의하는 데에 포함되어 있다. 둘째로, 정의는 정의항들이 함께 결합될 때 피정의항을 위한 충분조건을 이룬다는 주장을 포함한다. 즉, 인간을 이성적 동물로 정의하는 것은 이성적임과 동시에 동물이라면 인간이 되기에 충분하다는 주장을 포함한다.

정의가 위와 같은 두 주장을 포함한다는 사실을 고려하면, 정의란 피정의항을 위한 필요조건들을 그들이 아울러 피정의항을 위한 충분조건이 되는 방식으로 제시하는 작업이라고 할 수 있다. 지식을 정의하고자 하는 인식론의 작업도 다를 바 없다. 지식을 정의하고자 하는 인식론자들은 지식을 위한 필요조건들을 제시하면서, 이들을 아울러 지식을 위한 충분조건으로 제시한다. 철학적 정의가 위와 같은 성격을 갖는다는 사실로부터 어느 경우에 그 정의가 실패하는가를 읽어낼 수 있다. 정의가 실패하는 경우는 두 가지가 있을 수 있는데, 이들은 각기 정의가 포함하는 위의 두 주장에 대응한다. 첫째로, 한 정의항이 피정의항을 위한 필요조건이 아닐 때 정의는 실패한다. 예를 들어, 이성적이 아닌 인간이 있을 수 있다면(또는 동물이 아닌 인간이 있을 수 있다면), 인간을 이성적 동물로 정의하는 것은 잘못이다. 둘째로, 정의항들의 결합이 피정의항을 위한 충분조건이 아닐 때, 정의는 실패한다. 즉 이성적 동물이기는 하지만 인간이라고 할 수 없는 존재가 있다면, 인간을 이성적 동물로 정의하는 것은 실패한다. 이제, 철학적 정의가 갖는 이러한 성격을 염두에 두고, 지식이 전통적 인식론에서 어떻게 정의되었으며, 이 정의에 대하여 어떠한 반론이 제시되었는가를 살펴보기로 하자.

2 지식에 대한 전통적 정의

지식에 대한 전통적 정의에 따르면, 지식은 인식적으로 정당한 참된 믿음이다. 즉, 다음의 세 요소가 S가 P에 대한 지식을 갖기 위한 필요조건들을 이루며, 이들이 아울러 지식을 위한 충분조건으로 제시된다.

(1) S는 P를 믿는다.
(2) P가 참이다.
(3) P를 믿는 것이 S에게 인식적으로 정당하다.

한 경험적 사실을 알기 위해서는 그에 대한 정보를 마음에 떠올려 파악해야 한다. 정보를 떠올려 파악하는 것은 그에 대응하는 명제를 믿는 것에 다름 아니다. 따라서, 한 사실을 알기 위해서는 그 사실을 표현하는 명제를 믿는 것이 필수적이다. 예를 들자면, 한 사람이 태양계는 아홉 개의 행성으로 이루어져 있다고 믿지 않는 한, 그 사람은 그러한 사실을 알 수 없다. 이러한 고려로부터 지식을 위한 위의 첫째 조건이 도출되며, 이를 지식을 위한 **믿음 조건**이라고 부르자.

그런데 모든 믿음이 지식이 되지는 않는다. 한 믿음은 참일 수도 거짓일 수도 있는데, 그 믿음이 거짓이어서는 지식이 될 수 없다. 믿음은 참일 때에만 지식이 될 수 있다. 예를 들어, 내가 태양계 행성의 수가 10이라고 믿는다면, 그 믿음은 지식이 될 수 없는데, 그 이유는 나의 믿음의 내용을 이루는 〈태양계의 행성의 수는 10이다〉라는 명제가 거짓이기 때문이다. 위의 둘째 조건이 이러한 고려를 반영한다. 이 조건을 지식을 위한 진리 조건이라고 부르자.

지금까지 우리는 지식이 성립하기 위해서는 참된 믿음이 있어야 한다는 것을 보았다. 그러나 참된 믿음인 것만으로는 지식이 되기에 충분하지 않다. 다음의 예를 살펴보자 : 나의 어머니가 바로 외출한 후에 폭우가 쏟아지기 시작하였다고 하자. 나는 어머니가 우산을 가지고 나가셨다고 믿을 만한 어떤 근거 또는 증거도 갖고 있지 않지만, 어머니의 건강이 걱정되어서 우산을 가지고 나가셨으면 하는 바람을 갖게 되고, 단순히 그런 바람에서 어머니가 우산을 갖고 나가셨다고 믿는다고 하자. 이 경우에 나는 어머니가 우산을 가지고 나가셨다는 것을 안다고 할 수 없다. 사실 어머니가 우산을 가지고 나가셔서 나의 믿음이 참이라고 해도 사정은 마찬가지다. 이 예는 한 믿음이 참이라고 하더라도, 적절한 근거에 토대하고 있지 않고서는 지식이 될 수 없음을 보여준다. 이로부터 다음과 같은 지식을 위한 필요 조건이 도출된다.

S가 P를 적절한 근거에 의거하여 믿을 때에만, S는 P를 안다.

인식론자들은 〈적절한 근거에 의존함〉을 〈인식적으로 정당함〉으로 표현한다. 이에 따라, 위의 조건에서 〈적절한 근거에 의거하여 믿음〉 대신에 〈인식적으로 정당함〉이라는 표현을 대치하면, 지식을 위한 위의 세번째 조건이 된다. 이를 지식을 위한 인식정당성의 조건이라고 부르자.

3 믿음 조건

S는 P를 믿어야만 S는 P를 안다는 믿음 조건은 누구도 부정할 수 없을 것이며, 필자가 아는 한 이 조건을 부정하는 인식론자는 아무도 없다. 이 조건이 일단 받아들여지면, 한 사람이 일정한 명제를 알고 있는가를 결정하고자 하는 인식론자는 우선 그가 이 명제를 믿고 있는가를 결정하여야 한다. 이는 다시 믿음이란 어떠한 것이며, 어떠한 유형의 믿음들이 있는가에 대한 논의를 요구한다. 이 주제는 심리철학, 심리학, 인지과학 등에 의하여 논의되고 있는 것으로 인식론 고유의 영역을 넘어선다. 따라서, 이 책은 여기서 믿음의 여러 유형에 대한 간략한 개관만을 소개하기로 한다.

현대 심리철학에서 널리 받아들여지고 있는 입장에 따르면, 한 믿음이 성립하려면 우선 일정한 내용을 지닌 명제가 인식 체계 내(정확하게는, 기억 장치 내)에 저장되어야 한다. 이 명제에 대하여 그 사람은 여러 가지 다른 태도를 취할 수 있다. 예를 들어, 〈지구는 둥글다〉라는 명제가 인식 체계 내에 저장되었을 때, 이에 대하여 그는 욕구의 태도를 취하여 관계를 맺을 수 있다. 이 경우에 그의 심리 상태는 지구가 둥글었으면 좋겠다라는 욕구가 된다. 위 명제에 대하여 믿음의 방식으로 관계를 맺으면 그의 심리 상태는 지구가 둥글다라는 믿음이 된다. 이러한 이유에서 믿음, 욕구, 두려움 등의 심리 상태들은 명제와 일정한 관계를 맺는 심리적 태도라는 의미에서 명제적 태도 propositional attitude라고 불린다. 그렇다면 믿음이란 인식 주관, 명제, 그리고 이들 사이의 관련 방식의 세 요소로 이루어지며, 인식 체계 내에 저장된 명제와 특정한(믿음에 고유한) 방식으로 관계를 맺음으로써 성립하는 심리 상태에 다름 아니다.

인지과학자들은 믿음을 이루는 명제가 의식과 어떠한 관련을 맺고 있는가에 따라, 믿음을 의식적 믿음과 무의식적 믿음으로 구분한다.

그 명제가 의식에 떠올라 있으면 의식적 믿음이고, 그렇지 않으면 무의식적 믿음이다. 이는 프로이트가 주창한 이래 상식적으로 널리 알려진 구분이므로 부연 설명을 필요로 하지 않는다.

믿음들은 다시 현재의 나의 신체적 행위나 추론과 같은 인식적 행위에 인과적인 영향을 미치고 있는가 그렇지 않은가에 의하여 구분된다. 전자의 믿음은 활성화된 믿음 activated belief, 후자의 믿음은 활성화되지 않은 믿음 unactivated belief으로 불린다. 예를 들어, 내가 기하학의 정리를 증명하고 있을 경우에 이 증명은 공리로부터의 추론에 의존하며, 이때 그 공리들에 대한 나의 믿음은 나의 추론에 실질적인 인과적 영향력을 발휘하고 있는 활성화된 믿음임에 틀림없다. 한편, 나는 기하학적 추론에 몰두하고 있는 중에도 나의 어머니는 자상하다는 믿음을 갖고 있는데, 이 믿음은 나의 행위나 추론에 아무런 영향을 미치지 않고 있다. 이런 의미에서 이 믿음은 활성화되지 않은 믿음이다.

위의 두 구분 기준과 관련하여 주목할 점은 의식적 믿음과 활성화된 믿음은 같지 않다는 것이다. 한 믿음이 의식에 의하여 포착되기 위해서는 의식에 끄집어내는 인과적 과정에 의하여 사용되어야 한다. 따라서 모든 의식적 믿음은 활성화된 믿음이라고 할 수 있다. 그러나 모든 활성화된 믿음이 의식적 믿음일 필요는 없다. 의식에 떠올려 있지 않은 상태에서 나의 행위에 인과적 영향을 미치고 있는 활성화된 믿음이 있을 수 있기 때문이다. 예를 들어, 내가 운전을 하면서 옆에 앉은 사람과 대화를 하는 경우에 나의 의식은 대화 내용에 제한되어 있지만, 나는 무의식중에 주변 환경을 살피면서 그에 따라 적절히 운전을 한다. 주변 환경에 대한 믿음은 의식에 떠올라 있지 않으면서도 나의 행위에 영향을 미치고 있는 것이다. 이와 같이 우리의 행동이 무의식적인 믿음으로부터 인과적 영향을 받는 경우는 많이 찾아볼 수 있을 것이다. 이들 믿음은 우리의 현재 행동에 인과적 영향을 발휘하는 활성화된 믿음이지만, 의식적 믿음은 아니다.

믿음은 그를 이루는 명제가 인식 장치(기억)에 새겨져 있는가 아닌가에 따라 다시 구분된다. 예를 들어, 한국의 초대 대통령은 이승만이다라는 나의 믿음은 나의 기억에 저장되어 있는 명제를 내용으로 한다. 그러나 나의 믿음들 중에는 기억에 저장되지 않은 명제를 내용으로 하고 있는 것들이 있는 듯하다. 〈케냐의 사바나에 있는 코끼리는 발톱에 매니큐어를 칠하지 않는다〉라는 명제를 보자. 나는 과연 이 명제를 믿는가? 이에 대하여 〈그렇다〉, 〈아니다〉, 둘 중 하나의 확정적인 대답을 제시해야 한다면, 아마도 〈그렇다〉가 올바른 대답일 것이다. 그러나 나는 이러한 명제를 생각해 본 적도 없으며, 따라서 이 명제가 나의 인식 체계 내에 새겨져 저장되어 있을리가 없다. 이러한 예는 내가 받아들이고 있다고 간주해야 할 믿음들 중에는 인식 체계 내에 저장되지 않은 명제를 내용으로 하는 믿음들도 포함된다는 것을 시사한다. 그렇다면, 이제 문제는 아직 나의 인식 체계 내에 저장되지 않은 명제를 내용으로 하고 있으면서도 나의 믿음을 이룬다고 말할 수 있는 것들의 기준을 찾는 일이다. 〈케냐의 사바나에 있는 코끼리는 발톱에 매니큐어를 칠하지 않는다〉라는 명제와 〈나의 연구실에 있는 벤자민은 973개의 잎사귀를 갖고 있다〉라는 명제는 모두 나의 인식 체계 내에 새겨진 일이 없다. 그런데 전자의 명제는 내가 믿고 있다고 할 수 있는 반면, 후자의 명제는 내가 믿고 있다고 할 수 없다. 이들을 구분하는 기준은 무엇인가? 이에 대하여 흔히 주어지는 대답은 앞의 명제에 관한 믿음은 나의 인식 체계 내에 새겨져 있는 믿음들로부터 쉽게 추론될 수 있는 반면에, 후자는 그렇지 않다는 것이다. 즉, 한 명제가 내가 이미 받아들인 명제들로부터 아주 쉽게 추론될 수 있다면(코끼리에 대한 명제가 그러한 것인데), 그 명제를 내가 믿고 있다고 할 수 있는 반면, 한 명제가 그렇게 추론될 수 없다면(벤자민의 잎사귀 수에 대한 명제가 그러한 것인데), 나는 그 명제를 믿고

있지 않다는 것이다.[1]

4 진리 조건

P가 참이어야만 S는 P를 안다는 진리 조건 역시 지식을 위한 자명한 조건으로 받아들여지고 있다. 진리의 본성에 대한 대표적인 이론들은 세 가지가 있는데, 상응론, 확증 이론, 실용론이 그것이다. 진리 상응론은 P라는 믿음은 P라는 사실과 대응할 때 참이라고 주장한다. 한편, 진리에 대한 확증 이론은 P라는 믿음은 그 믿음이 이상적(理想的)인 관점에서 볼 때 합리적이어서 충분히 받아들일 만 할 때 참이라고 주장한다. 참을 이상적 수용가능성 ideal acceptability과 동일시하는 이 견해에 따르면, 한 믿음이 참인가 하는 것은 다른 믿음들에 의하여 이상적으로 지지되는가, 따라서 다른 믿음들과 이상적으로 정합적인가에 의하여 결정된다. 이러한 이유에서 진리에 대한 확증 이론은 진리에 대한 정합론이라고도 불린다. 진리에 대한 실용론은 한 믿음은 유용할 때 참이라고 주장한다.[2] 한 믿음을 받아들이는 것이 결과적으로 유용하면 그 믿음은 참이며 그렇지 않으면 거짓이라는 것이다.

이 이론들은 각기 장단점을 갖고 있다. 진리 상응론은 진리에 대한 우리의 상식적인 견해와 잘 부합하여 직관적인 호소력을 갖고 있으면서도 철학사에서 많은 비판을 받아왔다. 진리를 사실과의 대응이라고 정의하는 것이 진리에 대한 해명이 될 수 있기 위해서는 사실이 무엇인지가 밝혀져야 한다. 그러나 우리의 인식 체계와 독립적인 사

---

1) 한 명제가 어느 정도로 쉽게 추론될 수 있어야 믿음이 될 수 있는지에 대한 정확한 정의는 아직 없으며, 이것이 가능한지도 아직 미지수다.
2) 진리 실용론을 대변하는 고전적인 견해에 관해서는 James(1909) 참조하라.

실에 대하여 언급하는 것이 과연 가능한가, 외적인 사실이 우리의 인식 체계에 의하여 가공되기 전에 자체로서 명제적인 내용을 지닐 수 있는 것인가에 대하여 많은 철학자들 ── 대표적인 인물로는 칸트를 들 수 있으며, 현대 철학에서도 칸트의 노선을 따르는 많은 철학자들이 있다 ── 이 의문을 제기하고 있다. 확증 이론과 실용론도 많은 난점을 갖고 있다. 뛰어난 실용성을 갖고 있는 믿음들이 거짓인 경우(중세의 연금술 이론을 이루는 명제들을 그러한 경우로 볼 수 있지 않을까?)를 충분히 생각해 볼 수 있는 듯하며, 참이지만 실용적 가치가 전혀 없는 믿음(한강의 모래알의 수에 대한 참된 믿음)도 충분히 있을 수 있는 듯하다. 그리고 데카르트가 제시한 전능한 기만자의 세계에서 살고 있는 사람에게 거짓인 믿음이 이상적으로 합리적인 믿음일 수 있는 듯하다.

위와 같이 진리에 대한 여러 이론들은 현대에도 모두 살아남아 있어서, 각 이론을 옹호하는 철학자들은 자신의 이론을 가능한 반론들에 대응하여 세련화하는 작업을 계속하고 있다. 이들의 논의를 상세히 살펴보는 것은 잘 알려져 있다시피 형이상학, 그중에서도 진리론에 속하는 주제로서, 믿음에 대한 탐구와 마찬가지로 인식론의 고유 영역을 넘어선다. 그리고 진리의 본성에 대하여 어떤 입장을 취하는가는 앞으로의 논의에 중요한 영향을 미치지 않을 것이다. 따라서, 이 문제는 형이상학자들에 맡기고 인식정당성의 개념을 살펴보기로 하자.

5 인식정당성 조건

인식정당성의 문제는 인식론의 역사를 지배해 온 가장 중요한 주제라고 할 수 있으며 인식정당성에 대한 다양한 이론들은 이후에 상세히 논의될 것이다. 여기서는 이를 위한 예비적 작업으로 인식정당성 개념과 관련하여 모든 인식론자들이 동의하고 있는 기본적 틀을 살펴보기로 하자.

5-1 평가적 성격

인식정당성 개념을 논함에 있어 주목해야 할 첫째 사항은 인식정당성은 평가적 개념이라는 사실이다. 평가적 개념의 대표적인 예는 〈옳다〉, 〈그르다〉, 〈바람직하다〉, 〈바람직하지 않다〉, 〈도덕적이다〉, 〈비도덕적이다〉 등을 들 수 있는데, 이들은 주어진 상황의 가치를 평가할 때 사용되는 개념들로서 〈빨갛다〉, 〈나무다〉, 〈느리다〉 등의 주어진 성질을 단순히 서술하는 서술적 개념들로부터 구분된다. 한 믿음이 인식적으로 정당하다는 판단은 그 믿음이 적절한 근거에 토대한 바람직한 또는 올바른 믿음이라는 판단을 포함한다. 이렇듯 인식정당성의 판단은 〈옳음〉, 〈그름〉, 〈바람직함〉, 〈바람직하지 않음〉에 관한 판단이며, 따라서 〈인식정당성〉은 평가적 개념이다.

5-2 진리 연관적 평가

인식정당성과 관련하여 일반적으로 받아들여지고 있는 또 다른 견해는 인식정당성의 가치판단은 진리에 기준을 둔 판단이라는 것이다. 한 행위는 상이한 기준에 따라 상이한 평가를 받을 수 있다. 예를 들면, 녹지에 산업 기지를 건설하는 것은 경제 발전의 관점에서는 바람직한 것이면서 환경 보존의 관점에서는 비난받을 수 있다. 믿음이라는 인식 행위에 대한 평가의 경우도 마찬가지다. 다음의 예를 보자: 영수는 심각한 질병을 앓고 있다고 하자. 그런데 영수는 심약한 사람이어서 자신이 중병을 앓고 있다는 것을 받아들일 경우에 심각한 정신적 타격을 받을 것이고, 이는 결과적으로 병에서 회복하는 데 막대한 장애가 된다고 하자. 이러한 상황에서 영수는 자신이 앓고 있는 병은 심각하지 않으며, 따라서 쉽게 회복될 것이라고 믿는다고 하자. 이 믿음은 실질적 유용성의 관점에서 볼 때 바람직한 믿음이다. 왜냐하면, 그렇게 믿음으로 하여 영수는 마음의 평화를 얻을 뿐 아니라 그러한 평화는 영수가 현재 앓고 있는 질병으로부터 회복하는 데 실질적으로 도움이 되기 때문이다. 그러나 그렇다고 하여 영수의 믿음이 인식적으로 정당한 것은 아니다. 그 이유는 그 믿음을 믿는 것이 바람직하다고 할 만한 다른 종류의 근거는 있더라도, 영수 자신은 그 믿음이 참이라고 믿을 만한 근거를 갖고 있지 않기 때문이다. 위와 같은 고려를 통하여 대부분의 인식론자들은 인식적 행위의 목표가 진리이며, 인식정당성의 평가는 진리의 목표에 기여하는가에 따른 평가라고 간주한다.[3] 그리고 그들은 이러한 인식적 목표는 본유적인 가치를 갖는다고 간주한다.[4]

---

3) 물론, 진리뿐만 아니라, 필요한 대답을 얼마나 빨리 제시해 줄 수 있는가의 고려를 포함한 설명력, 이론적 다산성 등이 인식적 평가의 부수적 기준으로 제시되기도 한다.
4) 그러나 이러한 입장은 논란의 여지를 갖고 있다. 우선 알 만한 가치가 없는 많은 사실들이 있다는 사실에 주목하자. 예를 들어, 한강에 있는 모래알 수는 특수한 경우를 제외하고는 전혀 알 만한 가치가 없다. 이러한 사실에 대한 믿음은 무가치할 뿐 아니라 부정적인 가치를 갖는다. 한 사람이 주어진 시간의 한도 내에서 알 수 있는 정보량은 제한되어 있다. 무가치한 사실에 대한 믿음을 얻는 것은 우선은 인식자의 제한된 정보의 공간을 차지하고, 더 나아가 인식자의 시간을 차지하여 필요한 정보를 획득하는 기회를 박탈하는 결과를 낳는다. 그렇다면 한강의 모래알 수에 대한 믿음이 진리를 획득하는 목표에서는 바람직하다고 하더라도 인식적으로는 정당하다고 할 수 없는 듯하다. 이러한 고찰은 인식정당성에 대한 고려가 유용성과 관련된 타산적 정당성에 종속될 수 있는 여지를 시사한다. (위의 고찰이 이러한 시사점을 확정적으로 증명하는 것은 아니다. 진리의 기준이 우선적이고 타산적 기준을 부가적으로 도입하여 인식적 합리성의 기준이 마련되어야 한다고 주장하면서, 진리의 기준과 타산적 기준이 배치될 때는 여전히 진리의 기준이 인식정당성에 대한 최종적인 심판관이 되어야 한다고 ➧

한편, 참의 획득에 기여한다는 것이 인식적 평가 기준의 모든 것이 될 수 없다. 단지 참을 최대한으로 획득하는 것이 인식적 행위의 목표라고 가정해 보자. 이 목표를 달성하는 최상의 방법은 생각할 수 있는 모든 것들을 믿는 것이다. 가능한 모든 긍정적 명제를 만들고 그들의 부정 명제를 만들어 이들 모두를 믿는다면, 그 사람의 믿음 체계 내에는 상당수의 참된 믿음이 당연히 포함될 것이다. 그러나 이렇게 무작위로 믿음을 산출하는 행위는 인식론적으로 볼 때 결코 바람직하다고 할 수 없다. 많은 수의 참된 믿음에 도달하는 대가로 그만큼 많은 거짓 믿음도 더불어 갖게 되기 때문이다. 이러한 문제는 참의 획득과 더불어 거짓을 피하는 것을 인식적 평가의 한 부분으로 추가함으로써 극복될 수 있다.

이상의 고찰에서 드러나는 것은 인식적 평가의 기준은 상호 견제의 역할을 하는 두 가지 요소의 결합으로 이루어진다는 점이다. 참을 극대화하되 그와 더불어 나타날 수 있는 거짓을 배제하기 위하여 거짓을 극소화하는 것이 인식적 평가에서 고려되어야 한다. 역으로 말하자면, 거짓을 극소화하되 세계에 대한 적극적 이해를 위한 노력이 중단되는 부정적 결과를 배제하기 위하여 참을 극대화하는 것 역시 인식적 평가에서 고려되어야 한다.

지금까지 우리는 인식적 목표를 참인 믿음의 수를 극대화하고 거짓 믿음의 수를 극소화하는 것으로 규정하였다. 이 목표는 믿음들이 복수로 주어질 경우에 거짓인 믿음들의 수에 대한 참인 믿음들의 수

장할 수 있기 때문이다.) 따라서, 진리 추구라는 인식적 목표가 본유적 가치를 지니는가, 그러므로 믿음의 인식정당성이 정당성에 대한 기타의 고려와 독립적으로 행하여질 수 있는가 하는 문제는 아직 해결되어야 할 과제로 남는다. 이 문제는 앞으로 논의되어야 할 과제로 남겨두고, 여기서는 인식적 행위의 목표는 진리를 추구하는 것이며, 믿음에 대한 인식적 평가는 이에 따른 평가라는 것을 전제하고 논의를 진행하도록 하겠다.

의 비율을 어떻게 극대화할 것인가와 관련하여 정의된 것이다. 즉, 인식적 목표가 믿음들의 집합을 어떠한 내용으로 구성할 것인가와 관련하여 정의되었다. 이 목표는 개별적 믿음을 받아들일 것인가, 말 것인가에 관한 인식적 목표로 자연스럽게 확장될 수 있는 것처럼 보인다. 즉, 개별적 명제의 경우에 그것이 참이면 믿고 거짓이면 믿지 않는다는 식의 목표가 위 목표의 자연스러운 확장인 것처럼 보인다. 그러나 〈참을 추구하고 거짓을 피하라〉는 개별적 믿음에 적용되는 인식적 목표와 〈참의 수를 극대화하고 거짓의 수를 극소화하라〉는 믿음의 집합에 적용되는 목표가 사실상 모순을 야기하는 경우가 있을 수 있다. 내가 한 거짓 믿음을 받아들일 경우에 그로 인하여 많은 참인 믿음을 얻게 되는 경우가 그러한 예에 해당할 것이다. 예를 들어, 내가 사실은 총명하지 못한 사람인데(그리고 내가 총명하지 못하다고 생각할 많은 이유가 있는데), 내가 총명하다고 생각하게 되면 그로 인하여 자신감을 얻어 공부를 더 열심히 하게 된다고 하자. 그리고 이런 공부의 결과로 나는 많은 참된 믿음을 얻게 되고 거짓 믿음들을 피하게 된다고 하자. 이 경우에 내가 총명하다고 믿는 것은 과연 정당한가? 인식정당성을 개별적 믿음에 적용되는 목표에 따라 판단하면, 이 믿음은 정당하지 않다. 이 명제에 관하여 내가 갖고 있는 증거에 비추어볼 때, 참을 믿고 거짓을 피하기 위해서는 이 명제를 받아들여서는 안 되기 때문이다. 한편, 참인 믿음의 수를 극대화하고 거짓 믿음의 수를 극소화하는 목표에 비추어볼 때, 그 믿음을 받아들이는 것은 정당하다. 왜냐하면, 그 믿음을 받아들이는 것이 그렇지 않은 경우보다 참의 수를 극대화하고 거짓의 수를 극소화하는 데에 더 성공적으로 기여하기 때문이다.[5]

이상의 고찰은 인식적 목표를 진리와의 연관성 하에 정의하는 것

---

5) 이 문제는 노직에 의하여 지적되었다(Nozick(1993) : 69 참조).

이 단순한 일이 아님을 보여준다. 참을 추구하고 거짓을 피한다는 인식적 목표를 개별적 믿음에 직접 적용할 것인가, 아니면 믿음들의 집합에 대하여 적용할 것인가에 따라 개별적 믿음의 인식정당성에 대한 상반된 판단이 나올 수 있기 때문이다. 이러한 상황에서 우리가 추구해야 할 것은 개별적 믿음의 차원과 믿음들의 집합의 차원을 적절히 조화하여 균형을 찾는 일로 보인다. 이러한 방향을 취하더라도, 〈이 종합 과정에서 어느 것에 더 큰 비중을 두어야 하는가?〉, 〈한 가지에 더 큰 비중을 둔다고 할 때, 얼마만큼 더 큰 비중을 두어야 하는가?〉 등은 여전히 문제로 남는다. 이 문제는 흥미롭고 중요한 문제이긴 하지만, 현재로서는 미래의 숙제로 남겨놓을 수밖에 없다.

5-3 오류가능성

인식정당성과 관련하여 일반적으로 받아들여지고 있는 또 하나의 견해는 인식적으로 정당한 믿음이라고 하여 반드시 참일 필요는 없다는 것이다. 이는 인식적으로 정당한 믿음이 거짓이 되는 것은 논리적으로 가능하다는 주장인데, 흔히 인식정당성의 오류가능성 Fallibility of Epistemic Justification이라고 불린다.[6] 이 주장이 갖는 설득력은 어렵지 않게 입증된다. 단순한 지각적 믿음의 경우를 보자. 많은 사람들은, 지각적 믿음이 정당하다면, 그 정당성은 명제적 내용을 지닌 전제로부터의 추론에 의존하기보다는 감각적 경험에 직접적으로 의존한다고 생각한다. 이 경우 그러한 감각적 경험의 존재가 그에 의거한

---

6) 〈인식정당성의 오류가능성〉이라는 표현은 사실 정확하지 못하다. 〈오류가능성〉이란 〈거짓일 수 있음〉을 의미하며, 인식정당성은 참 또는 거짓일 수 있는 것이 아니기 때문이다. 정확한 표현은 〈인식적으로 정당한 믿음의 오류가능성〉이다. 이 점을 이해하고, 이 책에서는 편의상 〈인식정당성의 오류가능성〉이라는 표현을 사용하기로 한다.

지각적 믿음이 반드시 참임을 보장하지 못함은 분명하다.

인식정당성의 오류가능성은 명시적인 추론에 의존하여 정당하게 되는 믿음들의 경우에도 마찬가지로 성립한다. 예를 들어, 한 과학자가 조심스러운 실험을 한 결과로 양자의 움직임에 관한 어떠한 예측을 한다고 가정해 보자. 이 사람은 양자역학에 통달하고 있을 뿐 아니라 비슷한 종류의 실험을 과거에도 여러 번 경험한 적이 있고, 더 나아가 이 사람은 매우 조심스러운 사람이어서 주어진 실험이 잘못될 가능성을 배제하기 위하여 면밀하게 실험 상황을 검사하였다고 하자. 이 경우에 이 사람의 예측은 인식적으로 정당하다고 해야 한다. 그러나 이 예측이 거짓으로 나타날 가능성은 배제할 수 없다. 포퍼가 지적하듯이, 과학 이론은 본성상 거짓일 가능성이 있으며, 그렇다면 그에 의거한 예측 역시 거짓일 가능성이 있다. 실험 상황에 주도면밀한 사람에게조차 탐지될 수 없는 착오가 포함되었을 수 있으며, 이 경우에 위의 과학자의 믿음은 거짓이 될 수 있는 것이다.

5-4 근거의 두 유형

인식정당성의 오류가능성과 긴밀히 결합되어 있으면서, 또한 인식론에서 널리 받아들여지고 있는 견해가 있다. 그것은 한 믿음의 인식정당성의 기반이 되는 근거가 두 가지 다른 유형일 수 있다는 것이다. 이를 설명하기 위하여, 우선 잘 알려진 논증의 두 형식을 보자. 논증들은 연역적 논증과 귀납적 논증으로 구분된다. 연역적 논증은 전제들이 참일 때에 결론이 필연적으로 참이 되는 논증, 또는 전제들의 참이 결론의 참을 보증하는 논증이다. 반면에, 귀납적 논증은 전제들의 참이 결론의 참을 보장하지는 못하지만, 결론의 참일 개연성을 높여주는 그러한 논증이다.

많은 경우 우리는 다른 믿음들을 전제로 하여 그로부터의 추론을 통하여 믿음을 구성한다. 이 추론은 연역적 논증의 형식을 취할 수도, 귀납적 논증의 형식을 취할 수도 있다. 이 추론이 연역적 구조를 가질 때 그 추론의 전제 또는 근거는 확정적 이유 conclusive reason라고 불리며, 추론이 귀납적 구조를 가질 때 그 근거는 비확정적 이유 inconclusive reason라고 불린다.

확정적 이유에 의거할 때만이 결론의 믿음이 인식적으로 정당하게 된다고 주장할 수 없다. 잘 알려져 있다시피, 연역적 논증에서 결론의 내용은 이미 전제 속에 포함되어 있다. 그렇기에, 연역적 논증에서 전제는 결론의 참을 보장할 수 있는 것이다. 따라서, 연역적 논증에 의해서만 결론에 대한 믿음이 정당하게 될 수 있다면, 인식적으로 정당한 방식으로 지식을 확장하는 것이 불가능하게 된다. 이는 받아들일 수 없으며, 따라서 귀납적 추론을 통하여 믿음이 정당하게 될 수 있다는 것, 비확정적인 이유가 정당성의 근거가 될 수 있다는 것을 부정할 수 없다.

비확정적인 이유가 인식정당성의 근거가 될 수 있다는 것은 어떻게 인식정당성이 오류가능한지를 보여준다. 비확정적인 이유를 토대로 정당하게 된 믿음은 전제가 참일 때에 단지 참이 될 개연성이 높은 믿음이다. 다시 말하면, 비확정적인 이유를 통하여 정당하게 된 믿음은 전제들이 참이라 하더라도 거짓이 될 가능성이 있는 믿음이다. 따라서, 비확정적인 이유를 통하여 정당하게 되는 믿음이 있다는 것을 인정하는 한, 인식적으로 정당한 믿음이 결과적으로 거짓일 수 있는 가능성을 부인할 수 없다.

5-5 인식정당성의 복합적 구조

지금까지 우리는 한 믿음을 인식적으로 정당하게 하는 근거를 그 믿음을 참이게 만드는 (확정적이든 비확정적이든) 그러한 것으로 이해하였다. 그러나 한 믿음을 참이게 하는 데 기여하는 긍정적인 근거가 있는 것만으로는 그 믿음이 정당하게 되지 않는다. 한 믿음을 참이게 하는 많은 긍정적인 근거가 있다 하더라도, 만약 그 믿음이 거짓임을 보이는 추가적 정보가 있다면 이 믿음을 믿는 것이 정당하지 않을 수 있다. 우리는 어떤 명제를 받아들일 것인가를 결정함에 있어서, 그 명제가 참임을 보이는 긍정적인 근거만을 고려하지 않는다. 그 명제가 거짓임을 보일 수 있는 부정적인 근거들도 역시 고려한다. (우리는 이러한 부정적인 근거를 반대 증거 counter-evidence라고 부르기도 한다.) 그리고 긍정적인 근거와 부정적인 근거들을 전체적으로 고려한 이후에 여전히 주어진 명제를 받아들일 것인가를 판단하고, 이에 따라 그 명제를 믿든가 말든가 하게 된다. 여하튼 부정적인 근거에 대한 고려 없이 단순히 긍정적인 근거들만을 고려하여 믿음을 받아들이는 행위는 합리적이지 않으며, 이러한 믿음은 인식적으로 정당하지 못하다. 따라서 인식정당성의 결정은 부정적 근거에 대한 고려를 포함해야 한다.

그러나 한 믿음의 인식정당성이 그를 위한 긍정적 근거들의 총량으로부터 부정적 근거들의 총량을 단순히 산술적으로 감한 결과에 따라 결정되는 것은 아니다. 각 근거들이 갖는 중요성이 다를 수 있으므로, 그 중요성에 따라 비중이 고려되어야 한다. 더욱 중요한 것은 부정적 근거가 한 믿음의 인식정당성에 영향을 미치는 방식이 획일적이지 않으며, 이에 따라 긍정적 근거와 부정적 근거가 입체적으로 상호 작용하여 한 믿음의 인식정당성을 결정하게 된다는 점이다. 이러한 입체적 상호 작용이 어떻게 진행되는가를 보기 위하여, 우선 근거가 한 믿음의 정당성에 부정적으로 영향을 미치는 두 가지 상이한 방식을 보자.

부정적 근거는 문제의 믿음을 직접 공격할 수 있다. 예를 들어, 내가 부산에 살고 있는 믿을 만한 친구와의 전화 통화를 통하여 지금 부산에 비가 오고 있다고 믿는다고 하자. 이 통화 내용은 지금 부산에 비가 오고 있다고 믿을 긍정적인 근거의 역할을 한다. 그러나 내가 곧 이어 텔레비전에서 일기예보를 통하여 현재 부산의 날씨가 화창하다는 보도를 듣는다고 하자. 이 일기예보는 지금 부산에 비가 오고 있다는 명제의 참일 개연성을 직접 공격하며, 따라서 지금 부산에 비가 오고 있다고 믿는 것은 더 이상 정당하지 않게 된다. 인식론자들은 주어진 믿음의 인식정당성을 말소시키는 역할을 하는 부정적 근거를 통칭하여 격파자 defeater라 부르며, 그중에서도 문제의 믿음을 직접 공격하여 그 정당성을 격파하는 부정적 근거를 논박적 격파자 *rebutting defeater*라고 부른다.

문제의 믿음을 직접 공격하지 않으면서도 그 믿음의 인식정당성에 손상을 입히는 다른 유형의 격파자가 있다. 다음의 경우를 보자. 나는 어느 밀폐된 방에 들어서서 벽이 붉게 보이는 감각 경험을 한다. 이제 이 경험에 의거하여 나는 벽이 붉게 칠해져 있다고 믿는다. 여기서 붉게 보이는 감각 경험이 위 믿음에 대한 긍정적 근거의 역할을 한다. 그런데 그 방이 사람들이 모르는 사이에 붉은 전구에 의하여 조명되었다는 사실을 내가 나중에 알게 되었다고 하자. 이러한 추가적인 정보가 주어지면, 붉게 보이는 감각 경험에 의거하여 벽이 붉게 칠해져 있다고 믿는 것은 더 이상 정당하지 않다. 이 추가적 정보가 문제의 믿음에 대하여 격파자의 역할을 하는 것이다. 그러나 이 격파자는 문제의 믿음을 직접 공격하지는 않는다. 방 안이 붉게 조명이 되어 있다는 것이 벽이 붉게 칠해져 있지 않다는 것을 지지하지는 않기 때문이다. 방 안이 붉게 조명되어 있고, 동시에 벽이 붉게 칠해져 있을 수 있다. 이 격파자는 문제의 믿음을 직접 공격하는 역할을 하기보다는 긍정적 근거와 문제의 믿음 사이의 기존의 지지 관계를 손상시키는 역할을 한다. 즉 일상적인 상황에서는 벽이 붉게 보인다는 것이 벽이 붉게 칠해져 있다고 믿을 만한 충분히 적절한 근거가 되지만, 이제 방이 붉게 조명되어 있다는 추가적 근거가 들어옴으로써 붉게 보이는 감각 경험이 벽이 붉게 칠해져 있다는 믿음을 지지하는 효력을 상실하게 되는 것이다. 이렇게 문제의 믿음을 직접 공격함으로써가 아니라, 긍정적 근거와 그 믿음 사이의 지지 관계를 공격함으로써 그 믿음의 인식정당성에 손상을 입히는 격파자는 흔히 밑동 자르는 격파자 *undercutting defeater*라고 불린다.

한편, 한 믿음이 추가적인 정보에 의하여 격파될 수 있듯이, 이 추가적인 정보의 효력이 또 다른 추가적인 정보에 의하여 격파될 수도 있다. 이 경우에 처음의 추가적인 정보에 의하여 인식정당성을 잃었던 믿음은 인식정당성을 회복하게 된다. 이러한 사실은 한 믿음의 인식정당성이 추가적인 정보들의 유입에 의하여 역동적으로 결정된다는 것을 시사한다. 다음의 도표를 통하여 이러한 입체적인 관계를 보기로 하자.

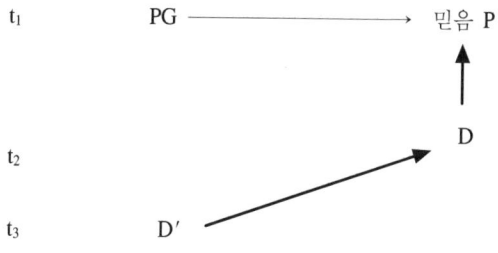

⟶ : 지지 및 입증의 관계
➡ : 격파의 관계
t_i : 시점

위의 도표에 따르면 믿음 P는 t_1의 시점에서는 PG라는 긍정적 근거에 의하여 정당하게 된다. t_2의 시점에서는 D라는 격파자에 의하여 정당성이 소멸된다. 그러나 t_3의 시점에서 이 격파자가 다시 D′이라는 격파자에 의하여 격파됨으로써, D는 더 이상 믿음 P의 정당성을 소멸시키지 못하여 믿음 P의 정당성은 회복된다. 한편, D'이 다른 격파자에 의하여 격파되면, D는 다시 믿음 P를 격파하는 능력을 회복하게 되어 믿음 P는 다시 정당성을 잃는다. 이러한 과정은 계속 진행될 수 있다.[7] 그리고 이러한 과정은 믿음 P에 대하여만 나타날 수 있는 것이 아니라 PG가 믿음일 경우에는 같은 현상이 PG에 있어서도 나타날 수 있다. PG가 믿음이라면, 이것이 정당하게 되어 있는 한에서만 믿음 P에 대하여 인식정당성을 부여할 수 있을 텐데, PG가 인식적으로 정당하게 되는 과정에서도 믿음 P에서의 경우와 마찬가지로 여러 격파자들이 서로 복잡하게 얽히는 구조를 형성할 수 있기 때문이다.[8]

이와 같이 한 믿음의 인식정당성과 관련하여 근거들이 얽혀 있는 복합적이고 입체적인 구조를 탐구하는 분야를 흔히 인식 논리 epistemic logic라고 하는데, 이는 과학철학에서의 확증 이론과 밀접히 연관될 것이며, 또한 명제들 사이의 확률적 지지 관계를 다루는 확률론이 여기서 중요한 역할을 할 것임은 자명하다. 이러한 사실은 인식론이 확증의 문제를 다루는 과학철학 그리고 확률론과 무관하지 않음을 시사한다.

6 전통적 정의의 문제점 : 게티어의 문제

전통적 인식론자들이 의심 없이 받아들이던 지식에 대한 정의, 즉

---

7) 위의 예는 직관적 이해를 돕기 위하여 시간적 진행에 나타나는 과정으로 묘사되었지만, 이 과정을 논리적 과정으로 볼 수도 있다.
8) 인공지능의 연구에 종사하고 있는 사람들은 격파자들의 복합적인 구조 속에서 한 믿음의 정당성이 결정되는 그러한 추론을 비단조적 추론 non-monotonous reasoning 또는 격파가능한 추론 defeasible reasoning이라고 부른다.

지식이란 인식적으로 정당한 참인 믿음이라는 정의는 게티어 E. Gettier가 1963년에 발표한 3쪽짜리 논문「정당화된 참된 믿음이 지식인가? Is Justified True Belief Knowledge?」에 의하여 여지없이 비판된다.[9] 게티어의 글은 별다른 논증 없이 두 가지 예를 제시하는 것으로 이루어져 있다. 이 예들은 각기 인식적으로 정당한 참인 믿음이기는 하지만 지식이라고 할 수 없는 경우들이다. 따라서, 게티어의 글의 핵심은 인식정당성, 참, 믿음이 각기 지식의 필요조건일지는 몰라도 이들이 더불어서 지식을 위한 충분조건이 되지 못한다는 것을 보이는 데에 있다. 여기서는 게티어의 두 가지 예 중 첫번째 것만을 살펴보기로 한다. 다음의 예는 게티어의 첫번째 예를 윤색한 것이다.

 한 회사에서는 한 사람을 과장으로 진급시키기로 되어 있다. 영수와 철호는 이 회사에서 일하는 사원들로서 이 과장직을 놓고 경합하고 있다. 영수는 그 회사의 사장이 철호가 진급할 것이라고 누군가에게 말하는 것을 우연히 엿듣게 된다. 그리고 철호의 주머니를 자세히 뒤져보고는 그 속에 열 개의 동전이 있음을 확인한다. 그 결과, 영수는 다음의 명제를 믿는다: (A) 철호가 진급할 것이다. (B) 철호의 주머니에는 열 개의 동전이 있다. 영수는 이제 이 두 믿음들을 전제로 하여 다음의 명제를 믿는다. (C) 진급할 사람은 그의 주머니에 열 개의 동전을 갖고 있다.
 그러나 실상 진급하는 사람은 철호가 아니라, 영수 자신이다. 사장은 진급할 사람에 관한 정보를 비밀로 하기 위하여 거짓 소문을 퍼뜨렸던 것이다. 그리고 영수는 자신도 모르는 사이에 자신의 주머니에 10개의 동전을 갖고 있다.

 (A)와 (B)의 두 믿음은 적절한 근거를 토대로 성립한 것으로서 인

---

9) Gettier(1963) : 121-123.

식적으로 정당하다. 그리고 이들로부터 (C)로의 추론이 타당하므로, (C)라는 영수의 믿음은 인식적으로 정당하다. 그리고 (C)의 믿음은 참이기도 하다. 사실 진급할 사람인 영수 자신의 주머니에 10개의 동전이 있기 때문이다. 따라서 영수의 믿음 (C)는 인식적으로 정당한 참인 믿음이다. 그러나 이 경우에 영수가 (C)를 안다고 할 수 없음은 분명하다. 이 예는 영수의 믿음 (C)는 인식적으로 정당한 참인 믿음이더라도 지식이 될 수 없음을 보여준다.

7 게티어 문제의 해결책들

게티어의 논문은 철학사 만큼이나 오래된 인식정당성의 문제와 씨름하면서도 별다른 성과를 올리지 못하여 인식론에 식상해 가던 철학계에 인식론에 대한 새로운 관심을 불러일으키게 된다. 이제 수많은 인식론자들이 나름대로 게티어의 문제를 해결하고자 시도하게 되며, 이러한 논의 과정에서 상이한 많은 해결책들이 제시된다.[10] 이들은 모두 지식이 되기 위하여 필요한 조건이면서 전통적 정의에 누락되어 있는 조건을 찾는 일에 몰두하면서, 이러한 추가적 조건에 대하여 상이한 규정을 내리고 있는 것이다.

게티어의 문제에 관심을 갖고 그 해결책을 제시한 사람들은 어떤 조건이 지식의 분석을 위하여 추가되어야 하는가에 대하여 의견을 달리할 뿐 아니라, 그 추가된 조건이 지식의 분석에 어떠한 방식으로 포섭되어야 하는지에 대해서도 의견을 달리한다. 어떤 이들은 이렇게 강화된 조건이 인식정당성의 요건으로 포함되어야 한다고 주장한다.

---

10) 게티어 문제의 해결을 위한 다양한 시도에 관해서는 **Robert Shope**(1983); **Swain and Pappas**(1978) 참조.

즉, 전통적 인식론이 생각한 인식정당성의 조건은 너무 약하므로, 인식정당성의 조건이 게티어 문제의 해결을 포함하는 방향으로 강화되어야 한다는 것이다. 다른 이들은 전통적 인식론의 인식정당성 개념을 타당하다고 인정하고, 게티어 문제의 해결책이 지식을 위한 별도의 필요조건으로 포함되어야 한다고 주장한다. 이 두 입장 중에서 어느 것이 옳은가를 판단하기란 쉬운 문제가 아니다. 앞으로 인식정당성을 논하는 부분에서 밝혀지겠지만, 인식정당성이라는 개념이 상당히 애매하기 때문이다. 따라서, 필자는 이 가능한 논쟁에 대한 판단을 보류하고 편의상 후자의 입장에서, 즉 게티어 문제의 해결이 지식을 위한 추가적 조건을 찾는 데에 있는 것으로 보고 논의를 진행하고자 한다.

앞으로 우리는 게티어의 문제를 해결하고자 하는 세 가지 시도들을 살펴볼 터인데, 물론 이들이 게티어 문제에 대하여 지금까지 제시된 모든 해결책들을 망라하는 것은 아니다. 그럼에도 불구하고, 여기서 이들 세 가지 시도들만을 살펴보는 것에는 두 가지 이유가 있다. 첫째 이유는 이들이 대체로 게티어 문제에 대하여 가장 잘 알려진 시도들이며, 따라서 이들만을 살펴보는 것만으로도 게티어 문제에 대한 논의가 어떻게 진행되었으며, 진행되고 있는가에 대한 개략적인 이해를 얻을 수 있기 때문이다. 둘째 이유는 게티어 문제에 대응하는 과정에서 지식에 대한 새로운 분석 내지 관점이 대두하였다는 것과 관련이 있다. 이 장에서 소개할 해결책들과 그에 대한 비판은 다음 장에서 소개될 지식에 대한 현대의 새로운 관점으로 이어지는 자연스러운 통로가 될 것이기에 선택되었다.

7-1 거짓 전제의 배제

게티어의 예에서 두드러지게 나타나는 특성은 문제의 믿음이 거짓 전제에 의존하고 있다는 점이다. 앞서 살펴본 예에서 영수가 믿음

(C)에 도달함에 있어서 철호가 진급할 것이라는 믿음이 중요한 전제로 쓰이고 있는데, 이 믿음은 거짓이다. 몇몇 인식론자들은 바로 이러한 이유 때문에 영수의 믿음 (C)가 지식이 되지 못한다고 생각하고, 다음과 같이 지식을 위한 추가적 필요조건을 제시한다 :

(E) S의 믿음 P를 정당하게 하는 전제들 내에 어떠한 거짓도 포함되지 않을 때에만, S는 P를 안다.[11]

(E)는 영수의 믿음 (C)가 왜 지식이 되지 못하는가를 비교적 자연스럽게 설명한다. 진급할 사람이 그의 주머니에 열 개의 동전을 갖고 있다는 영수의 믿음이 지식이 되지 못하는 이유는 그 믿음의 전제들 중의 하나인 〈철호가 진급할 것이다〉라는 믿음이 거짓이기 때문이다. 그 전제가 참이었다고 가정하여 보자. 즉, 철호가 실제로 진급하고 그가 주머니에 열 개의 동전을 갖고 있었다고 하자. 이 경우에 영수의 믿음 (C), 즉 진급할 사람은 그의 주머니에 10개의 동전을 갖고 있다는 믿음이 지식이 될 것임은 명백하다.

(E)를 지식을 위한 조건으로 추가하는 시도는 게티어 자신이 제시한 예들이 왜 지식이 되지 못하는가를 잘 설명하기는 하지만, 이 조건은 지나치게 강하여 명백히 지식인 경우조차 지식이 아닌 것으로 분류하는 부작용을 낳는다. 다음의 예를 보자.[12]

명호는 다음의 네 전제들을 믿는다.

(1) 순자는 명호의 사무실에서 일한다.

---

11) Clark(1963) ; Sosa(1964).
12) 이 예는 Lehrer(1965)에서 빌려온 것이다. 비슷한 논증에 관해서는 Saunders and Champawat(1964) 참조.

(2) 순자가 어제 어린이 대공원에 놀러 갔다.
(3) 옥숙이는 명호의 사무실에서 일한다.
(4) 옥숙이는 어제 어린이 대공원에 놀러 갔다.

순자와 옥숙이는 모두 명호의 오랜 사무실 동료들이며, 이들이 모두 명호에게 어제 대공원에 놀러갔었다고 말한다. 명호는 이들의 말을 의심할 아무 이유도 없다. 이제 명호는 이들을 전제로 하여 다음의 결론에 도달한다.

(5) 나의 사무실에서 최소한 한 사람이 어제 어린이 대공원에 놀러 갔다.

그러나 순자는 어린이 대공원에 사실 놀러 갔지만, 옥숙이는 명호에게 거짓말을 하였다.

거짓 전제를 포함하여서는 지식이 되지 못한다고 한다면, 명호의 믿음 (5)는 지식이 되지 못한다. 4라는 거짓 전제가 포함되어 있기 때문이다. 그러나 단지 이러한 이유에서 명호의 믿음이 지식이 되지 못한다고 말하는 것은 받아들이기 어렵다. (1)과 (2)의 전제에 결함이 없고 이들을 전제로 한 결론으로의 추론에 결함이 없다면, 나머지 전제들에 결함이 있는가와 관계 없이 결론에 대한 명호의 믿음이 지식이 되기에 충분한 듯하기 때문이다.

위의 반례가 (E) 자체의 문제점을 보여주기는 하지만, (E)는 그 기본적 틀을 버리지 않으면서 위의 반례를 피하는 방향으로 쉽게 수정될 수 있다. 위의 반례의 특성은 한 믿음을 정당하게 만들기에 충분한 전제((1)과 (2))들 이외의 추가적 전제((3)과(4))에 거짓이 포함되어 있다는 점에 있다. 앞의 전제들이 문제의 믿음을 지식으로 만들기에 충분하다면, 정당성을 강화하기 위하여 부가적으로 제시된 뒤의 전제는 오직 그 지위를 강화할 수 있을 뿐이며,[13] 그 부가적 전제에 어떤 결함이 있다고 하여 이미 확립된 결론의 지식으로서의 지위가 손상될 수 없다는 것이 위 반례의 요점이다. 이 문제를 고려하여, (E)는 다음과 같이 수정될 수 있다:

(E*) S의 믿음 P가 거짓 전제에 의존하지 않고서 정당하게 될 수 있는 한에서만, S는 P를 안다.

하만 G. Harman은 한 믿음이 지식이 되기 위하여는 거짓 전제를 본질적으로 포함하여서는 안 된다고 주장하는데 이는 (E*)와 같은 효과를 갖는다.[14] 거짓 전제를 본질적으로 포함하지 않는다고 하는 것은 거짓 전제에 의존하지 않고서 정당하게 될 수 있다는 것과 같은 의미이기 때문이다.

{(1), (2)}와 {(3), (4)}는 각기 명호의 결론을 정당하게 만들기에 충분한 전제들의 집합이다. {(3), (4)}는 거짓 명제 (4)를 포함하고 있기

---

13) 여기서 〈정당성을 강화하기 위하여〉라는 단서에 주목해야 한다. 한 믿음과 관련된 부가적 정보가 이전에는 지식이라고 할 수 있는 것을 지식이 아니게끔 할 수 있기 때문이다. 예를 들면, 한 명제를 믿을 만한 충분한 근거를 갖고서 그에 의거하여 그 명제를 믿을 때 그 믿음은 그에게 정당하게 된다. 그러나 이 사람이 이후에 그 믿음을 믿지 않아야 할 새로운 근거를 획득한다든가, 아니면 기존의 근거들을 의심하게끔 만드는 새로운 근거를 획득한다면, 그 믿음은 그에게 더 이상 정당하게 되지 않는다. 인식정당성이 지식의 필요조건이라고 한다면, 이 예는 지식의 지위가 추가적 근거에 의하여 박탈될 수 있음을 보인다. 그러나 여기서 믿음을 지식이 아니게끔 만들 수 있는 추가적 근거는 인식정당성을 약화시키는 근거다. 반면에, 추가적 근거가 기존의 인식정당성을 강화시키는 역할을 하는 것이라고 한다면, 그것이 참이든 거짓이든 확립된 인식정당성, 즉 확립된 지식의 지위를 박탈할 수 없다. 위에서 살펴본 예는 이 후자를 그 논증의 핵심으로 하고 있으며, 이러한 이유에서 〈정당성을 강화시키기 위하여 제시된〉이라는 단서가 첨가된 것이다.
14) Harman(1976), 120-124 참조.

에 믿음 P를 지식이게 하지 못한다. 그러나 그렇다고 하여 명호의 믿음 P가 지식이 아니라고 할 수 없다. (E*)에 따르면, 믿음 P가 지식이 되기 위해서는 오직 참인 명제들로만 이루어져 있으면서 믿음 P를 정당하게 만들기에 충분한 전제들의 집합이 최소한 하나 있으면 되고, 바로 {(1), (2)}가 그러한 전제들에 해당하기 때문이다. 달리 말하면, 명호의 믿음 P는 거짓 전제 (4)에 의존하지 않고서 정당하게 될 수 있으며, 따라서 거짓 전제에 그 정당성을 본질적으로 의존하지 않는다. (E*)는 이처럼 (E)에 대하여 제기된 반론에 성공적으로 대처할 뿐 아니라, 앞서 게티어의 예에서의 영수의 믿음이 왜 지식이 되지 못하는가를 잘 설명한다. 영수의 믿음은 철호가 진급한다는 전제에 본질적으로 의존하고 있다. 따라서 영수의 믿음은 거짓 전제에 의존하지 않고서는 정당하게 될 수 없다. 이런 방식으로 (E*)는 영수의 믿음과 명호의 믿음이 모두 거짓 전제를 포함하고 있음에도, 어떻게 영수의 믿음은 지식이 아니고 명호의 믿음은 지식인가를 성공적으로 설명한다.

그러나 (E*)로 수정되어도 거짓 전제의 배제를 통하여 게티어 문제를 해결하고자 하는 시도는 여전히 한계를 갖는 듯이 보인다. 다음의 예를 보자:

    진구의 앞에 화병이 하나 놓여 있다. 이 화병과 진구 사이에 레이저 사진이 끼어 들어와 진구의 시야를 가로막고 있다. 이 사진은 화병의 사진이어서 레이저 광선이 그것을 비출 때 진구에게는 실제의 화병처럼 보인다. 더욱이 진구는 이러한 사실을 전혀 모르고 있으며, 레이저 광선이 작동하고 있다고 믿을 만한 아무런 이유도 갖고 있지 않다. 이제, 이러한 레이저의 작동에 의하여 주어진 감각 경험을 통하여 진구는 자신 앞에 화병이 있다고 믿는다.[15]

이 경우에 진구의 인식 체계 내에서 일어나는 일은 정상적으로 화병을 보고 있는 경우와 동일하며, 따라서 정상적인 시각에 의한 믿음이 인식적으로 정당할 수 있다면 진구의 믿음도 인식적으로 정당하다고 해야 한다. 진구의 믿음은 인식적으로 정당할 뿐 아니라, 참이기도 하다. 그러나 진구가 자신의 앞에 화병이 있음을 안다고 할 수 없음은 자명하다.

진구의 믿음은 인식적으로 정당한 참된 믿음이지만 지식이 아닌 경우로서 게티어가 제시한 예와 마찬가지로 지식에 대한 전통적 정의의 문제점을 드러내 준다. 한편, 진구의 믿음은 어떤 다른 믿음을 전제로 갖고 있지 않다는 점에서 게티어의 예와는 다르다. 대부분의 지각적 믿음이 그러하듯이, 진구의 믿음은 일정한 감각 경험의 결과로 이루어진 것일 뿐이다.[16] 진구의 믿음을 정당하게 하는 근거를 구태여 끄집어낸다면 그것은 단순한 감각 경험이며, 이것은 참이나 거짓이 될 수 있는 성질의 것이 아니다. 결국 진구의 믿음은 어떠한 믿음도 전제로 갖고 있지 않으므로 (E*)를 만족하지만 지식이 아니다. 따라서, 게티어가 제시한 문제, 즉 정당한 참된 믿음을 지식으로 만드는 추가적 조건이 무엇인가를 찾는 문제에 대한 해결로서 (E*)는 실패한다.

거짓 전제의 배제를 통하여 게티어 문제를 해결하고자 하는 사람들은 위의 문제에 대하여 다음과 같이 대응하고자 할 수 있다. 즉 단순한 지각적 믿음의 경우에도 무의식적인 믿음이 전제로 사용되고

---

15) 이 예는 Goldman(1967)(Swain and Pappas(1978), 69에 재수록)에 나타난 것을 현재의 논의에 맞추어 수정한 것이다.
16) 단순한 감각 경험은 분절적인 판단의 내용을 지니지 않은 것으로 간주된다. 이런 점에서 감각 경험은 주어-술어로 이루어진 명제적 내용을 지닌 믿음과 구분된다. 인식론자들은 주어-술어 형태의 명제적 내용을 지닌 심리 상태를 흔히 〈사고적 상태 doxastic state〉라 부르며, 감각 경험과 같이 분절적 내용을 지니지 않은 심리 상태를 〈비사고적 상태 non-doxastic state〉라 부른다.

있다고 주장하는 것이다. 진구의 경우에 그는 단순히 그에게 주어진 시각 경험으로부터 자신의 앞에 화병이 있다고 추론하는 것이 아니며, 이 추론은 〈주어진 감각 경험이 실제의 화병으로부터 주어진 것이다〉라는 전제를 통하여 매개적으로 이루어진다고 주장하는 것이다. 이러한 전제가 무의식적으로나마 작용하고 있지 않다면, 주어진 시각 경험으로부터 진구는 화병에 대한 믿음을 추론하지 않을 것이라는 생각이 이러한 주장의 배경을 이룬다.

위의 주장이 얼마나 설득력이 있는가를 평가하기란 쉬운 일이 아닙니다. 어떤 사람은 위의 대응 방법은 우리의 지각에 대한 상식을 넘어서는 견해를 포함하고 있어서 문제가 있다고 비판하고자 할지도 모른다. 〈당신의 지각이 일어나는 과정을 보시오. 그 과정에 무슨 감각 경험과 믿음 사이의 관계에 대한 매개적 믿음이 포함되어 있소?〉라고 반문하는 것이다. 그러나 이러한 대응은 우리의 인지 과정에 대한 지나치게 단순한 견해에 의존하고 있다. 많은 인지과학자들은 우리의 인지 과정에는 우리의 내성에 의하여 파악되지 않는 많은 믿음들이 작용하고 있다고 주장한다.[17] 또한 많은 인지과학자들은 우리의 내성적 판단이 별로 신뢰할 만한 것이 되지 못함을 주장하고 있다.[18] 따라서, 우리의 내성에 파악되지 않는다고 하여 앞서의 대응이 함축하는 매개적 믿음이 존재하지 않는다고 비판하는 것은 우리의 내성의 힘을 과신한 결과이며, 이는 과학적 근거가 희박하다.

하만은 내성의 신뢰성에 대한 위와 같은 의심에서 출발하여 추론에 대한 흥미로운 이론을 전개한다.[19] 위에서 본 진구의 예와 같은 경우로부터 다음의 세 명제가 제시된다고 하자.

---

[17] 이러한 논의에 관해서는 6장 마지막 절의 경험의 이론의존성을 논의하는 부분을 참조.
[18] 이에 대한 상세한 논의에 관해서는 이 책의 191-192를 보라.
[19] 이하의 하만의 주장에 관해서는 Harman(1973) : 120-172 참조.

(1) 믿음 P는 정당하고 참이지만 지식이 아니다.
(2) 내성적 판단에 따르면, 믿음 P로의 추론은 거짓 전제를 포함하고 있지 않다.
(3) 한 믿음이 정당하고 참이며 그를 위한 추론이 거짓 전제를 포함하지 않으면 그리고 오직 그러한 경우에만, 그 믿음은 지식이다.

이 경우에 (2)에서 표현된 내성적 믿음을 신뢰하면, (1)과 (2)로부터 (3)이 부정된다. 이것이 바로 진구의 예를 통하여 (E*)를 부정하고자 하는 철학자들의 논증이다. 하만은 내성의 신뢰성을 당연한 전제로 사용하는 이러한 논증을 거부하면서, (2)에 앞서 (3)을 받아들인다. 즉 하만은 게티어의 논증이 (3)의 원리를 뒷받침한다고 해석하고서, (3)을 우리의 추론에 어떤 전제가 포함되어 있는가를 해명하는 방법론적인 원리로 사용하는 것이다. 우리의 추론에는 많은 암묵적인 전제가 개입하는데, 내성은 이들을 파악하는 방법으로서 무력하다는 것이다. 따라서 내성적 판단에 따라 (3)을 평가하고자 하는 것은 본말이 전도된 것이며, 오히려 (3)을 받아들여 우리의 추론에 어떤 전제가 포함되어 있는가를 탐구하여야 한다는 것이다. 진구의 예를 통하여 보자면, 하만은 (1)과 (3)을 받아들여 진구의 추론에 어떤 거짓 전제가 포함되어 있다고 결론짓고, 그 숨겨진 전제를 찾을 것을 제안하고 있는 것이다.

진구의 예를 통하여 (E*)를 부정하고자 하였던 철학자들에게는 위와 같은 하만의 논증이 받아들이기 어려울 것임은 자명하다. 하만식으로 논증을 전개한다면, 거짓 전제의 배제라는 원리는 반증불가능한 것으로 나타날 것이기 때문이다. 하만의 원리에 대한 반례를 구성하고자 할 때마다, 하만은 자신의 원리를 내세워 그 예에는 숨겨진 거짓 전제가 있음에 틀림없다고 주장할 것이다. 이는 그 원리를 받아들이지 않는 사람에게는 억지처럼 보일 것이다.

이상의 고찰을 통하여 우리는 다음을 알게 되었다. 내성에 근거한 직관적 판단의 힘을 전혀 무시할 수는 없는 한편, 과학적 연구 결과에 따르면 내성적 판단을 전적으로 믿을 수도 없다. 이러한 상황에서 위의 경우에 (2)와 (3) 중에서 어느 것을 우선적으로 받아들일 것인가를 결정하는 것은 쉬운 일이 아니다. 결국 위의 레이저에 의하여 조작된 화병의 상의 예 또는 그와 유사한 다른 예들이 (E∗)에 대한 반례가 될 수 있는가를 최종적으로 평가하기 위해서는 우리의 인지 과정에 대한 더 많은 과학적 탐구와 그의 해석을 둘러싼 철학적 논의를 기다려야 할 것 같다. 이제 게티어 문제를 해결하려는 다음 시도를 살펴보기로 하자.

7-2 사실과 믿음 사이의 인과

골드만 A. Goldman은 진구의 예와 함께 게티어가 제시한 예까지도 함께 해결하는 이론을 제시한다.[20] 지식에 대한 인과론이라고 불리는 그의 이론에 따르면, 한 믿음이 지식이 되기 위해서는 그 믿음이 참이어야 하며, 그 믿음은 그를 참이게 하는 사실과 적절한 인과적 관계를 맺고 있어야 한다. 지식에 대한 인과론은 앞의 진구의 믿음이 왜 지식이 되지 못하는가를 적절히 설명한다. 진구의 믿음의 원인은 단지 레이저에 의하여 조작된 영상일 뿐이며, 이 영상과 진구 앞에 존재하는 화병은 아무런 인과적 관계도 맺고 있지 않다. 따라서, 진구의 믿음과 그 믿음을 참이게 하는 화병의 존재라는 사실은 인과적으로 단절되어 있어 그 믿음이 지식이 되지 못한다는 것이다. 만약, 그 사실이 진구의 믿음의 원인이었더라면, 즉 진구가 그 사실을 직접 지각하고 이 사실에 대한 지각 때문에 자신 앞에 화병이 있다고 진구가

---

20) Goldman(1967).

믿었더라면 그 믿음은 지식이 되었으리라는 것이다. 이는 진구의 상황에 관한 한 적절한 설명으로 보인다.

인과론은 게티어 자신이 제시한 예들도 왜 지식이 되지 못하는가를 적절히 설명한다. 진급할 사람이 그의 주머니에 열 개의 동전을 갖고 있다는 영수의 믿음은 영수 자신이 진급할 사람이며 그의 주머니에 열 개의 동전을 갖고 있다는 사실에 의하여 참이다. 그러나 이 사실은 영수의 믿음과 아무런 인과적 관계도 갖고 있지 않다. 만약, 이 사실이 원인이 되어 어떤 근거를 획득하고 이러한 근거에 의하여 진급할 사람이 그의 주머니에 열 개의 동전을 갖고 있다고 믿었더라면, 이 믿음은 지식이 되었을 것이라는 것이다. 이것 역시 납득할 만한 설명으로 보인다.

골드만은 이러한 인과적 틀을 통하여 게티어 문제를 해결하고자 하면서, 미래의 사건에 대한 지식 등에서 나타나는 바와 같이 사실이 단순히 믿음의 원인이라고 볼 수 없는 경우들을 인과적 분석의 틀 내에 포용하고자 한다.[21] 그 결과로 골드만은 지식을 이루기에 필요한 인과적 연쇄를 사실에서 믿음으로 이어지는 단순한 인과 관계에 제한하지 않고, 그 이외의 여러 유형들을 제시한다.[22] 그러나 인과적 연쇄의 틀을 통하여 게티어 문제를 해결하려는 시도는 몇 가지 난점에 직면하게 된다.

첫째 문제는 믿음에 도달하는 과정에 논리적 추론이 포함될 경우, 사실과 믿음 사이에 자연스러운 인과 관계를 설정하기가 곤란하다는 점이다. 우선, 개별적 사례들에 대한 믿음에서 출발하여 일반적 사실에 대한 지식에 도달하는 귀납적 추론의 경우를 보자. 인과론에 따르

---

21) 미래에 발생할 일에 대한 지식이 있을 수 있다면, 이러한 경우는 사실에서 믿음으로 이어지는 인과 관계를 통하여 분석될 수 없다. 미래의 일은 아직 발생하지 않은 상태이며, 이러한 것이 현재의 나의 믿음에 원인이 될 수 없기 때문이다.
22) 이에 대한 상세한 논의에 관해서는 Goldman(1967) 참조.

면, 일반적 사실에 대한 믿음이 지식이 되기 위해서는 일반적 사실과 그에 대한 믿음 사이에 인과 관계가 있어야 한다. 문제는 과연 양자가 인과적으로 연결될 수 있는가 하는 것이다. 귀납에 있어, 일반적 사실에 대한 믿음은 개별적 사례들에 대한 믿음들을 원인으로 하여 성립하며, 다시 개별적 사례들에 대한 믿음들은 개별적 사례들을 원인으로 하여 성립한다고 주장할 수 있을 것이다.

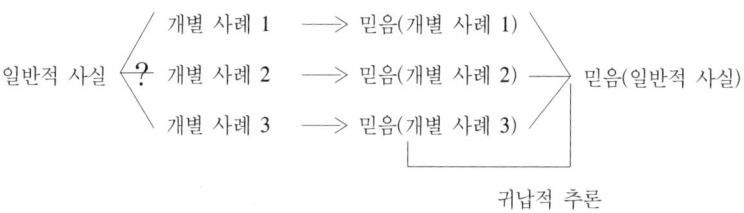

귀납적 추론

그러나 이것만으로는 일반적 사실과 그에 대한 믿음이 인과적으로 맺어지지 않으며, 인과론이 성공하려면 일반적 사실과 개별적 사례들 사이의 인과 관계가 추가적으로 필요하다. 그러나 이러한 인과 관계가 존재하는지가 불분명하다. 모든 사람이 이성적이라는 사실이 영수가 이성적인 원인이라고 한다든가, 모든 개가 짖는다는 사실이 우리 집 개 멍멍이가 짖는 원인이라고 하는 것은 전혀 자연스럽지 않다. 반대의 방향도 마찬가지다. 각각의 사람들이 이성적이라는 사실이 모든 사람들이 이성적이라는 사실의 원인이라고 하는 것은 자연스럽지 않다.

　믿음에 도달하는 과정에 연역적 추론이 포함된 경우도 마찬가지로 인과론에 문제가 된다. 내가 P를 알고 Q를 알 때, 이들에 근거하여 ⟨P 그리고 Q⟩를 알 수 있다. 인과론은 이 경우를 어떻게 설명하여야 하는가? 이 설명은 사실 P와 사실 Q가 각기 나의 믿음 P와 나의 믿음 Q의 원인이며, 이 두 믿음이 나의 믿음⟨P 그리고 Q⟩의 원인이라는 주장을 포함하게 될 것이다. 여기까지는 별 문제가 없다. 그러나 문제는 이것만으로는 아직 나의 믿음(P 그리고 Q)와 사실(P 그리고 Q)가 인과적으로 연결되지 않는다는 데에 있다. 이를 위하여는 〈P 그리고 Q〉라는 복합적 사실과 사실 P, 사실 Q의 두 개별적 사실들 사이의 인과 관계가 필요하다. 그러나 이러한 인과 관계가 어떠한 것인지가 불분명하다.

위의 두 예에서 나타나는 문제점은 귀납적이든 연역적이든 논리적 추론에서 나타나는 믿음들 사이의 관계는 인과적 관계로 볼 수 있으나, 그 믿음의 내용에 대응하는 사실들 사이의 관계는 인과적이라고 볼 수 없는 경우들이 많다는 점이다. 이러한 이유 때문에 논리적 추론을 통한 지식의 경우에 그 지식을 이루는 믿음과 그 믿음을 참이게 하는 사실 사이에 인과 관계를 설정한다는 것은 매우 어렵다. 골드만 자신도 이러한 문제를 충분히 의식하고 사실들 사이의 논리적 관계를 인과적 관계의 일종으로 포함함으로써 자신의 전체적인 인과론의 틀을 유지하고자 한다. 그러나 이러한 해결은 인과적이 아닌 관계까지 인과의 범주에 포함함으로써 지식에 대한 인과적 분석을 억지로 유지하고자 하는 시도로 보이며, 이렇듯 인과의 범위가 확대되면 이는 엄밀한 의미에서 지식에 대한 인과적 분석이라고 할 수 없다.

둘째 문제는 골드만 자신이 이후에 제시한 다음과 같은 예를 통하여 드러난다.

명희는 그녀에게 모든 것이 정상적으로 보이는 시골길을 운전하여 지나가고 있었다. 날씨가 화창한 가을날이었고, 그녀의 시력도 이상적이었다. 주변에 교통량이 거의 없어 명희는 주변의 사물들을 조심스럽게 살펴볼 여유가 있었다. 그녀의 주변에는 수많은 건축물들이 기와집으로 보였는데, 시야에 뚜렷이 나타난 한 건축물을 조심스럽게 살펴보고 명희는 저것은 기와집이다라고 믿었다. 그러나 실은 명희가 지목한 건축물만이 실제로 기와집이고, 나머지 모든 건축물들은 누가 보아도 기와집으로 착각하게끔 정교하게 조작된 가짜 건물들이었다.[23]

위의 예에서 〈저것은 기와집이다〉라는 명희의 믿음은 인식적으로 정당하다. 그녀는 그렇게 믿을 만한 정당한 근거(선명한 지각적 증거)를 갖고 있기 때문이다. 그리고 명희가 보고 있는 건물은 실제의 기와집이므로 그녀의 믿음은 참이기도 하다. 그러나 명희는 자신이 보고 있는 것이 기와집이라는 것을 안다고 할 수 없다.

위의 예는 골드만의 인과적 분석에 심각한 문제를 던진다. 명희는 실제의 기와집을 바라보고 그 결과로 〈저것은 기와집이다〉라고 믿는다. 그녀의 믿음을 참이게 하는 사실이 그녀의 믿음의 원인이며, 따라서 그녀의 믿음과 그 믿음을 참이게 하는 사실 사이에 엄연히 인과 관계가 성립한다. 그렇다면, 명희의 믿음은 인식적으로 정당한 참일 믿음일 뿐 아니라, 골드만이 요구하는 사실과의 인과 관계도 만족한다. 그럼에도 불구하고, 그녀의 믿음은 지식이 되지 못한다.[24]

---

[23] 이 예는 골드만이 Goldman(1976), 121-123에서 사용한 예를 다소 수정하여 빌려온 것이다.

[24] 위의 예는 거짓 전제의 배제에 의한 지식의 분석에 대하여 진구의 믿음의 경우와 같은 효력을 갖는다. 위의 예에서 명희는 단순한 감각 경험으로부터 믿음에 도달하고 있는 듯이 보이며, 그녀가 믿음에 도달하는 과정에 어떠한 믿음도 전제도 사용되고 있지 않은 듯이 보인다. 따라서, 위의 믿음은 정당한 참된 믿음이면서 아무런 거짓 전제도 포함하고 있지 않지만 지식이 아닌 경우인 듯하다. 그러나 앞서 진구의 예에 대하여 거짓 전제의 배제라는 조건을 통하여 게티어 문제를 해결하고자 하는 사람들이 어떻게 대응하였는가를 이미 살펴본 우리로서는 이들이 이 예에 대하여도 유사하게 대응하리라는 것을 쉽게 예측할 수 있다. 그들이 구체적으로 어떻게 대응할지를 파악하는 것은 독자들의 몫으로 남겨둔다.

7-3 격파불가능성

게티어 문제에 대한 해결책으로 또 하나 잘 알려진 것은 앞 절에서 논의한 격파자에 대한 고려를 지식의 분석에 첨가하는 것이다. 그러나 여기서 고려될 격파자는 앞서 논의한 격파자와는 다르다. 앞서 소개한 격파자는 인식자가 실제로 증거로 가지고 있는 격파자다. 즉, 내가 어떤 긍정적 근거를 토대로 하여 한 믿음을 받아들이는 경우, 내가 새로이 얻은 어떤 추가적 정보가 앞의 긍정적 근거에 의거하여 믿음을 받아들이는 것을 더 이상 정당한 것이 되지 못하게 할 때 그러한 추가적 정보가 격파자가 된다.

이제 이와는 다소 다른 다음과 같은 경우를 보자. 나는 아침에 나의 아내가 집에 있는 것을 보았으며, 외출할 계획이 전혀 없음을 알고서 연구실에 출근하였다고 하자. 그리고 특별한 일이 없는 한 내 아내는 대체로 아침에 집에 머문다는 과거의 사례에 비추어, 아침 11시경 나는 그녀가 집에 있을 것이라고 믿는다. 그런데, 내가 모르는 사이에 절친한 이웃집에서 내 아내를 초대하기 위하여 아침 10시경에 전화하였다고 하자. 이런 전화가 흔하지는 않지만, 이런 경우에 그녀는 대체로 초대에 응한다고 하자.[25]

위의 예에서 내 아내가 외출할 계획이 없다는 나의 믿음, 대체로 그녀는 아침나절에 집에 머문다는 나의 믿음 등이 지금 나의 아내가 집에 있다는 믿음을 위한 긍정적 근거의 역할을 한다. 그리고 이들 긍정적 근거는 나의 믿음에 인식정당성을 부여한다. 그렇다면, 아침 10시에 이웃집에서 초대 전화를 하였다는 사실은 나의 믿음에 대하여 어떠한 인식적 영향을 미치는가?

---

25) 위의 예는 Dancy(1985)에서 빌려온 것이다. 격파불가능성을 통하여 지식을 분석하는 이론에 대한 소개에 관해서는 같은 책, 29-30 참조.

우선, 이러한 사실은 나의 믿음의 인식정당성을 실제로 격파하지 않는다는 것에 주목하자. 이 사실은 나에게 파악되어 있지 않은 상태이므로 그 자체로서는 나에게 내 아내가 집에 있다고 믿지 말아야 할 이유가 되지 않는다. (내가 현재 어떤 믿음을 받아들여야 할 것인가를 결정하는 과정에서는 나는 나에게 파악된 것들만을 참조할 수밖에 없다. 따라서 나에게 파악된 것들 중에서 내 아내가 집에 있다고 믿어서는 안 된다는 것을 드러내는 것이 없으며, 그녀가 집에 있다고 믿을 만한 긍정적 근거들을 내가 갖고 있다면 그러한 근거들을 토대로 그녀가 집에 있다고 믿는 나의 인식 행위는 인식적으로 정당한 행위라고 할 수 있다.) 따라서, 이웃집에서 전화 초대를 하였다는 사실은 나의 믿음의 인식정당성에 대한 현실적 격파자가 되지 못한다.

그러나 이 사실은 다음과 같은 의미에서 나의 믿음의 인식정당성에 대한 **잠재적 격파자**다. 즉 나는 현재 그 사실을 믿고 있지 않지만 (따라서 현실적 격파자가 되지 못하지만), 만약 내가 그 사실을 믿는다면 그 믿음은 긍정적 증거가 나의 믿음에 대하여 부여하는 인식정당성을 격파할 것이다. 내가 만약 이웃집에서 아침 10시에 초대 전화를 하였다는 사실을 알았더라면, 기존의 긍정적 증거들을 토대로 하여 아침 11시에 나의 아내가 집에 있다고 믿는 것은 더 이상 인식적으로 정당하게 되지 않는다는 것이다.

몇몇 인식론자는 앞서의 게티어 유형의 반례들에 비추어 한 믿음이 지식이 되기 위해서는 잠재적 격파자가 없어야 한다는 것을 지식을 위한 추가적 조건으로 제시한다.[26] 즉, 한 믿음은 인식적으로 정당한 참이면서 그를 위한 잠재적 격파자가 없을 때 지식이 된다고 주장한다. 이 이론은 지금까지 소개한 예들에서의 믿음들을 지식이 아닌 것으로 잘 분류한다. 영수의 경우에는 철호가 진급하지 않을 것이라

---

26) Lehrer and Paxon(1969), 225-237 ; Swain(1974), 15-25.

는 사실이, 진구의 경우에는 자신이 보고 있는 것은 레이저 광선에 의하여 조작된 영상이라는 사실이 이러한 잠재적 격파자의 역할을 하기 때문이다. 그리고 바로 앞의 명희의 예에서는 자신의 주변에 기와집으로 보이는 대부분의 건물들이 그림에 불과하며 그중의 단 하나만이 실제의 기와집이라는 사실이 그러한 잠재적 격파자에 해당한다. 이렇듯 잠재적 격파자가 없어야 한다는 것을 지식을 위한 필요조건으로 추가하는 이 이론은 게티어의 예뿐 아니라 그와 유사한 지금까지 살펴본 대부분의 예들에 대하여 성공적인 대답을 제시하고 있다.

  이 이론이 갖는 한 특징은 전통적 이론에서 중요하게 간주되어 온 진리 조건을 별도로 필요로 하지 않는다는 점이다. 내가 한 명제 P를 믿고 있는데, 이 명제가 거짓이라고 하자. 그렇다면, 〈P가 아니다〉가 사실이다. 이 사실은 나의 믿음 P에 대한 잠재적 격파자가 될 것임에 틀림없다. 왜냐하면, 내가 그 사실을 믿는다면, 내가 P라고 믿는 것이 더 이상 정당할 수 없을 것이기 때문이다. 이러한 고려는 모든 거짓인 믿음은 잠재적 격파자를 갖고 있다는 것을 보여준다. 따라서, 잠재적 격파자가 없기 위해서는 그 믿음은 참인 믿음이어야 한다. 그렇다면, 잠재적 격파자가 없어야 한다는 조건은 그 믿음이 참이라는 조건을 함축하게 되어, 잠재적 격파자가 없음을 지식의 조건으로 내세우는 이론은 그 믿음이 참이어야 한다는 조건을 별도로 포함할 필요가 없게 된다. 이러한 사실이 잠재적 격파자가 없을 것을 지식의 조건으로 내세우는 이론의 단점이 되지는 않는다. 이 사실은 오히려 이 이론의 장점이라고 할 수 있다. 이 이론은 한 믿음이 지식이 되기 위해서는 왜 참이어야 하는가를 설명하고 있다고 볼 수 있기 때문이다.

8 게티어 문제의 교훈: 지식과 우연적 참의 배제

지금까지 우리는 지식에 대한 전통적 정의를 보았고, 게티어가 이 정의의 불충분성을 지적하였음을 보았다. 그리고 게티어가 지적한 문제를 해결하고자 하는 몇 가지 시도들을 소개하면서, 각 해결책들을 둘러싼 논쟁점들을 고찰하였다. 이러한 과정을 좇으면서 독자들은 게티어 문제에 대한 좀더 깊은 이해를 얻었으리라 믿는다. 기존의 해결책들과 관련된 논쟁점에서 어떠한 입장을 정할 것인가, 기존의 해결책들에 다른 문제점이 있는 것은 아닌가, 또는 기존의 해결책들보다 우월한 다른 해결책이 있는 것은 아닌가 등에 대한 고찰은 독자들의 몫으로 남겨두고자 한다.

이제 게티어 문제에 대한 구체적 해결책을 살펴보고 그 해결책의 한계를 논의하는 것으로부터 한 발짝 물러서서 게티어의 예가 시사하는 교훈을 거시적으로 살펴보자. 이를 위한 출발점으로 다음과 같은 사실에 주목하자: 한 믿음이 지식이 되기 위하여는 그 믿음이 참이어야 할 뿐 아니라, 그 참됨이 우연적이어서는 안 된다. 이를 뒷받침하는 극명한 예는 운 좋은 추측에서 찾을 수 있다. 내가 현재 남한의 인구는 46,376,753명이라고 믿는다고 하자. 그리고 나는 그것을 순전히 추측에 의하여 믿는다고 하자. 이러한 믿음은 지식일 수 없으며, 설사 이 믿음이 참이라 하더라도 사정은 마찬가지다.

여기서 한 가지 고려할 것은 인식정당성의 조건이 위에서 보이는 우연성을 배제할 수 있는가 하는 것이다. 위의 믿음이 추측인 이유는 그 믿음이 정당한 근거에 의존하고 있지 않기 때문이며, 정당한 근거에 의존할 때 위 믿음은 인식적으로 정당하게 되고 인식적으로 정당한 믿음이 참이 된다면, 그것은 우연이 아닐 것이라고 주장할 수 있다. 이 주장은 설득력이 있어보이며, 사실 많은 인식론의 저술들이 운이 좋아 참이 되는 믿음은 지식이 될 수 없다는 근거에서 인식정당성을 지식의 필요조건으로 도입하고 있다. 만약 이 주장이 옳다면, 운이 좋아 참이 된 믿음이 지식이 될 수 없다는 사실은 인식정당성이 지식의 필요조건이라는 것을 보일 뿐이다. 그렇다면, 운이 좋아 참인 믿음의 경우는 인식정당성을 지식의 한 필요조건으로 포함하는 전통적 정의를 뒷받침할 뿐, 믿음, 참, 인식정당성 이외의 추가적 필요조건을 주장하는 게티어 논증의 의의를 밝혀주는 역할은 하지 못할 것이다.

그러나 인식정당성은 운이 좋은 참 또는 우연적 참을 배제하지 못한다. 즉, 인식적으로 정당한 믿음이 우연적으로 참일 수 있다. 이러한 사실이 게티어 논증의 배경을 이룬다. 위에서 살펴본 여러 반례들을 보면 이 점이 선명히 드러난다. 그 첫번째 예인 영수의 믿음, 진급할 사람이 그의 주머니에 열 개의 동전을 갖고 있다는 믿음을 보자. 이 믿음은 영수 자신이 진급할 사람이며 그의 주머니에 열 개의 동전이 있다는 사실에 의하여 참이 되는데, 이러한 사실은 영수에 의하여 전혀 파악되어 있지 않다. 더구나, 영수가 위와 같이 믿을 만한 유일한 전제는 철호가 진급할 사람이며 그가 주머니에 열 개의 동전을 갖고 있다는 믿음인데, 이 전제는 불행히도 거짓이다. 따라서, 문제의 믿음이 참이 되었다는 것은 행운이며 그 참됨이 우연적이다. 이러한 이유 때문에 영수의 믿음은 지식이 되지 못한다. 화병에 관한 진구의 믿음도 마찬가지다. 진구는 조작된 레이저 사진에 의하여 주어진 감각 경험에 의거하여 자신 앞에 화병이 있다고 믿는다. 사실 그의 앞에 화병이 있기에 이 믿음은 참인데, 이 사실이 진구의 믿음의 근거를 이루는 감각 경험과 단절되어 있다. 이러한 이유 때문에 진구의 믿음은 주어진 감각 경험에 의하여 정당하게 됨에도 불구하고 우연적으로 참이고, 따라서 지식이 되지 못한다. 명희의 경우도 마찬가지다. 명희는 주어진 상황과 그의 시각적 인식 능력 하에서는 모조의 기와집과 실제의 기와집을 분별할 능력이 전혀 없다. 이러한 상황에서 명희가 본 것이 실제 기와집이어서 그녀의 믿음이 참인 것은 전적으로 우연이며, 따라서 그녀의 믿음은 지식이 될 수 없다.

　인식정당성이 우연적 참을 배제하지 못한다는 것, 다시 말하면 인식적으로 정당한 믿음이 우연적으로 참일 수 있다는 것을 게티어 유형의 개별적인 예들을 통하지 않고서 일반론적으로 설명하는 방법이 있다. 이를 위하여, 데카르트에 의하여 도입된 이후에 인식론에서 즐겨 사용되는 전능한 기만자의 예를 사용하도록 하자. 이 전능한 기만자는 나의 정신을 조작하여 우리가 세계와 아무런 접촉도 갖지 않고 있음에도 불구하고 마치 세계를 직접 지각하여 믿음을 형성하는 것처럼 믿게끔 하고 있다. 전능한 기만자에 의하여 조작된 세계에서 우리는 우리가 현재 갖고 있는 것과 동일한 경험을 갖고 동일한 방식으로 믿음을 형성한다. 우리는 우리가 신체를 갖고 있는 존재라고 생각하고 우리가 생각하는 방식으로 세계와 접촉하면서 행위하고 있다고 믿는다. 그러나 실상 우리는 전능한 기만자에 의하여 조작되고 있는 정신에 불과하다.[27] 이제 데카르트가 도입한 이러한 전능한 기만자의 세계를 다소 수정하여, 다음과 같은 가정을 덧붙이자 : 이 전능한 기만자는 아주 자비로운 존재여서, 우리의 모든 믿음들이 참이 되게끔 우리 정신을 조작한다.

　이러한 가공의 세계에서도 인식적으로 정당한 믿음과 인식적으로 정당하지 않은 믿음은 구분된다. 자비로운 영의 세계에서 한 사람은 때로 타당한 근거에 의거하여 올바른 추론을 통하여 믿음에 도달하기도 하고, 때로는 아무런 근거 없이 부당한 추론을 통하여 믿음에 도달하거나 주어진 근거에 어긋나는 방식으로 믿음을 구성하기도 한다. 전자의 믿음들은 인식적으로 정당한 반면에 후자의 믿음들은 인

---

[27] 물적 토대 없이는 정신현상이 있을 수 없다는 심물이론을 받아들이는 사람에게는 위와 같은 가정이 불가능하게 생각될 것이다. 그런 사람은 악령의 가정 대신에, 퍼트남과 같이, 우리가 고성능 컴퓨터에 의하여 조작되는 통 속의 뇌라고 가정하라.

식적으로 정당하지 않다. 이러한 자비로운 영의 세계에서 정당한 참된 믿음들은 과연 지식이 될 수 있는가? 이 질문에 대하여 우리의 직관은 분명히 그것들이 지식이 아니라고 대답한다. 그 이유는 이들이 비록 정당하다고 하더라도 그들은 단지 우연적으로 참이기 때문이다. 이들 믿음들은 그들이 묘사하고자 하는 세계로부터 철저히 단절되어 있으므로 이들이 참인 것은 단지 행운일 뿐이고, 따라서 지식이 될 수 없다.

이제 우리는 자비로운 영의 세계에서의 믿음들과 영수, 진구, 명희의 믿음이 같은 이유에서 그들이 정당한 참된 믿음이더라도 우연적으로 참이기 때문에 지식이 되지 못함을 보았다. 단지 이들 사이의 차이는 영수, 진구, 명희의 경우에 참됨을 우연적이게 하는 상황이 개별적인 믿음에 제한되어 발생하는 반면에, 자비로운 영의 세계에서는 이러한 상황이 정당한 믿음들 모두에 보편적으로 발생하였다는 것뿐이다.

일단 우연적으로 참이어서는 지식이 될 수 없다는 것이 게티어 유형의 예들이 시사하는 교훈임을 알게 되면, 게티어 문제의 해결책으로 제시된 앞서의 시도들도 우연적 참을 배제하려는 시도들로 재해석될 수 있다. 인식적으로 정당한 믿음이 우연적으로 참이 되는 경우 중의 하나는 그 믿음이 거짓 전제에 필연적으로 의존하면서도 참이 되는 경우다. 한 사람이 어떤 전제에 의거하여 한 결론에 도달하였다고 하자. 이때 그 전제가 거짓임에도 불구하고 결론이 참이라고 한다면 그 결론이 참됨은 우연일 것이고 따라서 지식이 되지 못한다. 이 상황은 전제가 인식적으로 정당하다는 가정을 덧붙이고서도 유지될 수 있다. 앞에서 보았듯이, 인식정당성은 오류 가능하므로 전제가 인식적으로 정당하면서도 거짓일 수 있기 때문이다. 인식적으로 정당한 전제로부터 올바른 추론에 의하여 도달한 결론 역시 인식적으로 정당하게 된다. 그러나 전제가 거짓이기에 이 결론의 참됨은 우연적인 것으로 지식이 되지 못한다. 즉, 이 결론은 인식적으로 정당한 참된 믿음이지만 지식이 되지 못한다. 앞에서 본 영수의 예가 바로 이런 것이었다. 따라서, 우연적 참의 배제가 지식의 필요조건이고, 위에서 보듯이 전제가 거짓일 경우에 한 믿음이 (그것이 참일 때) 우연적 참이라고 한다면, 지식이 되기 위해서는 그 믿음이 거짓 전제에 의존하여서는 안 된다는 결론이 따른다. 바로 여기에 거짓 전제의 배제를 게티어 문제의 해결책임과 동시에 지식의 필요조건으로 제시하는 시도의 의의가 있다.

그러나 전제 없이 정당하게 되는 믿음이 우연적으로 참이 될 수 있다면, 위 해결책은 문제에 봉착할 것이다. 앞서 살펴본, 화병에 관한 진구의 믿음이 이러한 예로서 제시되었다. 이 믿음은 감각 경험에 의하여 정당하게 되고 또 우연적으로 참이다. 이 믿음은 우연적으로 참이기 때문에 지식이 될 수 없지만, 지식이 될 수 없는 이유가 거짓 전제를 포함하기 때문이라고 할 수 없는 듯이 보인다. 왜냐하면, 정당성의 근거가 되는 감각 경험은 참이거나 거짓일 수 있는 것이 아니기 때문이다. 인과론은 이러한 진단을 받아들이고서 우연적 참을 배제하는 새로운 방식을 제시하고자 하는 시도로 볼 수 있다. 만약 진구의 감각 경험이 그의 믿음을 참이게 하는 실재의 화병에 의하여 야기되었더라면 그 감각 경험에 의거한 진구의 믿음은 우연적으로 참이 아닐 것이며, 따라서 지식일 것이라는 주장이 인과론의 요점에 해당하며, 이는 우리의 직관적 판단과 정확히 일치한다. 영수의 믿음이 지식이 아닌 이유도 인과론의 틀 내에서 설명된다. 영수의 믿음은 자신이 진급할 사람이며 자신의 주머니에 열 개의 동전이 있다는 사실에 의하여 참이 되는데, 이 사실이 영수가 진급할 사람이 그의 주머니에 열 개의 동전을 갖고 있다고 믿는 원인이 아니다. 이 사실이 그의 믿음의 원인이었더라면, 그 믿음의 참됨은 우연이 아닐 것이며 따라서 지식이었을 것이다.

그러나 명희의 믿음은 거짓 전제를 포함하지도 않고 그 믿음을 참이게 하는 사실과 인과적으로 연결되어 있으면서도 우연적으로 참일 수 있음을 보여준다. 그녀의 믿음이 우연적으로 참인 이유는 그녀가 처한 외적인 상황의 특이성에서 찾을 수 있다. 그녀에게 모두 실제의 기와집처럼 보이는 것들이 하나만 제외하고 모두 모조의 기와집이라는 사실 때문에, 그녀가 한 사물을 보고 기와집이라고 믿을 경우 그 믿음이 참이 된다면 그것은 우연일 수밖에 없다. 그렇기 때문에 만약 명희가 이러한 사실 ── 그 믿음의 참됨을 우연적이게 만드는 사실 ── 을 알았더라면, 자신이 보고 있는 것이 실제의 기와집이라는 것을 의심하게 되었을 것이고 따라서 그렇게 믿지 않았을 것이다. 즉, 한 믿음의 참됨을 우연적이게 하는 사실은 인식 주관이 그것을 알았을 경우에 문제의 믿음을 더 이상 유지하지 못하게 하는 그러한 사실이다. 이 사실은 앞서 살펴본 잠재적 격파자에 해당한다. 이렇듯 한 믿음의 참됨을 우연적이게 하는 외적인 사실은 그 믿음에 대한 잠재적 격파자를 이룬다. 같은 요지를 반대의 관점에서 해명할 수 있다. 한 믿음에 대한 잠재적 격파자가 있다고 하자. 이는 알려졌을 경우에 문제의 믿음을 정당하게 받아들이지 못하게 하는 외적인 사실이 있다는 것을 의미한다. 그렇다면, 이러한 사실을 아는 것이 왜 인식 주관으로 하여금 문제의 믿음을 정당하게 받아들이지 못하게 하는가? 그 이유로 생각할 수 있는 것은, 그 사실에 비추어볼 때, 그 믿음이 참일 가능성이 낮은 것으로 나타날 것이기 때문이다. 그럼에도 불구하고 그 믿음이 실제로 참이라면, 그 믿음의 참됨은 우연적인 것이 된다. 즉, 한 믿음이 잠재적 격파자가 있다면, 그 믿음이 참일 경우에 그 참됨은 우연적이 되는 듯하다. 이상의 고려가 어떻게 잠재적 격파자가 없어야 한다는 것을 지식의 한 조건으로 추가하는 것이 믿음이 우연적으로 참이 되는 것을 배제하기 위한 시도로 이해할 수 있는가를 보여준다.

제3장 신빙성 있는 지표 이론

  2장의 후반부에 우리는 우연적으로 참이어서는 지식이 될 수 없다는 통찰이 게티어 예들의 공통적 배경을 이루고 있음을 보았다. 그리고 게티어 문제를 해결하고자 하는 몇몇 시도들이 모두 위의 우연을 배제하려는 시도들로 재해석될 수 있음을 보았다. 이 장에서는 게티어 문제를 해결하는 새로운 경향을 살펴볼 것이다. 이 경향을 공유하는 인식론자들의 지식 분석에 있어서는 우연적으로 참인 믿음은 지식이 될 수 없다는 것이 특징적으로 잘 드러난다. 따라서, 우연적 참의 배제라는 게티어의 교훈을 직관적이고 명시적으로 반영하고 있다는 것은 이들 이론의 장점이라고 할 수 있다. 사실 이 장에서 소개할 이론을 옹호하는 인식론자들은 모두 게티어 문제를 언급하고 있으며, 자신들의 이론이 그 문제를 성공적으로 해결한다는 것을 자랑거리로 삼고 있다. 그러나 한 가지 주의할 점은 이 이론들이 단순히 게티어가 제기한 문제를 해결하는 것 이상의 의의를 지닌다는 점이다. 앞으로의 논의를 통하여 밝혀지겠지만, 이들 이론이 인식론에서 갖는 더 큰 의의는 지식에 대하여 이전의 견해와 전혀 다른 새로운 관점을 도입하는 데에 있다. 이러한 사실을 염두에 두고 이야기를 시작하기로 하자.

앞 장에서 언급한 우연적 참의 본성을 고장난 시계의 예를 통하여 접근하여 보자. 한 시계가 고장이 나서 항상 다섯 시를 가리키고 있다고 하자. 이 경우를 의인화하여 이 시계는 지금 시간이 다섯 시라고 말하고 있다고 하자. 이제 실제로 오후 다섯 시가 되었다고 하자. 이때 앞의 시계는 지금 시간이 다섯 시라고 말하고 있으므로 이 시계가 말하고 있는 것은 참이다. 그러나 이 말이 참인 것은 전적으로 우연이다. 도대체 이 진술이 참인 것은 왜 우연인가? 이에 대한 대답은 어렵지 않게 찾을 수 있다. 이 시계의 바늘이 시간의 변화에 민감하게 반응하고 있지 않기 때문이다. 시계가 정상적으로 작동하여 그 바늘이 외부 시간에 상응하는 방식으로 변화하였다면, 그 시계의 바늘이 가리키는 정보가 외부의 시간과 일치하여 참이 되었을 때 그 참됨은 우연이 아닐 것이다. 요약하자면, 한 정보가 외부의 사실에 민감하게 반응하여, 만약 그 사실이 발생하지 않았다면 그 정보도 발생하지 않고, 만약 그 사실이 발생한다면 그 정보도 발생하는 그러한 본성을 갖는다면(즉 정보가 그 정보를 참이게 하는 사실과 더불어 공변한다면), 그 정보가 참일 때 그 참됨은 우연이 아니다.

위의 시계의 예가 믿음의 경우에도 적용될 수 있다. 왜냐하면, (경험적) 믿음도 본질적으로 외부 세계와의 관련 하에서 사실과 관련된 정보를 전달하는 방식으로 볼 수 있기 때문이다. 믿음 P가 시각 장치에 의하여 형성된다고 하자. 만약 이 장치가 고장나서 외부에 사실 P가 존재하는가 아닌가와 무관하게 그저 믿음 P를 산출한다고 하자. 그런데, 외부에 사실 P가 성립해서 이 믿음이 참이 되었다고 하자. 이 믿음은 우연히 참이다. 반면에, 이 시각 장치가 정상적으로 작동한다고 하자. 그렇다면, 이 장치가 정상적인 상황에서 믿음 P를 형성할 경우에 그 과정은 다음과 같을 것이다. 즉, 사실 P가 성립하지 않으면, 믿음 P가 형성되지 않고, 사실 P가 성립하면 믿음 P가 형성된다. 믿음 P가 사실 P와 함께 변환하는 방식으로(공변하는 방식으로) 형성되고 있는 것이다. 이렇게 사실에 민감하게 대응하는 방식으로 형성된 믿음이 참이 된다면, 그때의 참은 우연이 아니다.

한 믿음이 우연적으로 참이어서는 지식이 될 수 없다는 견해를 받아들이고, 우연적 참의 여부는 위에서 표현된 바의 사실과 민감하게 대응하면서 공변하는가의 여부에 의하여 결정된다는 견해를 받아들이면, 다음과 같은 지식에 대한 정의가 따른다.

(K) S가 P를 알기 위해서는 다음의 조건들이 만족되어야 한다 :

(1) S가 P를 믿는다.
(2) P가 참이다.
(3-1) 만약 P가 참이 아니라면(거짓이라면), S는 P라고 믿지 않을 것이며,
(3-2) 만약 P가 참이라면, S는 P라고 믿을 것이다.[1]

여기서 지식의 분석에 새로운 조건은 (3)이다. 이중에서도 많은 인식론자들은 특히 (3-1)에 주목한다. 우리도 여기에 논의의 초점을 맞출 것이므로, 이 부분만을 따로 떼내어 다음과 같이 S가 P를 알기 위한 필요조건으로 도식화하자 :

(C) 만약 P가 참이 아니라면(거짓이라면), S는 P라고 믿지 않을 것이다.

이제 이 조건이 우연적 참을 어떻게 배제하는가를 확인하기 위하

---

[1] 여기서 인식정당성의 조건이 지식의 분석에 누락되어 있음을 주목하자. 이 사항은 이 장의 마지막 부분에서 논의될 것이다.

여 (C)의 조건이 위배되면 어떤 결과가 나타나는가를 보자. (C)가 위배되었다는 것은 인식자의 상황이 다음과 같음을 의미한다 : P가 거짓이더라도 S는 여전히 P라고 믿을 것이다. 즉 S의 주어진 상황에 비추어볼 때, P가 거짓이라 하더라도 P가 아닌 다른 사실이 S로 하여금 P라고 믿을 때와 유사한 증거를 부여하여 S는 여전히 P라고 믿으리라는 것이다. 그렇다면, S가 실제 상황에서 P이외의 사실이 아니라 마침 P와 마주쳐서 참인 믿음을 형성할 수 있었던 것은 행운이다.

(C)를 앞서 살펴본 명희의 경우에 적용하여 보자. 저것은 기와집이다라는 명희의 믿음은 운 좋게 참이 된 믿음이다. 이 믿음이 운 좋은 참인 이유는 바로 (C)에 의하여 설명된다. 명희의 상황에 미루어볼 때, 명희는 충분히 실제의 기와집이 아닌 모조의 기와집을 보았을 수 있다. 그 경우에 그녀는 실제의 기와집을 보았을 때와 같은 경험을 하고, 그로부터 저것은 기와집이다라는 같은 믿음에 도달했을 것이다. 즉 명희의 상황에서는 기와집이 아니면서도 그녀로 하여금 그것이 기와집이라고 착각하게 하는 (인식적으로) 위험한 조건이 높은 가능성으로 있다((C)의 위배). 그리고 명희는 이러한 위험한 상황을 분별할 수 있는 능력이 전혀 없다. 이러한 상황에서 그러한 위험에 빠지지 않고 마침 기와집을 보게 된 것(인식적 위험이 산재한 상황에서 위험에 빠지지 않은 것)은 행운이며, 따라서 명희의 믿음이 참인 것은 행운이다.

반면에, 명희의 경우와 달리 기와집들만으로 덮인 지역을 지나면서 자신이 보는 것이 기와집이라고 믿는 경우는 지식이 된다. 이 상황에서 그녀의 믿음이 참인 것은 우연이 아니기 때문이다. 이 경우에는 자신이 보는 것이 기와집이 아니었더라면, 그것은 길이나 논과 같은 것이다. 이들을 보았을 때 그녀는 자신이 보는 것이 기와집이라고 믿지 않을 것이다((C)의 만족). 다시 말하면, 이러한 상황에서는 그녀의 주변에 기와집이 아니면서도 기와집이라고 믿게끔 유혹하는 (인식적으로) 위험한 상황이 없으므로, 그녀가 기와집을 보고서 기와집이라고 믿는 것은 행운이 아니며(빠질 유혹이 없는 상황에서 유혹에 빠지지 않은 것은 행운이 될 수 없다), 따라서 지식이 될 수 있는 것이다.

게티어 자신의 예와 레이저 광선에 의하여 조작된 화병의 상의 예에 대하여도 위와 동일한 설명을 할 수 있을 것이다. (C)를 이들에 적용하는 상세한 논의는 독자에게 맡기고 여기서는 그 개요만을 설명한다. 영수의 경우에 자신의 주머니에 동전이 열 개 있다는 믿음이 그의 믿음을 참이게 한다. 이 경우에 자신의 주머니에 동전이 단지 아홉 개만 있었다 하더라도, 영수는 (진급하리라고 오인한 사람의 주머니에 있는 동전의 수를 세어본 결과에 의하여) 여전히 진급할 사람의 주머니에 동전이 열 개 있다고 믿을 것이다. 즉 그 믿음을 참이게 하는 사실의 변화가 그의 믿음에 의하여 반영되지 않고 있다. 진구의 믿음은 자신의 앞에 놓인 실제의 화병에 의하여 참이 되는데, 이 화병이 존재하지 않는다 하더라도, 진구는 여전히 레이저의 조작에 의해 자신 앞에 화병이 있다고 믿을 것이다. 이렇듯 위의 (C)의 조건은 지금까지 살펴본 지식에 대한 전통적 정의에 대한 반례들을 잘 설명하고 있으며, 그 설명이 우연적 참에 대한 고려에 잘 맞추어져 있다.

1 가정법적 조건문과 우연의 배제

1970년대에 들어오면서 지식에 대한 전통적인 분석과 결별을 고하면서 새로운 분석을 제시하는 일군의 인식론자들이 나타난다. 암스트롱 D. M. Armstrong, 드레츠키 F. Dretske, 노직 R. Nozick, 골드만 A. Goldman 등이 이에 속한다. 이들의 이론들은 겉으로 보기에는 다른 이론들 같으면서도, 흔히 인식론에서 동류의 이론으로 분류된다. 이들을 하나의 묶음으로 보는 것이 타당한 이유는 이 이론들의 핵심에 앞서의 (C)가 놓여 있기 때문이다. 이들 이론들의 구체적 내용은 다음 절에서 살펴볼 것이다. 이 절에서는 (C)에 포함된 사실과 믿음 사이의 관계의 본성을 좀더 명확히 이해하고자 한다. 왜냐하면, (C)에서 사실과 믿음은 〈만약 ······이면, ······이다〉라는 형식의 조건문을 통하여 연결되어 있는데, 이러한 형식을 갖는 조건문은 다양한 해석이 가능하기 때문이다. 따라서, (C)가 포함하는 조건문의 유형을 명확히 하는 것이 (C)의 의미 및 그것이 배제하는 우연적 참의 본질을 이해하는 데 중요하다.

조건문의 대표적인 세 가지 유형은 다음과 같다.

A. 실연적 조건문 Material Conditional
B. 가정법적 조건문 Subjunctive Conditional
C. 엄격한 조건문 Strict Conditional

모든 조건문은 〈만약 A이면 B다〉라는 모양을 갖는다. 여기서, A는 조건문의 전건 antecedent, B는 후건 consequent이라고 불린다. 이 조건문은 〈A가 참이면서 B가 거짓이지 않다〉를 의미한다. 전건이 참이고 후건이 거짓인 그러한 경우를 주어진 조건문에 대한 반증사례라 부를 수 있으며, 그렇다면 조건문은 반증사례가 존재하지 않음을 주장하는 것으로 볼 수 있다. 위의 세 가지 조건문들의 차이를 이해하는 한 방법은 각 조건문이 반증사례가 존재하지 않는다고 주장하는 바의 세계의 범위를 어떻게 설정하고 있는가를 살펴보는 것이다.

실연적 조건문은 반증사례가 우리가 실제로 살고 있는 이 현실 세계에서 성립하지 않음을 주장한다. 〈만약 A이면 B다〉라는 조건문이 실연적 조건문이라면, 이는 단지 〈이 현실 세계에 A이면서 B가 아닌 경우가 존재하지 않는다〉라고 주장할 뿐이다. 그렇다면, 단순히 A가 실제로 이 세계에서 거짓이거나 B가 참이기만 하면 이 조건문은 참이다. 따라서, 실연적 조건문이 참이기 위해서는 전건의 내용과 후건의 내용이 실질적으로 연결될 필요가 없다.

그러나 우리가 사용하는 대부분의 조건문은 이러한 방식으로 그 참 거짓이 결정되지 않는다. 〈만약 철호가 아버지라면, 그는 자식을 갖고 있다〉는 조건문을 보자. 이 조건문은 전건이 현실 세계에서 거짓이라는 이유만으로 참이 되지는 않는다. 예를 들어, 철호가 현실적으로 아버지가 아니라고 하여(따라서 현실 세계에서 철호가 아버지이면서 남자가 아닌 경우가 성립하지 않는다고 하여), 이 조건문이 그저 참이 되지는 않는다. 이 조건문은 〈아버지임〉과 〈자식을 갖고 있음〉 사이의 개념적 연관성을 주장하고 있으며, 따라서 그 진위는 〈아버지〉라는 개념과 〈자식을 갖는다〉라는 개념 사이의 필연적 연관성 여부에 달려 있다. 다시 말하면, 위 조건문의 핵심에는 어떤 존재이든 그것이 아버지라면 아이를 갖지 않을 수 없다는 주장이 깔려 있다. 이는 한 사람이 아버지이면서 아이를 갖지 않는 경우가 현실 세계에서 성립하지 않을 뿐 아니라 개념적으로 또는 논리적으로 가능한 모든 세계에서 성립하지 않는다는 주장에 해당한다. 이렇듯 위의 조건문은 모든 논리적으로 가능한 세계에서 철호가 아버지이면서 아이를 갖지 않는 경우(반증사례)가 성립하지 않는다는 것을 의미하고 이것이 바로 위 진술에서 〈아버지임〉과 〈자식을 갖고 있음〉 사이의 필연적 연관성을 맺어주는 근거를 이룬다. 이러한 강한 필연적 연관성을 주장하는 조건문은 엄격한 조건문 strict conditional이라고 불린다.

조건문들 중에는 참이 되기 위하여 현실 세계에서 반증사례가 성립하지 않는다는 것만으로는 족하지 않지만, 그렇다고 하여 반증사례가 모든 논리적으로 가능한 세계에서 배제될 필요는 없는 그러한 조건문이 있다. 다음의 조건문을 보자.

만약 내가 새라면, 나는 하늘을 날 것이다.

이 조건문의 전건과 후건은 모두 거짓이다. 그러나 단지 그러한 이유만으로(현실 세계에서 반증사례가 성립하지 않는다는 이유만으로) 이 조건문이 참이 되지는 않는다. 이 조건문은 〈새임〉과 〈하늘을 낢〉 사이의 어떤 실질적 연관성을 주장하고 있다. 한편, 이 조건문이 참이기 위해서는 반증사례가 성립하는 가능 세계가 전혀 없어야 되는 것은 아니다. 지상의 공간이 대기로 되어 있지 않고 유리로 채워져 있는 세계를 생각해 보자. 이러한 세계는 논리적으로 가능하며, 이러한 세계에서는 내가 새라고 하더라도 날 수 없다. 그러나 누군가가 이렇게 전건이 참이고 후건이 거짓인 세계가 논리적으로 가능하다는 이유만으로 위 조건문이 거짓이라고 주장한다면, 그는 뭔가 잘못 생각하고 있는 것이다. 단지 이런 이유에서 위 조건문이 거짓이 된다면, 〈만약 내가 여자라면, 치마를 입을 것이다〉, 〈만약 내가 정해진 시간에 약속장소에 간다면, 친구를 만날 것이다〉 등의 모든 진술들이 참이 될 여지가 전혀 없는 자명한 거짓이 된다. 이는 받아들일 수 없는 결론이다.

위와 같은 조건문은 반사실적 조건문 counterfactual conditional, 또는 보다 일반적으로 가정법적 조건문 subjunctive conditional이라고 불린다.[2] 위에서 보았듯이 가정법적 조건문은 현실 세계에서 반증사례가 존재하지 않는다는 것보다는 강한 주장을 포함하지만, 그렇다고 하여 반증사례가 모든 논리적으로 가능한 세계에서 존재하지 않는다고까지 강하게 말하지는 않는다. 그렇다면, 반증사례를 배제하는 범위를 현실 세계를 넘어서지만 모든 가능 세계를 포함하지는 않는 어떤 중간선에서 찾을 때, 가정법적 조건문의 내용이 적절히 이해될 수 있을

---

[2] 반사실적 조건문과 가정법적 조건문 사이의 차이는 전건의 내용이 이미 알려진 사실에 대한 반대의 가정을 포함하고 있는가의 여부에 달려 있다. 가정법적 조건문은 그러한 가정을 포함하고 있지 않으며, 반사실적 조건문은 그러한 가정이 포함된 가정법적 조건문의 특수한 경우다.

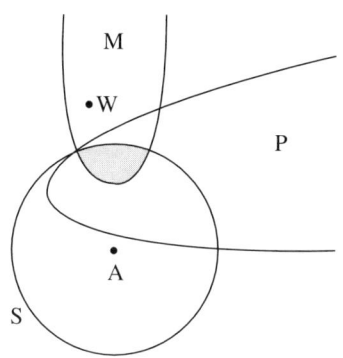

것이다.[3] 이러한 고찰을 발전시켜, 데이빗 루이스 D. Lewis는 가정법적 조건문은 그 반증사례(전건이 참이고 후건이 거짓인 경우)가, 모든 논리적으로 가능한 세계에서가 아니라, 현실 세계에 최근접한 가능 세계들 내에 존재하지 않음을 주장한다고 해석한다. 다시 말하면, 가정법적 조건문은 전건이 참이고 후건이 거짓인 어떠한 논리적으로 가능한 세계도 없다고 주장하는 것이 아니라, 현실 세계와 최근접한 가능 세계들 중에는 전건이 참이고 후건이 거짓인 경우가 없다고 주장한다는 것이다. 위의 그림은 엄격한 조건문과 가정법적 조건문의 차이를 이해하는 데 도움이 될 것이다.

위의 그림에서 A로 표시된 점은 현실 세계, S가 나타내는 원은 현실 세계에 근접한 가능 세계들의 집합, M의 원호는 내가 새인 가능 세계들의 집합, P의 원호는 내가 하늘을 나는 가능 세계들의 집합을 나타낸다. 이 그림에 따르면, 현실 세계에 최근접한 가능 세계들 내에서는 내가 새인 모든 가능 세계들(음영진 부분)은 내가 나는 가능 세계이기도 하다. 따라서, 〈만약 내가 새라면 나는 하늘을 날 것이다〉

---

3) 이하에서 제시하는 가정법적 조건문에 대한 분석은 데이비드 루이스의 해석을 따른 것이다(Lewis(1973)).

라는 가정법적 조건문은 참이다. W로 표시된 점에 대응하는 가능 세계에서는 나는 새지만 하늘을 날지 않는다. 이는 앞서 살펴본, 대기가 유리로 채워진 그러한 부류의 세계다. 이 세계는 현실 세계에 최근접한 가능 세계들의 범위 S를 벗어나 있어서 위의 가정법적 조건문의 진위에는 아무런 영향도 미치지 못한다.

지금까지 우리는 세 가지 유형의 조건문을 살펴보았고, 그중에서도 특히 가정법적 조건문의 이해에 많은 공간을 할애하였다. 그 이유는 우리가 지식의 조건들을 논의하는 과정에서 주목하고 있는 (C)가 가정법적 조건문이기 때문이다. 앞서 우리는 (C)를 만족할 때, 한 믿음이 우연적 참이 아니게 된다고 주장하였다. 이제 이 절의 나머지에서는 (C)를 만족하는 것이 어떻게 한 믿음의 우연적 참을 배제하는가를 살펴보고자 한다.

가정법적 조건문의 참됨이 그 전건과 후건 사이의 논리적 필연성을 보장하지 못함은 분명하다. 이미 살펴보았듯이, 가정법적 조건문이 참이기 위해서는 전건이 참인 모든 가능 세계에서 후건이 참일 필요가 없기 때문이다. 가정법적 조건문이 그 전건의 내용과 후건의 내용 사이의 필연적 논리적 연관성을 주장하지는 않지만, 현실 세계와 최근접한 가능 세계들 내에서 필연적 연관성을 주장한다고 볼 수 있다. 왜냐하면, 가정법적 조건문은 현실 세계에 최근접한 가능 세계들 내에서는 그 전건이 참이면 그 후건이 반드시 참이어야 한다고 주장하고 있기 때문이다.[4] 이러한 의미에서 가정법적 조건문이 맺어주는 전건과 후건 사이의 필연성은 엄격한 조건문이 함축하는 필연성보다는

---

4) 가정법적 조건문을 현실 세계와 최근접한 가능 세계들에 대한 고려를 통하여 분석하고자 할 때 중요한 것은 그러한 최근접한 가능 세계를 어떻게 정의하는가 하는 문제다. 즉, 현실 세계와의 유사성을 측정하는 객관적인 척도가 있을 수 있는가 하는 것이 문제다. 루이스 자신도 이러한 문제를 의식하고 있으며, 이에 대한 해결을 숙제로 남겨놓고 있다.

약한 근접한 가능 세계들 내에서의 필연성이다.

　가정법적 조건문의 진위를 판정하기 위하여 고려되는 근접한 가능 세계들은 현실 세계와의 유사성에 의하여 결정된다. 즉, 이들 가능 세계들은 현실 세계가 부여하는 실제적 상황의 현저한 면모들을 그대로 유지하면서 그 세부사항에서만 다른 가능 세계들의 모음이다. 예를 들어, 〈만약 내가 새라면, 하늘을 날 것이다〉라는 진술은 내가 새라는 가정만을 덧붙여서 현실 세계를 변화시키고 나머지의 중요한 현실 세계의 측면들(새는 날고, 지상은 여전히 대기로 채워져 있고 등등)은 유지함으로써 얻어지는 그러한 가능 세계들 내에서는 〈나는 난다〉라고 주장하는 것이다. 따라서 한 가정법적 조건문이 참이라 함은 주어진 현실과 유사한 가능 세계들 내에서는 그 전건이 참이고 후건이 거짓인 경우가 없다는 것을 의미한다. 이렇듯 가정법적 조건문의 진위는 주어진 현실의 주요 특성들을 축으로 하여 전건의 가정을 도입하여 현실 세계를 최소한으로 변화시킴으로써 얻어지는 가능 세계들에 대한 고려에 의하여 결정된다. 따라서, 가정법적 조건문이 함축하는 약한 의미의 필연성은 논리적 필연성과 대비하여 상황 내적 필연성이라고 부를 수 있을 것이다.

　가정법적 조건문으로서의 (C)는 한 명제를 믿는 사실과 그 명제가 참됨 사이의 상황 내적 필연성을 함축한다. 즉, 가정법적 조건문으로서의 (C)는 다음을 의미한다: S가 실제로 P라고 믿는 실제적 상황을 고려해 보건대, 그러한 상황 하에서 P가 거짓이라면 S는 P라고 믿지 않는다. 즉, 그러한 상황 하에서는 P가 거짓인데 S가 P라고 믿는 일이 있을 수 없다는 말이다. 따라서, S가 P라고 믿는다면, 그러한 상황 하에서 P는 참일 수밖에 없다. 주어진 상황에서는 믿음 P의 참됨은 필연이고 우연일 수 없다는 것이다.

2 신빙성 있는 지표 이론

지금까지 우리는 (C)가 지식의 분석에서 핵심으로 떠오르는 배경을 우연적 참의 배제와 관련하여 살펴보았고, (C)를 구성하는 가정법적 조건문의 이해를 통하여 가정법적 조건문이 우연의 배제와 관련하여 하는 역할, 그리고 그때 배제되는 우연성의 본성을 살펴보았다. 이제 (C)를 지식 분석의 핵심으로 하는 다양한 이론들을 살펴볼 것인데, 이들 이론들은 흔히 신빙성 있는 지표 이론 *Reliable Indicator Theory of Knowledge*이라고 불린다. 우선 이들이 왜 그렇게 불리는가를 간략히 살펴보고 본론으로 들어가기로 하자.

A가 B를 위한 신빙성 있는 지표라 함은 A가 존재한다는 사실이 B가 존재할 만한 충분한 근거가 됨을 의미한다. 예를 들어, 연기가 존재한다는 것은 어딘가에 불이 났음직한 충분한 근거가 되며, 이러한 이유에서 연기는 불을 위한 신빙성 있는 지표라고 할 수 있다. 다시 말하면, 〈불이 발생하지 않는다면 연기가 발생하지 않는다〉는 방식으로 양자가 연결되었을 때, 연기는 불을 위한 신빙성 있는 지표가 된다. 만약 위의 연결이 부정되어 불이 없이도 연기가 발생할 수 있다면, 연기가 발생한다는 사실이 불의 존재를 나타내는 신빙성 있는 지표가 되지 못한다. (C)가 묘사하는 믿음과 사실 사이의 관계는 연기와 불 사이에 존재하는 것과 같은 신빙성 있는 지표 관계를 드러낸다. (C)에 따르면, P가 사실이 아니었더라면, S는 P라고 믿지 않을 것이다. 그렇다면, S가 P라고 믿는다는 것은 P가 참이라고 할 만한 신빙성 있는 지표라고 할 수 있다.

신빙성 있는 지표 관계를 이해함에 있어 한 가지 주의할 점은 이 관계는 인식적인 관계가 아니라는 점이다. 즉, 연기와 불 사이의 신빙성 있는 지표 관계는 연기와 불이라는 두 사실들 사이에 성립하는 사실적 객관적 관계로서, A라는 사실을 아는 것이 B라고 믿을 만한 증거인가라는 인식적인 질문과는 독립적으로 성립한다. 물론, 연기의 발생이라는 사건과 불의 발생이라는 사건 사이의 연관성을 알게 되면, 한 사건의 인식을 통하여 다른 사건도 발생할 것이다 또는 발생하였다고 추론할 수 있다. 그러나 여기서 논의되는 신빙성 있는 지표 관계는 이러한 인식이 성립하기 전에 그와 무관하게 사건들 사이에 발생하는 관계를 나타낸다. 마찬가지로, (C)가 함축하는 믿음과 사실 사이의 신빙성 있는 지표 관계는 P라는 명제를 믿는 행위와 P라는 사건 또는 사실 사이의 객관적 관계에 관련된다. (C)를 만족시키기 위해서는 P가 사실이 아니었더라면 P를 믿는 행위가 일어나지 않았을 것으로 족하며, 인식 당사자가 P가 사실이라고 믿을 만한 별도의 증거를 가져야 한다든가 또는 사실과 믿음 사이의 신빙성 있는 지표 관계를 별도로 의식하고 있어야 한다든가 등은 요청되지 않는다.

2-1 암스트롱 : 믿음과 사실 사이의 합법칙적 함축 관계

암스트롱에 따르면, 한 인식 체계는 온도계와 다름 없다.[5] 온도계가 외부 세계와 역학적 관련을 맺고 그 온도를 눈금을 통하여 표시하듯이, 한 인식 체계 예를 들어, 시각은 세계와 일정한 역학적 관계를 맺으면서 세계에 존재하는 사태를 시각적 믿음을 통하여 표시한다. 암스트롱에 따르면, 잘 작동하는 온도계가 정상적인 조건에서 외부의 온도를 눈금으로 표시하듯이 한 인식 체계가 잘 작동하여 외부의 사실을 믿음의 형식으로 등록할 때, 그 믿음이 지식이 된다. 한편, 고장난 온도계의 경우에도 그 온도계의 눈금은 때때로 실제 온도와 일치할 수 있다. 마찬가지로 한 인식 체계도 잘 작동하지 않으면서도 실제 사태에 대한 참된 믿음을 낳을 수 있다. 이는 참인 믿음이기는 하

---

5) Armstrong(1973), 166.

지만 지식이 아닌 경우로 운 좋은 추측에 비유될 수 있다.

잘 작동하는 온도계의 특성은 어디에 있는가? 고장난 온도계와 잘 작동하는 온도계의 차이는 온도계의 눈금이 외부 온도의 변화에 민감하게 변화하는가에 있다. 즉, 잘 작동하는 온도계는 그 내부가 적절히 구성되어 있어서 그 온도계의 눈금과 외부 온도가 일치하게 된다. 여기서 그 내부가 적절히 구성되어 있다 함은 자연의 법칙에 따라 그 눈금과 외부 온도가 일치하게끔 되어 있다는 것을 의미한다. 이로부터 다음과 같은 결론이 따른다: 잘 작동하는 온도계의 눈금이 X^o를 가리킬 때, 외부 온도가 X^o라는 것을 자연의 법칙이 보장한다. 앞서 사용한 〈신빙성 있는 지표〉라는 표현을 빌자면, 이 경우에 온도계의 눈금이 외부 온도의 신빙성 있는 지표라고 말할 수 있겠다.

믿음의 경우도 다를 바가 없다. 한 믿음이 지식이 되기 위해서는 그 믿음을 산출한 인식 체계가 잘 작동하여 그 믿음이 세계의 사태에 대한 신빙성 있는 지표이어야 한다. 이는 그 인식 체계가 자연의 법칙에 따라 그것이 등록하는 믿음의 내용이 외부 세계의 사실과 잘 대응하도록 구성되어 있다는 것을 의미한다. 그렇다면, 그 체계가 특정한 믿음을 가질 경우에 자연의 법칙이 그 믿음의 내용을 이루는 사실이 존재함을 보장하게 된다.

암스트롱은 위와 같은 견해를 경험적 지식의 일차적 소재로 간주되는 경우, 즉 믿음이 아닌 감각 경험을 입력으로 받아들여 믿음을 산출하는 지각적 믿음들의 경우에 적용한다. 이러한 지식을 비추론적 지식이라고 부르면서, 그는 다음과 같은 정의를 제시한다.

P에 대한 A의 비추론적 믿음은 다음의 경우 오직 그때에만 비추론적 지식이다:

(i) 사실 P이다

(ii) A에 대한 특정한 서술이 있어서, 만약 누구든지 그런 서술을 만족하고 그가 더 나아가 P라고 믿는다면, P는 참이다.[6]

이 정의에서 〈특정한 서술〉은 A에 포함된 지각 장치가 정상적으로 작동하는 조건을 이루는 기술을 포함한다.[7] 위를 형식화하면,

---

6) Armstrong(1973), 168.
7) 암스트롱은 이 〈특정한 서술〉이 포함하는 내용에 단지 인식장치의 정상적인 작동을 위한 내부적인 조건만을 포함시키지 않고 정상적인 작동을 위한 외부적인 조건에 관한 서술까지도 포함시킨다. 그 이유는 잘 작동하는 인식 체계가 산출한 참된 믿음이라고 하여 모두 지식인 것은 아니기 때문이다.
　온도계의 경우를 다시 살펴보자. 잘 만들어진 온도계도 비정상적인 조건에서는 신빙성 있게 작동할 수 없다. 외부의 온도가 지나치게 높아서 그 온도계의 정상적인 작동을 방해하는 경우가 그러한 예라고 할 수 있다. 이런 비정상적인 조건에서 그 온도계가 올바른 외부 온도를 나타낸다면, 이것은 다시 운 좋은 참된 믿음의 경우와 비유될 수 있을 것이다. 따라서, 한 온도계의 눈금이 온도에 대한 신빙성 있는 지표가 되기 위해서는, 그 온도계를 정상적인 조건 하에서 잘 작동하게끔 하는 내적 구조를 갖추어야 할 뿐 아니라 외부의 조건이 실제로 정상적이어야 한다. 이러한 이유에서 암스트롱은 다음과 같이 주장한다: 〈그 도구 그리고 / 또는 외부상황에 속하는 어떤 성질이 있어서 만약 어떤 것이든 그것이 이 성질을 갖고 T°라는 눈금을 가리키면 자연의 법칙에 의하여 외부 온도는 반드시 T°이어야 한다〉(Armstrong(1973), 167). 고딕 강조는 필자.
　인식 체계의 경우도 다를 바 없다. 시각이라는 인식 체계가 잘 작동하고 있다고 하자. 이 체계는 정상적인 조건 하에서 신빙성 있는 믿음들을 산출할 것이다. 그러나 외부의 조명이 아주 열악한 경우와 같이 외적 조건이 비정상적이라면, 그 체계에 의하여 산출한 믿음이 세계의 사태에 대한 신빙성 있는 지표일 수 없다. 그러한 조건 하에서 생산된 믿음이 참이라 하더라도 이는 행운일 뿐이므로 지식이 될 수 없다. 따라서 한 믿음이 지식이 되기 위해서는 그 믿음을 산출한 인식 체계가 잘 작동해야 할 뿐 아니라 그 믿음을 산출하는 환경이 정상적이어야 한다. 이러한 이유에서 암스트롱은 위의 〈특정한 서술〉에 외적인 조건에 관한 서술까지도 포함시키게 된 것이다.

A의 P라는 비추론적 믿음은 다음의 경우 오직 그때에만 비추론적 지식이다 :

(i) P
(ii) (∃H)[Ha & 자연 내에 다음과 같은 합법칙적 연관이 있다 : (x) 만약 Hx라면, (만약 BxP라면, P이다)].[8]

한 믿음이 지식이 되기 위해서는 그 믿음이 그 믿음을 참이게 하는 세계의 사태를 합법칙적으로 함축하여야 한다는 암스트롱의 정의는 앞서 살펴본 (C)와 밀접한 관계를 맺는다. (C)를 다시 보자 :

(C) 만약 P가 참이 아니라면(거짓이라면), S는 P라고 믿지 않을 것이다.

주어진 인식 상황이 정상적이고 이 상황에서 그 인식 체계가 P라고 믿는 것이 사실 P라는 것을 자연의 법칙에 따라 함축한다면(그 인식 체계가 잘 작동하고 있다면), 이는 자연의 법칙에 의거하여 보건대, P가 거짓이라면 그 인식 체계가 P라는 믿음을 산출하지 않을 것이라는 점을 의미한다. 이는 바로 (C)가 말하는 바이고, 암스트롱 자신도 지식에 대한 자신의 정의와 (C)의 밀접한 관계를 명시적으로 지적한다 : 〈(사실과 믿음 사이의) 그러한 관계를 기록하는 합법칙적 일반화는 반사실적 또는 더 일반적으로 가정법적 조건문을 낳는다. …… 만약 P가 참이 아니었더라면, A가 P라고 믿지 않았을 것이다〉.[9]

요약하자면, 암스트롱은 지식의 중심에 믿음과 사실 사이의 합법칙적 함축 관계가 놓여 있는 것으로 보며, 이 함축 관계가 (C)로 대변

---

8) Armstrong(1973), 167.
9) Armstrong(1973), 169.

되는 신빙성 있는 지표 관계의 근거를 이루는 것으로 보고 있다. 다시 말하면, 암스트롱은 한 믿음이 지식이 되기 위해서는 그 믿음을 참이게 하는 사실에 대한 신빙성 있는 지표이어야 한다는 입장을 받아들임과 동시에, 그러한 신빙성 있는 지표 관계가 어떻게 가능한가라는 질문에 대하여 인식 체계와 세계 사이의 자연적 관계에 토대를 둔 합법칙적 함축 관계를 통하여 대답하고 있다고 볼 수 있다.

2-2 노직과 드레츠키 : 가정법적 조건의 관계

노직과 드레츠키는 (C)에서 나타나는 가정법적 관계를 직접적으로 자신들의 지식 분석의 요점으로 제시한다. 노직과 드레츠키의 차이는 노직이 가정법적 관계가 믿음과 그 믿음을 참이게 하는 사실 사이에 성립하는 것으로 보는 반면, 드레츠키는 그 관계가 한 믿음을 참이게 하는 사실과 그 믿음의 증거 사이에 성립하는 것으로 본다는 점에 있다. 노직은 믿음과 사실 사이의 신빙성 있는 지표 관계를 통하여, 드레츠키는 사실과 믿음의 근거가 되는 증거 사이의 신빙성 있는 지표 관계를 통하여 참된 믿음이 지식이 되기 위한 조건을 분석하고 있는 것이다. 이제 양자의 차이를 부각시키는 방향에서 두 사람의 이론을 형식화하여 보자.

노직이 제시하는 지식의 필요조건은 다음과 같다 :

(N) P가 거짓이라면, S는 P라고 믿지 않을 것이다.[10]

---

10) Nozick(1981), 172-176. 노직은 참된 믿음이 지식이 되기 위한 조건으로서 (N)과 더불어 또 하나의 가정법적 조건을 제시한다. 그 조건은 다음과 같다 :

P가 참이라면, S는 P라고 믿어야 한다(Nozick(1981), 176-177).

노직은 왜 이러한 추가적 조건이 필요하다고 생각하는가? 그 이유는 참된 믿

드레츠키가 제시하는 지식의 필요조건은 다음과 같다:

(D) S가 R이라는 증거에 의하여 P라고 믿을 때, P가 거짓이라면, S는 R을 갖지 않을 것이다.[11]

음이 지식이 되기 위해서는 그 믿음이 거짓에 민감해야 ─ 거짓됨을 피하는 방식으로 ─ 할 뿐 아니라, 그 참됨에도 민감해야 ─ 그 참됨을 추적하는 방식으로 ─ 하기 때문이다. 다시 말하면, 한 믿음이 지식이 되기 위해서는 그것이 거짓일 경우에 그 믿음이 성립하지 않으리라는 보장뿐 아니라, 참이라면 그 믿음이 성립하리라는 보장도 필요하다고 생각하기 때문이다.

거짓됨에 민감해야 한다는 조건은 이미 (N)에 의하여 주어졌다. 참됨에 민감하지 않기 때문에 지식이 되지 못하는 믿음의 경우를 보자. 만약 한 사람의 인식 체계가 고성능 컴퓨터에 연결되어 조작되는 통 속의 뇌에 불과하다고 가정하자. 이 컴퓨터가 뇌를 조작하여 자신은 통 속의 뇌다라고 믿게끔 하였다고 가정하자. 이 믿음은 지식이 아니다. 이 믿음이 참이지만 여전히 우연적으로 참이기 때문이다. 그러나 통 속의 뇌는 자신이 통 속의 뇌가 아니었더라면, 자신이 통 속의 뇌라고 믿지 않았을 것이다. 따라서, 위 믿음은 (N)의 조건을 만족한다.

그렇다면, 이 믿음은 (N)을 만족함에도 불구하고 어떠한 이유에서 우연적으로 참이며, 따라서 지식이 되지 못하는가? 그 믿음의 내용이 참일 경우에 그 믿음이 성립하리라는 보장이 없기 때문이다. 즉, 그 믿음이 참이라 하더라도(사실 그 인식 체계가 통 속의 뇌라 하더라도), 컴퓨터의 조작자가 그 뇌로 하여금 자신이 통 속의 뇌가 아니라고 믿게끔 하였을 수 있으며(이러한 가능성은 근접한 가능성으로 존재한다), 이때 그 인식 체계는 자신이 통 속의 뇌가 아니라고 믿을 것이기 때문이다. 이 예가 보여주는 것은 S의 믿음 P가 지식이 되기 위해서는 P가 참이고 S가 P라고 믿어야 할 뿐 아니라, P가 참인 유사한 여러 경우에 S는 역시 P라고 믿어야 한다는 것이다. 즉 외적인 조건이 실제 P가 믿어진 실제 상황과 다른 유사한 경우에도, P가 참일 때 S는 여전히 P라고 믿을 수 있어야 한다.

노직은 (N)과 위의 추가적 조건이 결합할 때 나타나는 요지를 〈안다는 것은 진리를 추적하는 믿음을 갖는 것이다〉(Nozick(1981), 178)라고 요약한다. 즉 한 믿음이 지식이 되기 위해서는 거짓을 피함과 동시에 참을 좇아가는 성향에 의거해야 한다는 것이다. 이에 따라 많은 인식론자들은 노직의 이론을 지식에 대한 진리 추적 이론 Truth-tracking Theory of Knowledge이라 부른다.

이제 문제는 (N)과 (D)가 동등한 것인가, 그리고 만약 양자가 차이가 난다면 이러한 차이가 지식의 분석에 영향을 미치는가 하는 점이다. 결론부터 말하자면, (D)가 (N)보다 우월하다. 다음의 예를 보자 :

> 길수는 어려서부터 치와와와 친숙하여, 치와와를 볼 때마다 어김없이 그것이 개임을 확인할 수 있다. 치와와를 길수가 볼 때 갖는 특징적인 경험들은 〈작다〉, 〈털이 짧다〉 등을 포함한다. 이 경험을 R이라 하자. 한편, 길수는 셰퍼드에 대해 털이 길고 덩치가 큰 개라는 피상적인 지식을 갖고 있을 뿐이고, 늑대에 대해서는 전혀 아는 바가 없다. 그래서 길수는 늑대를 보면 그것이 셰퍼드라고 혼동하는 경향이 있다. 이제, 이러한 길수가 치와와 여러 마리와 늑대 여러 마리를 함께 기르는 어떤 집을 방문하여 치와와를 보고서 자신이 개를 보고 있다고 믿는다.

위 경우에 길수는 자신이 개를 보고 있다는 것을 안다고 할 수 있다. 길수는 치와와를 볼 때마다 그것이 개임을 확인할 수 있는 능력이 있고 이 능력에 의하여 치와와를 보고서 그것이 개라고 믿는다면 그 믿음은 지식임에 틀림없다. 그가 늑대를 개로 혼동한다고 해서 치와와를 개라고 믿는 것에 어떤 인식적 결함이 있다고 할 수 없다.

길수의 믿음은 (D)를 만족하지만 (N)은 만족하지 못한다. 만약 길수가 개를 보지 않았다면, 그는 늑대를 보았을 것이고, 이 경우에 그가 갖는 경험적 증거는 개를 보았을 때 가졌던 것(키가 작고 털이 짧은 짐승과 관련된 경험)과는 다른 것(키가 크고 털이 긴 짐승과 관련된 경험)이었을 것이기 때문이다. 따라서 길수가 개를 보지 않고 늑대를 보았다면 그는 개를 보았을 때와 전혀 다른 경험 또는 증거를 가질 것이므로, 길수의 믿음은 (D)를 만족한다. 그러나 길수는 개가 아닌

---

11) Dretske(1971), 1-22 ; Dretske(1981)을 보라.

늑대를 보았을 경우도 늑대를 셰퍼드와 혼동하여 여전히 개를 보고 있다고 믿을 것이다. 따라서 길수의 믿음은 (N)을 만족하지 못한다. 이는 (N)에 대하여 문제를 야기한다. 길수의 믿음은 지식으로 분류되어야 하는데, (N)에 따르면 지식이 아닌 것이 되기 때문이다.

노직 자신도 이러한 문제를 의식하고 자신의 이론을 수정한다. 노직이 자신의 이론을 수정하는 과정에서 주목하는 것은 길수가 치와와를 보고 개에 대한 믿음에 도달하는 경우와 늑대를 보고 개에 대한 믿음에 도달하는 경우에 관련된 인식 방법이 다르다는 것이다. 치와와를 볼 경우, 길수는 털이 짧은 작은 짐승에 해당하는 경험을 갖고 이로부터 개에 대한 믿음에 도달하는 반면, 늑대를 볼 경우에 그는 털이 긴 큰 짐승에 해당하는 경험으로부터 개에 대한 믿음에 도달한다. 두 경우에 모두 개에 대한 믿음에 도달하기는 하지만 사용되는 증거가 다르다는 점에서 상이한 인식 방법이 사용되고 있다. 노직은 이러한 사실에 주목하여 (N)을 다음과 같이 수정한다:

(N∗) S가 M의 방법을 통하여 P를 알기 위해서는, 만약 P가 참이 아니고 M의 방법을 사용한다면, S는 P라고 믿지 않을 것이다.

이제 (N∗)는 길수의 믿음을 지식으로 분류할 수 있게 되어, (N)을 괴롭힌 문제를 넘어서게 된다: 길수가 보는 것이 개가 아니었더라면 그것은 늑대였을 것이다. 늑대를 보고서 길수는 역시 자신이 개를 보고 있다고 믿을 것이기는 하지만, 이때 그 믿음에 도달하는 방식 —— 긴 털을 가진 큰 짐승과 관련된 경험을 통한 방식 —— 은 애초에 치와와를 보고서 개에 대한 믿음에 도달한 방식 —— 짧은 털을 가진 작은 짐승과 관련된 경험을 통한 방식 —— 과는 다르다. 따라서, 늑대를 보고서 개라고 믿는 경우에 길수는 치와와를 보고서 개를 보고 있다고 믿는 경우와는 다른 방식을 사용한다. 따라서, 길수의 믿음은 (N∗)

를 만족한다. 이는 어떻게 (N)을 괴롭힌 문제 —— 지식인 길수의 믿음을 지식이 아닌 것으로 분류하는 문제 —— 가 (N*)에서는 제기되지 않는가를 보여준다.

(N*)는 인식 방식을 고려하며, 이 인식 방식은 어떠한 경험을 통하고 있는가와 관련된다. 이러한 점에서 (N*)는 (D)와 상당한 유사성을 지니게 된다. (D)와 (N*)은 앞의 길수의 예와 같은 경우들에 성공적으로 대처한다는 점에서 (N)보다 우월하며, 그 우월성은 다음과 같은 (N)과의 차이점에서 유래한다: (N)이 한 믿음이 지식인가를 그 믿음과 사실 사이의 단순한 가정법적 관계를 통하여 분석하는 반면에, 이들은 이 가정법적 관계를 그 믿음을 산출한 인식 과정에 상대화한다.

위와 같은 상대화는 신빙성 있는 지표 관계를 통하여 지식을 분석하고자 하는 이론들에 마땅히 포함되어야 할 사항이다. M이라는 인식 과정이 S로 하여금 P를 믿게 하였으며, M이 P가 사실이 아니라면 믿음 P를 산출하지 않는 방식으로 작동하였다고 하자. 즉, M이 사용되는 한에서는, P가 거짓인데 S가 P라고 믿는 일이 없다고 하자. 그러나 주어진 상황에서는 P가 거짓일 경우에는 M과 다른 전혀 신빙성이 없는 인식 방법인 M*가 작동하여 S가 P라고 믿게 된다고 하자. 그렇다면, 만약 P가 거짓일 경우에 S는 M 대신에 M*를 사용하여 여전히 P라고 믿게 될 것이다. 그러나 이는 M*에 의하여 산출된 믿음 P가 (그것이 실제로 참이라 하더라도) 우연적으로 참임을 보여줄 뿐, 앞서의 M에 의하여 산출된 믿음 P가 우연적으로 참임을 보여주지는 못한다. 좀더 구체적인 예를 보자. 한 사람이 해가 떠 있는 상태에서는 그 햇빛을 인식하고 낮이라고 믿는다고 하자. 그러나 이 사람은 밤만 되면 정신이 이상해져서 환상에 의하여 현재의 시간이 낮이라고 믿는 경향이 있다고 하자. 이 사람은 지금이 낮이 아니라 밤이라 하더라도, 여전히 지금이 낮이라고 믿을 것이다. 그러나 단순히 이러한 이유에서 현재 이 사람이 해가 주어진 상황에서 정상적인 인식 상태에서 햇

빛을 보고 지금이 낮이라고 믿는 경우에 그 믿음이 지식이 아니라고 할 수 없다.

결국, 같은 믿음도 그것이 어떤 인식 방법을 통하여 만들어졌는가에 따라 지식일 수도 지식이 아닐 수도 있다. 따라서, 한 믿음이 지식인가를 논함에 있어 결정적인 우연적 참의 여부는 그 믿음을 산출한 인식 방법과 분리하여 고찰할 수 없다. 바로 이러한 이유 때문에, 우연적 참의 방지책으로서의 신빙성 있는 지표 관계는 문제의 믿음을 산출한 인식 방법을 고려하지 않을 수 없다. 같은 이유에서 지식의 조건으로서의 신빙성 있는 지표 관계를 (N)에서와 같이 사실과 믿음 사이의 단순한 가정법적 관계로 파악하여서는 안 되며, 이것이 바로 위에서 살펴본 길수의 예가 갖는 교훈이다.

2-3 골드만: 적절한 대안의 부재

골드만의 이론에서는 신빙성 있는 지표 이론의 핵심이 선명히 인지 과정에 상대화되어 나타난다. 골드만은 신빙성 있는 지표 이론의 반열에 서 있는 자신의 이론을 〈적절한 대안의 부재 이론 no-relevant-alternatives theory〉이라고 부른다.[12] 이 이론에 따르면, 한 인지 과정을 통하여 산출된 믿음이 지식인가 아닌가 하는 것은, 그 인지 과정이 주어진 상황에서 주어질 수 있는 다른 사실들과 문제의 사실을 분별할 수 있는가, 따라서 문제의 믿음이 거짓일 경우에는 그 인지 과정이 그 믿음을 산출하지 않을 수 있는가에 의하여 결정된다.

〈적절한 대안의 부재 이론〉에서 〈대안〉, 〈적절성〉이라는 말로 골드만이 의미하는 바를 살펴봄으로써 이 이론의 내용을 좀더 구체적으로 알아보기로 하자. A가 B에 대한 대안이라 함은 우선 A와 B가

---
12) Goldman(1976), 771-791.

동시에 참일 수 없음을 의미하고, 더 나아가서 관련된 인식 방법 M에 대하여 양자가 동등한 입력(증거)을 산출한다는 것을 의미한다. 예를 들어, 〈내가 보고 있는 것이 정교하게 건축된 모조의 기와집이다〉라든가, 〈나는 사실 기와집을 보는 것이 아니라, 초고성능 컴퓨터가 나의 두뇌를 조작하여 마치 내가 기와집을 보고 있는 듯이 착각을 일으키고 있다〉 등은 〈내가 기와집을 보고 있다〉에 대한 대안이 된다. 이들은 내가 실제로 기와집을 볼 경우와 동등한 감각 경험을 야기하고 동일한 인식 과정 —— 시각 —— 을 통하여 내가 지금 기와집을 보고 있다는 믿음을 산출할 것이기 때문이다.

그러나 이러한 대안이 존재한다는 사실만으로 실제의 기와집에 대한 나의 시각적 믿음의 지식으로서의 위치가 흔들리는 것은 아니다. 문제는 내가 보고 있는 것이 기와집이 아니라고 할 때, 그 대안이 근접한 가능성으로 주어져 있는가 하는 것이다. 내가 모조의 기와집으로 뒤덮여 있고 오직 하나만의 실제 기와집이 존재하는 영역에 있다면, 〈내가 모조의 기와집을 보고 있다〉는 것은 〈내가 실제의 기와집을 보고 있다〉는 것에 대한 근접한 대안이 된다. 이러한 근접성은 신빙성 있는 지표 이론들의 공통적인 특성을 이루는 가정법적 조건문을 통하여 포착된다: 내가 실제의 기와집을 보지 않았더라면, 나는 모조의 기와집을 보았을 것이다. 그러나 내가 위치한 지역에 모조의 기와집이 없다면, 내가 모조의 기와집을 본다는 것은 실제의 기와집을 본다는 것에 대한 대안이기는 하지만 근접한 대안은 되지 못한다. 이 경우에 내가 실제의 기와집을 보고 있지 않다면, 나는 나무, 산, 또는 곡창들을 보았을 것이지 모조의 기와집을 보지는 않았을 것이기 때문이다.

여기서 주목할 것은 기와집에 대한 나의 믿음은 그러한 대안이 근접해 있을 때에만 지식으로서의 지위가 흔들린다는 점이다. 이러한 대안의 근접성 여부는 앞서 누차 살펴본 우연적 참과 밀접히 연관된다. 모조 기와집의 대안이 근접해 있다 함은 내가 사실상 실제의 기와집을 보기는 하였지만, 내가 보는 것이 모조의 기와집이었을 가능성이 충분히 높았음을 의미한다. 이 상황에서 내가 실제의 기와집을 보았음은 우연이고, 따라서 내가 기와집을 보고 있다는 믿음은 우연적으로 참이다. 반면에, 위의 대안이 근접하여 있지 않다 함은 주어진 상황에서 내가 기와집을 보지 않는다고 하더라도 모조의 기와집을 본다고 할 가능성은 희박함을 의미한다. 그렇다면, 이러한 대안의 존재 때문에 기와집에 대한 나의 믿음이 우연적으로 참이라고 할 수는 없다. 골드만은 필자가 여기서 〈근접성〉으로 표현하는 것을 〈적절성〉으로 표현한다.

위에서 보듯이 골드만이 자신의 이론을 〈대안〉, 〈적절성〉 등의 용어를 다소 난삽하게 정의함으로써 제시하고 있지만, 그 요지는 간단하다. 그 핵심을 앞서 사용한 〈인식적 위험〉이라는 표현을 사용하여 요약하면 다음과 같다: S가 M을 통하여 P를 알기 위해서는, S가 주어진 상황에서 P 대신에 부딪칠 수 있는 상이한 근접한 가능성들을 M이 P로부터 분별할 수 있어야 한다는 것이다. 이는 P가 아닌데도 M이 이를 분별하지 못하고 여전히 P라고 믿는 인식적 위험이 근접한 가능성으로 존재하지 않음을 의미한다. 결국 요지는 앞서 누차 강조한 것, 즉, S가 M을 통하여 P를 알기 위해서는 P가 거짓이었더라면 믿음 P를 산출하지 않는 방식으로 M이 작동해야 한다는 것이다. 골드만 이론의 의의는 한 믿음이 지식이 되기 위하여 필요한 신빙성 있는 지표 관계가 그 믿음을 산출한 인식 방법에 상대화되어야 한다는 것, 그리고 그러한 상대화가 구체적으로 어떤 모습으로 나타나야 하는가를 상세히 보여주고 있다는 점에 있다.

3 신빙성 있는 지표 이론과 그 함축

지금까지 우리는 신빙성 있는 지표 이론이 (C)에서 나타난 바의 가정법적 조건문을 지식 분석의 핵심으로 하고 있다는 것을 보았다. 그리고 신빙성 있는 지표 이론들을 논의하는 과정에서 (C)가 제시하는 가정법적 조건이 지식에 대한 올바른 분석이 되기 위해서는 문제의 믿음을 산출한 인지 과정에 상대화되어야 함을 보았다. 지금까지의 논의를 지식에 대한 정의의 형식으로 요약하면 다음과 같다:

S는 다음의 경우 오직 그때에만 M의 인지 과정을 통해 P를 안다:

(1) S는 M을 통하여 P라고 믿는다.
(2) P가 참이다.
(3) P가 거짓이었더라면, S는 M을 통하여 P라고 믿지 않을 것이다.

여기서 지식 분석의 핵심을 이루는 (3)은 전통적 인식론의 맥락 내에서 제기된 게티어의 문제를 해결한다는 의의를 갖지만, 그 의의는 단지 거기에 머무르지 않는다. (3)에 따르면, 한 믿음이 지식이 될 수 있는가의 여부는 관련된 인지 과정이 주어진 상황에서 목표가 되는 사실을 기타의 사실들로부터 분별하여 포착하고 있는가 또는 그 사실을 제대로 추적하고 있는가에 의하여 결정된다. 즉, 한 믿음의 지식 여부는 주어진 상황에서 관련된 인지 과정이 작동하는 방식의 함수라고 할 수 있다. 이러한 이유에서 (3)을 핵심으로 지식을 분석하는 신빙성 있는 지표 이론은 지식에 대한 기계론적인 견해를 수용하고 있다고 할 수 있다.

이러한 기계론적 지식관은 전통적 인식론과 구분되는 두 측면을 갖는다. 첫째는, 기계론적인 지식관이 현대 인식론에서 중요하게 다루어지는 자연화된 인식론을 옹호하는 결과를 낳는다는 것이다. 자연화된 인식론이 무엇을 의미하는가에 대해서는 나중에 8장에서 상세히 논의할 것이다. 여기서는 단순히 자연화된 인식론이란 인식론적 논의(한 믿음이 지식이 되기 위한 조건은 무엇인가, 그 조건의 만족 여부를 어떻게 결정할 것인가, 한 믿음이 인식적으로 정당하기 위한 조건은 무엇인가, 이 조건의 만족 여부는 어떻게 결정할 것인가 등등)를 사실을 탐구하는 경험과학적 논의와 연속적인 것으로 보는 견해라고 이해하자. 전통적 인식론은 흔히 인식론적 탐구와 경험과학적 탐구의 연속성을 부정하고 있는 것으로 이해된다. 지식의 전통적 정의를 살펴보는 과정에서 나타났듯이 전통적 인식론은 지식을 위한 조건들이 반성적 선험적 사고를 통하여 주어지리라고 믿고 있으며, 인식정당성의 분석도 주어진 증거의 내용과 문제의 믿음의 내용 사이의 논리적 확률적 탐구에 의하여 주어질 수 있으리라고 믿어 왔다. 이러한 이유에서 인식론을 경험과학과 연속선 상에 있는 것으로 파악하는 인식론자들은 자신들의 이론이 새로운 경향을 대표한다고 생각하며 전통적 인식론과 결별하고 있다고 주장한다.

신빙성 있는 지표 이론이 함축하는 기계적 지식관에 따르면, 한 믿음의 지식 여부는 그 믿음을 산출한 인지 과정의 작동 방식의 함수다. 따라서, 한 믿음의 지식 여부는 그 믿음이 어떠한 인지 과정에 의하여 산출되었으며, 이 인지 과정이 주어진 상황 속에서 어떻게 작동하고 있는가 하는 경험과학적 탐구와 긴밀히 연관된다. 이는 명백히 인식론적 탐구와 자연과학적 탐구의 연속성을 옹호하는 입장으로 자연화된 인식론에 동조하는 결과다. 더 나아가 기계론적 지식관은 기존의 자연화된 인식론을 옹호하는 결과를 낳을 뿐 아니라 그 지평을 확장하기도 한다. 8장에서 보게 되겠지만, 기존의 자연화된 인식론의 논의는 인식정당성의 문제에 집중되어 왔다. 즉 자연화된 인식론의 논의는 〈어떻게 믿어야 하는가?〉(인식정당성의 문제)라는 규범적 질문과 〈사실 우리가 어떻게 믿고 있는가?〉라는 사실적 질문 사이의 상호연관성을 중심으로 그 논의가 진행되어 왔다.[13] 그러나 기계론적 지식관은 자연과학적 탐구의 인식론적 유관성이 인식정당성의 문제에 국한되지 않음을 시사한다. 지금까지의 논의는 정당한 참된 믿음이 지식이 아닐 수 있다는 게티어 문제에서 출발하여 지식을 위하여 추가적으로 필요한 조건이 무엇인가를 찾는 과정을 밟아왔으며, 이 추가적 조건에 대한 올바른 해명의 결과로 나타난 조건 (3)은 인식정당성에 관한 논의와 무관하기 때문이다. 따라서, 기계론적 지식관은 인식론의 자연화가 단지 인식정당성의 영역에 제한되는 것이 아님을 보임으로써 자연화된 인식론의 영역을 확장하는 결과를 낳는다.

신빙성 있는 지표 이론과 전통적 인식론을 구별하는 두번째 특성은 신빙성 있는 지표 이론을 옹호하는 대부분의 인식론자들이 인식정당성에 대한 언급 없이 지식을 분석하고 있다는 점이다. 물론 이들이 명시적으로 인식정당성이 지식을 위하여 필요하지 않다고 주장하는 것을 찾는 것은 어렵다. 그러나 이들의 지식에 대한 정의에 인식정당성에 대한 언급이 나타나지 않는 것으로 미루어볼 때, 이 장에서 살펴본 이론들은 전통적 인식론에서 가장 중요하게 다루어져 온 인식정당성을 지식의 영역에서 추방하고 있지 않은가 하는 추측을 낳게 한다.[14] 만약 이러한 해석이 옳다면, 즉 이들이 한 믿음이 인식 주

---

13) 예를 들어 〈자연화된 인식론〉이라는 용어를 인식론에 처음 도입한 Quine(1969)은 이러한 맥락에서 자연화된 인식론을 논의하고 있으며, 이후의 인식론자들도 이 맥락 내에서 움직이고 있다(Kornblith(1985)의 "Introduction,"; Goldman(1986) 참조).

14) 그러나 암스트롱은 때로는 그의 분석이 인식정당성에 적용될 수 있는 듯이 말하기도 한다 : 〈한 인식 주관의 믿음이 이유에 의거하지 않더라도 그 믿음이 주어진 사실이 존재한다는 것에 대한 신빙성 있는 지표일 경우에 그 믿음이 합리적이다(인식적으로 정당하다)고 말할 수 있다〉(Armstrong(1973), 183). 그는 더 나아가 다음과 같이 말한다 : 〈우리가 지식을 갖지 않을 때조차도 우리는 합리

관 내에서 그를 믿을 만한 타당한 이유 또는 증거에 의하여 뒷받침되는가 하는 인식정당성의 문제를 배제하고 지식이 순수히 믿음을 산출하는 인지 과정의 작용의 함수로 파악하고 있는 것이 사실이라면, 지금까지 살펴본 신빙성 있는 지표 이론은 더욱 강한 기계론적 모습을 지니게 될 것이다.

그러나 인식정당성이 지식의 영역에서 추방될 수 없음을 보여주는 고려 사항이 있다. 다음의 경우를 보자:

한 사람이 해질녘 들판을 지난다. 주변이 어두워서 멀리 보이는 사물들의 크기 정도만 인식할 수 있을 뿐, 사물의 형태는 전혀 분간할 수 없다. 더욱이 그는 이 지역에 초행이어서 주변에 어떤 사물이 있을 수 있는지에 대하여 판단할 만한 아무런 별도의 정보도 갖고 있지 않다. 이제 약 10미터 정도의 높이를 지닌 듯이 보이는 한 사물이 멀리서부터 그의 시야에 들어온다. 그는 그 사물을 보고서 그것이 나무라고 믿는다. 그런데 그 사물은 실제로 나무였다.

위의 믿음은 분명히 지식이라고 할 수 없다. 그러나 위 믿음은 참일 뿐 아니라, 또한 주어진 상황에서 그가 보고 있는 것이 나무가 아니었더라면 그는 자신이 보고 있는 것이 나무라고 믿지 않았을 것이다. 왜냐하면, 그가 보고 있는 것이 나무가 아니었더라면, 그것은 평원이었을 것이고 이 경우에 그는 자신이 보고 있는 것이 나무라고 믿지 않았을 것이기 때문이다. (사방이 아주 어둡지는 않아서 평원을 식별할 수는 있고, 거기에 10미터 높이 정도의 사물이 있는지 없는지는 식별할 수 있으므로.) 그렇다면, 위의 믿음은 신빙성 있는 지표 이론이

적 믿음을 가질 수 있다. 만약 c가 J라는 성질을 갖는다고 a가 믿는 것이 c가 J일 가능성이 아주 높음을 가리키는 신빙성 있는 지표라면, c가 J라는 믿음은 합리적이라고 불릴 수 있다〉(Armstrong(1973), 189).

제시하는 지식의 모든 조건을 만족하고 있다.

위의 믿음이 지식이 되지 못하는 이유는 분명하다. 그가 그 믿음을 받아들일 만한 합당한 증거를 갖고 있지 않다는 사실에 있다. 위의 사람이 갖고 있는 인식적 증거는 멀리 떨어진 사물에서 주어진 시각적 경험뿐이다. 주변의 조명이 좋지 않기 때문에, 이 시각적 경험은 불분명하여, 그 사물이 나무가 아니라 전봇대이었더라도 같은 유형의 경험이 주어졌을 것이다. 즉, 그 경험은 그 원인이 되는 사물이 나무라고 믿을 만한 타당한 이유가 되지 못한다. 결국 위 믿음은 인식적으로 정당하지 않아 지식이 되지 못한다.

인식정당성이 지식을 위하여 필요하다는 위의 고찰을 앞서 제시한 지식의 정의에 추가하면, 다음과 같은 지식의 정의가 주어진다.

S는 다음의 경우 오직 그때에만 M의 인지 과정을 통해 P를 안다:

(1) S는 M을 통하여 P라고 믿는다
(2) P가 참이다.
(3) P가 거짓이었더라면, S는 M을 통하여 P라고 믿지 않을 것이다.
(4) 믿음 P가 S에게 인식적으로 정당하다.

제4장 인식정당성의 두 견해

　지금까지 우리는 지식의 문제에 초점을 두면서, 지식에 대한 전통적 정의에서 출발하여 지식에 대한 현대의 새로운 관점까지 고찰하였다. 이제 4장에서 6장에 걸쳐서는 지식의 문제에서 인식정당성의 문제로 눈을 돌린다. 이 세 장은 인식정당성과 관련한 각기 다른 논점들을 다룬다. 4장에서는 인식정당성에 대한 구체적인 이론들을 다루기보다는 현대 인식론을 지배하는 두 가지 상이한 거시적인 시각을 제시한다. 그리고 5장에서는 현대 인식론에서 널리 사용되는 내재론/외재론의 구분법을 상세히 살펴본다. 5장에서 내재론/외재론의 구분을 살펴보는 것은 널리 통용되는 〈내재론〉, 〈외재론〉의 의미를 해명하는 의미도 있지만, 그보다 더 중요한 의미는 내재론/외재론의 대립 구조를 살핌으로써 현대 인식론에서 인식정당성과 관련하여 제기되는 논쟁점들을 입체적으로 드러내주는 데에 있다. 6장은 인식정당성과 관련된 가장 오랜 논쟁인 토대론과 정합론의 논쟁을 다룬다.
　3장의 마지막 부분에서 우리는 인식정당성이 과연 지식을 위한 필요조건인가에 대하여 상반된 의견이 있을 수 있음을 보았다. 그러나 지식을 위한 필요조건인가의 여부를 떠나서, 인식정당성의 문제는 인식론의 역사를 통틀어 가장 큰 관심거리였다고 말하여도 과언이 아니다. 인식론은 〈어떻게 믿어야 하는가?〉, 〈어떠한 인식적 행위가 올바른 것인가?〉 등의 문제에 대한 대답으로 인식적 규범을 밝히는 작업에 관심을 가져왔다. 인식적 규범을 따르는 것이 지식을 이루기 위하여 필수적이라는 생각이 있었기에, 인식적 규범을 해명하는 작업은 더욱 긴박하고 중요하게 다가왔을 것이다. 그러나 이러한 생각에 의하여 뒷받침되지 않더라도 인식적 규범을 해명하는 작업은 자체로서 중요한 의미를 지닌다.

 이미 보았듯이 우리의 인식적 행위의 궁극적 목표는 참에 도달하고 거짓을 피하는 것이다. 믿음은 결과적으로 참 또는 거짓으로 판정된다. 일단 믿음이 형성된 이후에는 이 결과에 대하여 우리 인식 주관이 할 수 있는 일은 아무것도 없다. 다만 우리가 할 수 있는 일은 이러한 믿음이 형성되는 과정에서 참에 가깝게 다가가고, 거짓으로부터 멀어지도록 노력하는 것이다. 믿음의 형성 과정은 우리의 인식 내부에서 일어나기에 이 부분에 관한 한 우리가 영향을 미칠 수 있는 것으로 보인다. 따라서, 〈어떻게 믿는 것이 인식적 목표를 달성하는 데 기여하는가?〉, 〈어떠한 믿음 형성 방식이 이 목표에 도달하는 데 효과적인가?〉 등의 질문이 인식적 목표의 달성과 관련하여 우리에게 중요한 의미를 띠고 다가온다. 이들 질문은 인식적 목표의 달성과 관련하여 우리가 어떻게 해볼 수 있는 유일한 영역에 관한 질문이므로, 그것이 지식과 어떤 연관성을 갖는가의 여부와 무관하게 중요한 의미를 지니는 것이다.

 인식적 규범의 해명 또는 인식정당성의 해명이 전통적 인식론의 주된 관심사이었던 만큼, 인식정당성을 분석하는 수많은 이론들이 나타났고 현재에도 나타나고 있다. 이들의 분석은 때로는 큰 차이를 보이면서 구체적인 믿음의 사례들을 정당하다고 간주할 것인가 정당하지 않은 것으로 간주할 것인가에 있어서조차 동의가 이루어지지 않는 상황에까지 이르고 있다. 이는 자연히 인식론자들로 하여금 인식정당성의 개념 자체가 다의적인 것이 아닌가를 의심하게 만들었고, 실제로 많은 현대 인식론자들은 인식정당성의 상이한 의미 또는 개념을 구분하고자 시도하고 있다. 내재론적/외재론적, 주관적/객관적, 규제적/비규제적, 개인적/진리적 견해들이 인식정당성에 대한 대립적 견해들로 제시되고 있으며, 이들이 나름대로 직관적 설득력을 갖는다고 인정되고 있다.[1]

이 장에서 우리는 각양각색으로 나타나고 있는 인식정당성에 대한 다양한 이론들이 크게 보아 두 가지 틀로 구분될 수 있음을 보게 될 것이다. 이 두 틀은 인식정당성에 대한 단순히 두 가지 다른 이론을 나타낸다기보다는 인식정당성에 접근하는 근본적으로 상이한 두 가지 시각을 반영하는 것처럼 보인다. 그리고 이들은 각기 인식정당성에 대한 전통적 견해와 발생적 견해라고 불릴 것이다. 일단 이 두 견해가 이해되면, 위에서 소개한 다른 인식론자들의 구분들은 전통적 견해와 발생적 견해의 대립이라는 동일한 주제에 의한 다양한 변주들임을 볼 수 있을 것이다.

1 평가의 두 차원

윤리학의 예를 통하여 인식정당성에 대한 상반된 두 견해를 해명하는 실마리를 찾아보자. 인식정당성이라는 인식론의 문제를 논의하

---

[1] 내재론과 외재론의 구분에 관해서는 K. Kim(1993), Goldman(1980), BonJour(1985), Alston(1986)을, 주관적 견해와 객관적 견해의 구분에 관해서는 Pollock(1979), 규제적 견해와 비규제적 견해의 구분에 관해서는 Kornblith(1983), Pollock(1986), Goldman(1986)을, 개인적 견해와 진리적 견해의 대립에 관해서는 Lehrer(1981)를 참고하라.

는 데 그와 전혀 별개의 주제처럼 보이는 윤리학을 언급하는 것이 어색하게 느껴질지도 모른다. 그러나 인식정당성의 판단과 도덕적 선의 판단이 모두 규범적-평가적 판단이라는 점을 고려하면, 윤리적 판단을 통하여 인식적 판단의 성격을 해명하려는 시도가 그다지 어색할 것도 없다. 윤리학은 인간의 신체적 행위가 도덕적으로 올바른가를 평가하고자 하며, 인식정당성에 관심을 갖는 인식론은 믿음이라는 인간의 행위가 인식적으로 올바른가를 평가하고자 한다. 따라서, 인간의 행위에 대한 윤리적 평가가 두 가지 다른 관점에서 이루어질 수 있다면, 이는 믿음에 대한 인식적 평가도 그에 대응하는 방식으로 두 가지 다른 관점에서 이루어질 수 있음을 시사할 수 있을 것이다.

한 행위의 옳고 그름이 그 행위가 초래하는 결과에 의하여 판단될 수 있다. 이는 윤리학에서 결과주의라 불리는데, 공리주의가 그 대표적인 입장이라고 할 수 있다. 공리주의가 세부적인 이론적 차이를 갖고 나타날 수 있지만, 모든 공리주의는 한 행위의 도덕적 정당성의 궁극적인 원천이 그 행위가 결과적으로 초래하는 유용성에 있는 것으로 본다. 한 행위의 도적적 정당성을 그 행위의 결과의 함수로 보는 공리주의의 입장은 나름대로 설득력이 있는 입장으로 보인다. 만약 한 행위가 인간에게 유익한 결과를 초래하지 않는다면, 그 행위를 도덕적으로 칭찬하여야 할 이유가 없는 듯하기 때문이다.

한편, 행위의 도덕성에 대한 우리의 평가가 항상 그 행위의 결과만을 고려하는 것은 아니다. 우리는 때로는 한 행위가 결과적으로 다른 사람들에게 최대로 유익한 결과를 낳는다 하더라도 그 행위가 사악한 동기에 의하여 유발된 행위라면, 그 행위는 도덕적으로 비난받을 행위라고 판단한다. 그리고 한 행위가 결과적으로 다른 사람들에게 해로운 결과를 낳는다 하더라도, 그 행위가 다른 사람들을 돕고자 하는 동기에서 유발되었을 경우에 우리는 그 행위를 도덕적으로 부당하다고 쉽게 판단하지 않는다. 이러한 사실은 우리의 도덕적 평가를 지배하는 다른 기준, 즉 동기에 의한 기준이 있음을 보여준다. 이 측면을 강조하여 행위의 도덕성을 그 동기의 함수로 보는 윤리학의 이론은 **동기주의**라 부를 수 있으며, 칸트의 윤리학이 동기주의의 대표적 이론으로 간주된다.

선한 동기에 의한 행위가 선한 결과를 초래하는 이상적인 상황에서는 결과주의와 동기주의의 대립이 그다지 심각한 문제가 아닐 수 있다. 그러나 현실은 그렇지 못하여 결과주의의 관점을 채택하는가, 동기주의의 관점을 채택하는가에 따라 현실에서의 동일한 행위가 상이한 도덕적 판단을 받기도 한다. 이 상황은 결과주의와 동기주의가 병존불가능한 이론인 것처럼 보이게 만들고, 실제로 결과주의와 동기주의 사이의 논쟁이 윤리학에서 중요한 논점으로 다루어져 왔고 지금도 그렇게 다루어지고 있다.

그러나 외관상의 차이에도 불구하고 결과주의와 동기주의는 충분히 병존가능한 견해로 해석될 여지가 있다. 그 이유는 결과주의와 동기주의가 상이한 주제를 평가 대상으로 삼고 있는 것으로 해석될 수 있기 때문이다. 윤리적 행위의 목표는 인간에게 이로움을 가져오는 것이라고 하자. 동기에 따른 윤리적 평가는 **행위자**의 **평가**와 관련된다. 한 행위자를 윤리적으로 평가하게 되면, 그가 인간에게 이로움을 가져오기 위하여 최선을 다하였는가를 살펴보게 될 것이고, 이는 결국 그의 행위 동기에 대한 평가로 연결된다. 한편, 사람들이 항상 반성적 성찰을 통하여 행위를 하지는 않는다. 많은 부분 인간은 주어진 상황에 대하여 기계적으로 반응한다. 이렇듯 기계적으로 반응하는 행위들의 경우에도 윤리적 평가가 가능하다. 만약 어떤 유형의 행위들이 반성적 성찰의 결과가 아니라 하더라도 유익한 결과를 낳는 경향을 가진다면, 그러한 행위들은 도덕적으로 바람직하다고 할 수 있을 것이다. 마찬가지로 해로운 결과를 낳는 성향을 지닌 행위들은 도덕적으로 부정적인 평가를 받을 수 있다. 결과주의는 이렇게 행위자의 동기와 별도로 행위 자체의 성향을 결과와 관련하여 평가하는 측면을 반영한다. 그렇다면, 동기주의와 결과주의는 각기 행위자와 행위의 성향이라는 상이한 주제를 평가의 대상으로 하므로, 이들이 동일한 상황에 대하여 상반된 판단을 내린다고 하더라도 이는 아무런 모순을 포함하지 않는다.

2 인식정당성에 대한 전통적 견해

윤리학에서의 동기주의의 경우에서와 같이 한 믿음의 인식정당성과 관련된 평가는 인식 주관을 평가의 대상으로 삼을 수 있다. 이 경우에 이 인식 주관이 참을 추구하고 거짓을 피하는 인식론적 목표에 도달하기 위하여 최선을 다하고 있는가가 고려 사항이 된다. 이 사람이 거짓을 피하고 참에 도달하려는 주체적 노력을 통하여 한 믿음을 형성하였을 경우에 그 사람은 칭찬을 받고 그렇지 못한 경우에 비난을 받는다. 이러한 의미에서 칭찬을 받으려면, 인식 주관은 주어진 근거를 고찰하여 그것이 문제의 명제를 참이게끔 한다는 것을 인식하고 그에 의하여 이 명제를 믿어야 한다. 윤리학에 있어서의 동기주의와 유사한 이러한 견해를 인식정당성에 대한 **전통적인 견해**라고 부르자. 이러한 견해가 전통적 인식론의 주류를 이루고 있기 때문이다. 이제 인식정당성에 대한 전통적 견해의 핵심을 이루는 주장은 다음과 같이 요약된다:

S가 R이라는 근거에 의하여 P라고 믿는 것이 인식론적으로 정당하기 위해서는, S는 R이 주어졌을 때 P가 참일 가능성이 높다는 상위 의식을 가져야 한다.

여기서 상위 의식 higher-level belief이라는 표현이 쓰이는 이유는 이 의식이 단순한 외적인 사태에 대한 의식이 아니라 인식 주관 내에 존재하는 심리적 상태인 믿음과 그 근거들에 관한 의식이기 때문이다.

많은 전통적 이론들은 인식정당성을 의무론적인 개념을 통하여 분석한다. 의무론적 견해에 따르면, 거짓을 피하고 참을 획득하는 것이 인식적 의무를 이루며, 한 믿음을 받아들이는 것이 정당한가는 이러한 인식적 의무의 이행 여부에 의존한다. 인식정당성에 대한 의무론적인 견해를 옹호하는 현대의 인식론자로 아마도 가장 잘 알려진 사람은 로데릭 치좀 R. Chisholm일 것이다.[2] 여기서는 로렌스 봉주르 L. BonJour의 주장을 통하여 의무론적 견해를 살펴보도록 하자.[3] 봉주르는 다음과 같이 주장한다 :

> 자신의 믿음을 비판적으로 반성하는 것이 그의 인식적 의무의 일부를 이루며, 그러한 반성에 비추어 그가 신빙성 있게 인식적으로 포착할 수 없는 것을 믿어서는 안 된다.[4]

> 한 믿음을 그러한 이유(그 믿음이 참이라고 생각할 만한 이유 —— 저자 주)가 없이 받아들이는 것은, 그것이 어떤 다른 관점에서는 아무리 매력적이고 피할 수 없을지라도, 진리의 추구를 저버리는 것이다. 그러한 믿음은 인식적으로 무책임하다고 할 수 있을 것이다. 여기서의 나의 주장은 그러한 무책임함을 피하는 것, 인식적으로 책임 있게 믿는 것이 인식정당성 개념의 핵심이라는 것이다.[5]

---

[2] Chisholm(1968, 1977, 1982).
[3] 봉주르 이외에 인식정당성에 대한 의무론적 견해를 옹호하는 사람들로는 다음이 있다. Ginet(1975), Moser(1985), Naylor(1988), Wolterstorff(1983), Pollock (1986).
[4] BonJour(1986), 42.
[5] BonJour(1986), 8.

위의 예문은 인식정당성에 대한 의무론적인 견해가 인식 주관을 평가의 대상으로 한다는 것을 명백히 보여준다. 의무를 수행하고 있는가 아닌가라는 의문은 믿음의 주체에 대하여 제기될 수 있는 것이지, 믿음 자체에 대하여 제기될 수는 없기 때문이다. 또한 위 예문은 인식 주관을 평가 대상으로 하는 의무론적인 견해가 상위 의식의 요구로 자연스럽게 연결됨을 보여준다. 참을 극대화하고 거짓을 극소화하는 인식적 의무를 이행하기 위해서는 한 인식 주관이 주어진 믿음을 받아들일 만한 적절한 근거를 갖고 있는 것만으로는 충분하지 않기 때문이다. 만약 그가 한 믿음을 받아들일 만한 적절한 근거를 갖고 있음에도 불구하고 그 근거를 무시하고 부당한 근거에서 그 믿음을 받아들인다면, 그는 주어진 믿음과 관련된 인식적 의무를 수행하였다고 볼 수 없다. 따라서 인식적 의무를 이행하기 위해서는 반성을 통하여 그 믿음이 그러한 이유 때문에 참이라고 받아들일 만하다는 것을 의식하고, 그러한 상위 의식에 토대를 두어 믿음을 받아들여야 한다.[6]

인식정당성에 대한 의무론적인 견해가 전통적 인식론자들에 의하여 폭넓게 받아들여지고 있으며 이 견해가 왜 인식정당성을 위하여 상위 의식이 필요한가를 잘 설명해 주고 있는 것은 사실이다. 그러나 전통적 인식론자가 항상 의무론적인 견해를 받아들이고 있는 것은 아니며, 따라서 상위 의식의 요청이 항상 의무론적인 견해로부터 도출되는 것은 아니다. 레러 K. Lehrer와 폴리 R. Foley의 경우를 보자.

레러에 따르면, 인식론은 인간의 지식에 고유한 특성을 분석하는 데에 관심을 갖는다.[7] 이러한 관점에서 한 믿음이 한 사람에게 인식

---

6) BonJour(1986), 8-10, 30-33. 인식정당성과 위와 같은 상위 의식의 요청 사이의 관계에 대하여는 Alston(1988b)을 참조하라.
7) 〈진정으로 인간적인 지식은 우리를 기계, 다른 동물들, 그리고 우리 자신의 어린 시절로부터 구분시켜 주는 지식으로, 이 지식은 우리가 진정한 것으로 인식

적으로 정당하기 위해서는 그가 문제의 믿음을 위한 논증을 갖고 있어야 하며 이 논증을 통하여 그 믿음에 대하여 제기될 수 있는 회의적 도전에 응수할 수 있어야 한다. 이러한 응수를 위하여는 왜 문제의 믿음이 참이 될 가능성이 높은가를 인식하고 있어야 하며, 이러한 인식은 그 믿음을 참이게 하는 근거에 대한 의식과 그것이 문제의 믿음을 참이게 한다는 상위 의식으로 이루어짐은 재론할 필요가 없다.[8]

폴리 역시 전통적인 견해를 옹호한다. 그는 〈한 사람이 무엇을 믿는 것이 인식적으로 정당한가 하는 것은 그가 현재 갖고 있는 정보와 참을 믿고 거짓을 믿지 않는 목표에 비추어 무엇을 믿는 것이 적절한가에 의하여 결정된다〉라고 말한다.[9] 여기서 〈믿는 것이 적절함〉이라는 표현을 〈인식적 의무〉라는 표현으로 대치하면, 위 인용문은 봉주르의 주장과 정확히 일치하는 듯이 보인다. 그는 또한 〈인식정당성에 대한 적절한 이론은 참을 믿고 거짓을 믿지 않고자 하는 사람 자신의

하는 바의 정보들에 의하여 이루어진다〉(Lehrer(1990), 4).
8) 레러는 이러한 요지를 그가 즐겨 사용하는 정당화 게임을 통하여 제시한다. 정당화 게임이란 한 믿음의 옹호자와 그에 대한 회의를 제기하는 사람 사이의 대화로 이루어진다. 레러에 따르면, 한 사람이 주어진 믿음과 관련된 정당화 게임에서 승리할 때, 그 믿음이 정당하게 된다(Lehrer(1990), 6장과 7장). 예를 들어, 한 사람이 자신이 얼룩말을 보고 있다고 믿는다고 하자. 이 믿음이 정당하려면, 그는 그가 현재 자고 있으며 그가 단지 얼룩말을 보고 있다고 꿈을 꾸고 있다는 도전에 대응할 수 있어야 한다. 즉, 그는 그 믿음이 참일 가능성이 높다는 것을 인식하고 있어야 하며, 이 인식은 다음과 같은 지식으로 이루어진다 : 〈내가 얼룩말을 보고 있다고 받아들이는 것이 내가 얼룩말을 보고 있다고 꿈꾸고 있다고 받아들이는 것보다 더욱 합리적이다(나는 현재 깨어 있지, 잠이 들어 꿈을 꾸고 있지 않다고 분별할 수 있다. 나의 경험은 전혀 꿈처럼 느껴지지 않으며 나의 현재의 경험에 앞서 일어난 일들, 즉 호텔을 떠나고 동물원으로 택시를 타고 갔으며 동물원 입장권을 산 것 등을 선명히 기억하고 있다. 이들이 나는 지금 동물원에서 얼룩말을 보고 있지 꿈을 꾸고 있는 것이 아니라는 것에 대한 믿을 만한 정보를 이루고 있다)〉(Lehrer(1990), 119-120).
9) Foley(1987), 159.

관점에서 볼 때 믿기에 적절한 것을 서술하는 내재론적 이론이어야 한다〉라고 말한다.[10] 이는 한 믿음이 인식적으로 정당하기 위해서는 그 믿음이 인식자에게 참일 개연성이 높은 것으로 나타나야 함을 의미한다. 즉, 인식 주관은 그 믿음이 주어진 근거에 비추어 참일 개연성이 높다는 것을 의식하고 있어야 함을 의미한다.[11]

우리는 지금까지 전통적 인식론의 선상에 있는 선도적 인식론자들이 상위 의식이 인식정당성을 위하여 필요한 것으로 보고 있음을 고찰하였다. 의무론적 견해를 받아들이는 봉주르의 경우에는 상위 의식의 요구가 어떻게 도출되는가가 분명하다. 반면 레러와 폴리는 의무론적 견해에 명시적으로 호소하지 않는다. 이들은 상위 의식의 요청이 인식정당성의 본성에 유래하는 것으로 보고 별도의 근거를 필요

---

10) Foley(1987), 167.
11) 더 나아가 폴리의 사고적 정당성 doxastic justification에 대한 분석을 보면, 그가 인식정당성을 위하여 상위 의식을 요구하고 있다는 것이 더욱 선명하게 나타난다. 그는 사고적 정당성을 명제적 정당성 propositional justification과 대비시킨다. 다음의 예를 통하여 양자의 구분을 살펴보자 : 훈이는 일기예보를 듣고 밖에 비가 오고 있다고 믿는다. 여기서 기상 통보관의 증언에 대한 훈이의 믿음이 밖에 비가 오고 있다고 믿을 만한 좋은 이유에 해당한다. 그러나 훈이는 이러한 증거를 무시하고, 거짓말을 통하여 자신을 늘상 골탕먹여 온 한 친구가 한 말에 의거하여 밖에 비가 오고 있다고 믿는다. 이러한 훈이의 믿음은 명제적으로 정당하기는 하지만, 사고적으로 정당하지는 않다. 단지 한 믿음을 위한 좋은 증거가 존재한다는 사실이 문제의 믿음을 명제적으로 정당하게 만들기에 충분하다. 그러나 이 믿음이 사고적으로 정당하려면, 이 믿음이 좋은 증거에 토대를 두어야 한다. 폴리는 훈이가 기상통보관의 증언이 자신의 믿음을 위한 좋은 증거라는 것을 인식할 경우에, 그의 믿음이 그러한 증거에 토대하게 된다고 주장한다. 이러한 인식은 믿음과 이유 사이의 증거 연관에 대한 상위 의식에 다름 아니며, 이렇게 하여 폴리는 인식정당성을 위한 상위 의식의 요구에 도달하게 된다(Foley(1987), 180). 토대 관계가 인식정당성의 분석에 있어서 차지하는 역할과 그에 대한 상이한 분석들은 인식정당성의 내재론과 외재론을 다루는 5장에서 상세히 논의될 것이다.

로 하지 않는다고 생각하는 듯하다. 그렇다면 인식정당성에 대한 의무론적인 견해를 받아들이지 않으면서도 상위 의식의 필요성을 주장하는 이들의 입장을 어떻게 설명할 수 있을까? 도대체 이들은 왜 상위 의식의 필요성이 인식정당성의 본성에 기인한다고 생각하는가?

단지 〈진정으로 인간적 지식〉이라는 개념에 호소한다든가, 또는 한 믿음의 인식정당성은 그 믿음이 인식 주체의 현재 관점에 어떻게 나타나는가가 그 믿음의 인식정당성을 결정한다고 주장하는 것이 왜 상위 의식이 인식정당성을 위하여 필요한지에 대한 설명을 제공하지는 못한다. 이는 인식정당성이 본성상 상위 의식을 필요로 한다는 주장과 다를 바가 없으며, 오히려 문제는 왜 진정한 인간적 지식이 상위 의식을 필요로 한다고 생각되며, 왜 한 믿음의 인식정당성이 그 믿음이 인식 주체에게 어떻게 보여지는가에 의존한다고 생각되는가 하는 것이다. 필자는 이 질문들에 대한 대답의 실마리가 인식정당성의 평가를 인식 주체의 평가로 보는 점에서 찾아진다고 생각한다. 즉, 이들은 〈한 믿음이 인식적으로 정당한가?〉라는 질문을 〈그 믿음을 받아들이는 사람이 정당하게 그 믿음을 받아들이고 있는가?〉와 동등한 것으로 간주한다. 이렇듯 인식정당성의 문제가 한 믿음을 정당하게 믿고 있는가의 문제로 제시되면, 상위 의식의 요구로 가는 첩경에 들어서게 된다. 좋은 근거를 갖고만 있지 그것이 문제의 믿음과 관련하여 어떠한 효력을 지니는가를 의식하고 있지 못한다면, 그리고 이러한 의식 없이 그 믿음을 받아들이고 있다면, 그 사람은 문제의 믿음을 정당하게 받아들이고 있다고 할 수 없기 때문이다. 이제 이 절의 결론을 요약하면 다음과 같다: 인식정당성에 대한 전통적 견해의 핵심은 상위 의식의 요구에 있으며, 상위 의식이 요구되는 이유는 인식정당성을 위한 평가의 대상을 인식 주체로 보기 때문이다.

3 인식정당성에 대한 발생적 견해

인식정당성에 대한 전통적 견해는 사람들이 반성을 통하여 한 믿음이 과연 참일 수 있는가를 평가하는 능력이 있다는 사실에 주목하고 있다. 상위 의식의 요청은 인간이 갖는 이러한 비판적 고찰 능력에 주안점을 두고서 인식정당성을 분석한 결과로 보인다. 만약 사람들이 그러한 능력을 갖고 있지 않다면, 사람들이 믿음을 받아들임에 있어 참을 구하고 거짓을 피하는 목적에 비추어 주어진 믿음을 평가할 것을 요구할 수 없을 것이다.

한편 인간의 인식 체계에는 문제의 믿음을 비판적으로 고찰하는 능력과는 다른 인식적 능력이 있다. 이 능력은 외부 세계로부터 입력을 받아들이고 그로부터 믿음들을 산출하는 능력이다. 인식 체계의 이러한 측면에 주목하게 되면, 인간의 인식 체계는 믿음을 비판적으로 고찰하는 체계라기보다는 믿음을 형성하는 체계로 보인다. 인식 체계를 믿음 형성자로 보는 견해를 진리 추구를 인식적 목표로 보는 견해와 결합하면, 인식적으로 정당한 믿음은 진리 추구와 거짓을 피하는 목표에 기여하는 방식으로 잘 형성된 well-formed 믿음 또는 잘 유지된 well-sustained 믿음으로 파악된다. 과정 신빙주의 process reliabilism라고 불리는 골드만의 인식정당성 이론이 이러한 견해를 대표하는데, 그는 인식정당성을 다음과 같이 정의하고 있다:

만약 S가 t의 시점에 P라고 믿는 것이 믿음을 형성하는 신빙성 있는 인지 과정의 결과라면, t에 S가 P를 믿는 것은 정당하다.[12]

골드만은 발생적 견해의 근간을 이루는 〈잘 형성됨〉을 〈신빙성 있

---

12) Goldman(1992), 116.

는 인지 과정에 의하여 산출됨〉으로 분석하고 있으며,[13] 〈신빙성〉을 〈거짓 믿음보다 많은 참된 믿음을 산출하는 성향〉으로 정의하고 있다.

위와 같이 한 믿음이 인식적으로 정당한가가 그 믿음이 어떻게 형성되었는가에 의하여 결정되는 것으로 보는 견해를 인식정당성에 대한 발생적 견해라고 부를 수 있겠다. 발생적 견해를 옹호하는 인식론자들이 모두 골드만과 같이 믿음의 인식정당성을 인지 과정과의 관련 하에서 분석하는 것은 아니다. 다른 발생적 인식론자들은 믿음의 정당성을 증거와의 연관에 의하여 정의하는 기존의 틀을 수용하면서, 이를 발생적 견해와 결합시킨다. 이들에 따르면, 한 믿음이 잘 형성되었는가, 따라서 인식적으로 정당한가는 그 믿음을 위한 증거로부터 적절하게 발생하였는가에 의존하는 것으로 이해된다.[14] 올스톤 W. Alston,[15] 스웨인 M. Swain,[16] 펠드만 R. Feldman과 코니 E. Conee[17]가 이러한 이론을 옹호한다. 이제 〈근거〉라는 표현을 단지 증거에 해당하는 심리적 상태뿐 아니라 심리적 인지 과정까지도 포함하는 넓은 의미로 사용하면, 인식정당성에 대한 발생적 견해의 핵심은 다음과 같이 포괄적으로 요약된다:

R이라는 근거에 의하여 S가 P라고 믿는 것이 정당하기 위해서는, S가 P라고 믿는 것이 R에 의하여 야기되어야 한다.[18]

---

13) 골드만 스스로 〈잘 형성됨〉, 〈발생적 이론〉 등의 표현을 사용하고 있다(Goldman(1992), 117).
14) 발생적 견해 내부의 이러한 차이는 5장에서 좀더 상세히 논의된다. Feldman and Conee(1985)는 발생적 견해를 증거주의의 틀 내에서 발전시키면서, 인지 과정을 핵심으로 하여 발생적 견해를 옹호하는 골드만의 견해를 비판한다.
15) Alston(1986).
16) Swain(1981).
17) Feldman and Conee(1985).
18) 여기서 야기한다 함은 발생을 야기하는 것일 수도 유지를 야기하는 것일 수도 있다.

인식정당성에 대한 발생적 견해가 그 평가 대상을 인식 주관으로 보고 있지 않음은 분명하다. 발생적 견해에 있어, 한 인식 주관이 하는 주된 역할은 믿음들이 형성되는 장소를 제공하는 것이다. 그외에 인식 주관이 믿음을 형성하는 과정에 어떻게 적극적으로 개입하고 있는가와 같이 전통적 견해에서 중시되는 문제는 발생적 견해에서는 중요하게 다루어지지 않는다. 이렇듯 인식 주관의 개입 여부가 인식 정당성의 결정에 중요하지 않다고 보는 것은 발생적 견해가 인식정당성의 평가를 인식 주관의 평가로부터 분리하고 있다는 것을 반증한다. 골드만의 주장에서 현저히 드러나는 바와 같이, 한 믿음이 정당한가는 그 믿음이 신빙성 있는 인지 과정에 의하여 산출되었는가, 따라서 그 믿음이 참일 확률이 높은가에 의존한다. 그 믿음이 한 인식 주관이 거짓을 피하고 참을 구하는 목표를 추구한 결과인가 하는 것은 고려되지 않는다. 이러한 점에서 발생적 견해는 전통적 견해와 달리 인식 주관이 아니라 인지 과정의 성향을 인식적 평가의 대상으로 삼고 있음이 분명하다.

4 전통적 견해와 발생적 견해의 변주들

지금까지 우리는 전통적 견해가 인식 주관을 평가의 대상으로 삼고 있으며, 발생적 견해가 믿음 자체 또는 그 믿음과 관련된 성향을 평가의 대상으로 삼고 있음을 보았다. 이 논의는 인식론에서 흔히 동일한 명제로 간주되는 다음의 두 질문이 실은 동일하지 않음을 보여준다.

S가 P라고 믿는 것이 인식적으로 정당한가?
P의 믿음이 S에게 있어 인식적으로 정당한가?

전자는 S가 인식 행위를 정당하게 하고 있는가에 대한 질문이지만, 후자는 S에서 발생한 사건이 정당하게 발생하였는가에 대한 질문이다. 앞 절의 논의는 이들의 차이가 단지 수사적 차이 이상의 의미를 가지고 있음을 드러내준다.

전통적 견해와 발생적 견해는 인식정당성과 진리 추구라는 인식적 목표와의 관련성에 대한 상이한 입장을 보이게 된다. 인식 주관을 평가하는 전통적 입장에 따르면, 한 믿음이 인식 주관에게 정당하기 위해서는 그 믿음이 근거를 성찰하는 인식 주관의 반성적 의식에 참인 것으로 나타나야 한다. 따라서, 전통적 견해에 따르면, 한 믿음이 정당하기 위해서는 그 믿음의 근거가 내재적으로 포착되고 그 근거의 참됨 또는 참일 개연성이 높음이 의식에 내재적으로 포착되어야 한다. 반면에, 이미 보았듯이, 발생적 견해는 이러한 내재적 포착의 요구를 부정하고, 한 믿음이 사실상 참일 개연성이 높은 것으로 족하다고 주장한다. 이러한 대비 때문에 전통적 견해와 발생적 견해의 대립 이때로는 내재론과 외재론의 구분으로 나타난다.[19]

전통적 견해에 따르면, 한 믿음이 인식 주관의 반성적 의식에 비추어 참인 것으로 나타나면, 그 믿음이 객관적으로 참일 개연성이 높지 않다 하더라도 인식적으로 정당한 것이 된다. 인식 주관이 최대한의 반성적 노력을 기울인 결과 그 믿음이 자신이 성찰한 모든 증거에 비추어 참인 것으로 보인다면, 그의 믿음은 나무랄 수 없는 것이고 따라서 정당하다고 하여야 하기 때문이다. 한편, 인식 주관이 아니라 믿

---

19) 위의 내재론과 외재론의 구분은 거친 구분이다. 내재론과 외재론의 구분은 현대 인식론에서 널리 쓰이고 있음에도 불구하고, 이들이 다른 맥락에서 다른 의미로 사용되고 있어 많은 혼란을 야기하고 있다. 내재론과 외재론은 이 책의 5장에서 상세히 논의될 것이다. 특히, 진리연관성과 관련하여 전통적 견해와 발생적 견해 사이의 차이가 내재론/외재론의 구분과 어떻게 연관되는가는 5장에서 〈근거의 적절성〉이라는 차원을 논의하는 부분에서 상세히 논의된다.

음 자체를 평가하는 발생적 관점에서 볼 때, 한 믿음이 인식적으로 정당하기 위해서는 그 믿음은 객관적으로 참일 확률이 높아야 한다. 한 믿음이 반성적 의식에는 정당한 것으로 보인다 하더라도, 그 믿음이 정당한 방식으로 발생하지 않았을 경우에는 그 믿음 자체로서는 참을 추구하는 목표에 기여하지 못하는 바람직하지 못한 믿음이기 때문이다. 이 사실이 왜 전통적 견해와 발생적 견해의 대비가 때로 주관적 견해와 객관적 견해의 대립으로, 때로 개인적 견해와 진리적 견해의 대립으로 나타나고 있는가를 설명해 준다.

5 전통적 견해와 발생적 견해의 갈등

혹자는 발생적 견해와 전통적 견해가 진정으로 대립하는 입장이 아니라고 주장할 수 있다. 왜냐하면 전통적 견해는 발생적 견해의 한 특수한 형태로 보일 수 있기 때문이다. 즉, 전통적 견해는 인식정당성을 잘 형성됨과 동일시하면서, 다만 한 믿음이 잘 형성되기 위해서는 상위 의식을 동반하여야 한다고 주장하고 있다고 해석될 수 있기 때문이다. 그렇다면, 전통적 인식론자는 한 믿음의 인식정당성은 그 믿음의 형성에 의존한다는 발생론의 주장을 부정하기는커녕, 인식정당성을 믿음이 형성되는 방식에 대한 함수로 보면서 인식정당성을 이루는 형성 방식에 대한 특수한 입장을 유지하는 셈이 된다.

위의 주장에는 명백히 일리가 있다. 그러나 위와 같은 해석이 가능함에도 불구하고 현대 인식론에서 전통적 견해를 옹호하는 인식론자들과 발생적 견해를 옹호하는 인식론자들은 서로를 용납하지 않고 있다. 전통적 견해를 대변하는 레러와 폴리는 인과적 고려가 인식정당성과 무관하다고 주장한다. 레러는 한 믿음이 정당하기 위해서는 그 이유가 그 믿음의 원인이어야 한다는 주장을 인과적 오류라 부르고[20] 그러한 주장을 뒷받침하는 여러 예들을 제시한다.[21] 그는 다음과 같이 말한다 : 〈실로, 한 믿음의 정당성이 어떤 증거에 의존한다 할지라도, 그 증거가 왜 그 사람이 그 믿음을 받아들이는가를 전혀 설명하지 않을 수 있다〉. 폴리 역시 인식정당성에 대한 발생적 견해를 비판하면서 다음과 같이 말한다 : 〈개별적 믿음이 적절한 역사를 가져야 한다고 요구하는 합리적 믿음에 대한 어떠한 이론도 인식적으로 정당한 믿음에 대한 이론이 아니다〉.[22]

한편 발생적 견해를 옹호하는 현대의 인식론자들은 상위 의식을 요구하는 것은 지나치다는 이유에서 전통적 견해를 부정한다. 예를 들어, 적절한 환경에서 적절히 작동하는 지각 장치에 의하여 구성된 믿음은 비록 전통적 인식론자들이 요구하는 상위 의식을 동반하지 않는다 하더라도 인식적으로 정당한 믿음으로 간주하여야 한다는 것이다.[23] 이들은 또한 상위 의식을 요구하는 전통적 이론은 인식정당성과 관련된 두 차원을 혼동하고 있다고 주장하기도 한다. 이들은 한 믿음이 정당함과 한 믿음이 정당함을 앎은 구분되어야 한다고 주장한다. 한 믿음이 인식적으로 정당하기 위해서는 적절한 근거로부터 올바른 방식으로 형성되는 것으로 충분하며, 근거와 믿음 사이의 관계에 대한 상위 의식은 그 믿음이 정당함을 알기 위해서 필요할 뿐 믿음 자체가 정당하기 위해서는 필요하지 않다는 것이다. 따라서, 상위 의식을 한 믿음이 인식적으로 정당하기 위한 필요조건으로 제시하는 것은 정당함과 정당함을 앎을 혼동한 결과라는 것이다.[24]

---

20) Lehrer(1990), 169.
21) Lehrer(1990), 168-172 ; Lehrer(1971).
22) Foley(1987), 186. 폴록은, 인식정당성은 순수히 명제적 상태들의 함수라는 견해를 명제적 가정 Doxastic Assumption이라 부른다(Pollock(1986), 19-23).
23) 이러한 유형의 주장을 위하여는 다음을 보라. Alston(1986), 209-210 ; Pollock (1986), 127 ; Goldman(1986), 86.
24) 이러한 비판에 관해서는 Alston(1989)를 보라.

전통적 이론과 발생적 이론은 인식정당성에 대하여 상반된 주장을 할 뿐더러, 서로 상대방을 부정하는 경향을 보이고 있다. 이 문제를 해결하는 가장 손쉬운 방법은 두 입장 모두를 받아들이는 것이다. 앞서 설명한 바와 같이, 두 이론을 그 평가 대상을 달리 하는 — 전통적 견해는 인식 주관을 발생적 견해는 믿음 자체를 평가하는 — 이론으로서 상호 병존가능한 것으로 보는 것이다. 사실 전통적 견해와 발생적 견해를 평가 대상을 달리하는 이론으로 해석하는 것은 윤리학에서의 동기주의와 결과주의의 구분에서와 같은 평가의 이원성을 반영하는 것으로 두 견해에 나름대로의 직관적 설득력을 부여한다.

두 이론이 평가의 대상을 달리한다는 점은 두 이론이 공존가능함을 보여주기도 하지만, 한편 이는 두 이론 사이의 공방이 계속해서 공전할 수밖에 없는 이유처럼 보이기도 한다. 믿음 자체가 인식적 목표에 실제로 기여하는가에 대한 고려를 통하여 인식정당성의 문제에 접근하는 발생적 인식론자에게는 한 믿음의 인식정당성을 그 믿음이 인식 주관에 어떻게 보이는가를 통하여 분석하는 것은 원천적으로 이질적인 접근법이며, 따라서 그에 따라 상위 의식을 요구하는 것 역시 받아들이기 어려운 지나친 요구로 보일 수밖에 없다. 그리고 인식 주관에 대한 평가를 핵심으로 하여 인식정당성에 접근하고 반성적 의식을 믿음의 인식정당성의 핵심으로 보는 전통적 인식론자에게는 지각적 믿음을 예로 하여 상위 의식의 요구가 지나치다고 비판하는 것이 호소력을 가질 수 없다. 마찬가지로 상위 믿음은 한 믿음이 정당함을 알기 위해서 필요할지는 몰라도, 그 믿음이 정당하기 위해서는 필요하지 않고, 따라서 상위 의식의 요구는 〈정당함〉과 〈정당함을 앎〉을 혼동한 것이라는 비판도 전통적 인식론자에게는 호소력을 가질 수 없다. 전통적 인식론자의 입장에서 볼 때 이 비판은 발생적 견해를 전제하는 선결 문제 전제의 오류에 불과할 것이다.

6 전통적 견해의 문제

그렇다면, 우리는 인식정당성에 대한 전통적 견해와 발생적 견해를 모두 정당한 입장으로 받아들여야 하는가? 이들 사이의 기존의 논쟁이 많은 부분 인식정당성에 대한 자신의 입장을 전제로 하고 있으며, 또한 두 견해가 각기 다른 평가 대상에 대한 입장으로서 그럴 듯해 보인다는 사실을 고려할 때, 두 입장 모두를 받아들이는 것이 현실적 무게를 지니고 다가온다. 그러나 인식정당성에 대한 전통적 견해는 극복할 수 없는 내부적인 문제를 지니고 있다.

이 문제를 보이는 논증에서 가장 핵심이 되는 명제는 다음과 같다:

전통적 견해에서 한 하위 믿음이 정당하기 위해서는 상위 믿음이 필요할 뿐 아니라 그 상위 믿음 역시 정당하여야 한다.

예를 들어, 한 사람이 믿음의 정당성을 보이기 위하여 자신이 갖고 있는 증거를 제시하는데, 이 과정이 순수히 추측으로 이루어졌다고 하자. 그렇다면, 이 사람은 〈주어진 증거가 문제의 하위 믿음을 참이게 한다〉는 상위 믿음에 순수히 추측에 의하여 도달하고 있는 셈이다. 전통적 견해에 따르면, 이러한 상위 믿음을 동반하는 하위 믿음은 정당할 수 없다. 그런 식으로 상위 믿음에 도달해서는 그 사람이 하위 믿음과 관련한 인식적 의무를 다하고 있다고 볼 수 없기 때문이다(봉주르). 하위 믿음과 관련된 인식적 의무는 그 믿음을 비판적으로 반성할 의무이며, 이 의무 수행은 단지 증거를 제시하는 것만으로는 성공적으로 수행될 수 없으며 주어진 증거가 문제의 하위 믿음을 과연 참이게 하는가에 대한 조심스러운 성찰이 있어야 한다. 따라서, 그 사람이 하위 믿음과 관련된 인식적 의무를 다하기 위해서는 상위 믿음 자체가 조심스럽게 성립한 인식적으로 정당한 믿음이어야 한다.

마찬가지로 주어진 하위 믿음을 방어하기 위하여 억측에 의하여 증거를 제시한다는 것만으로는 그 사람이 성숙한 인식자라 할 수 없으며, 그러한 방식으로 증거를 제시하는 것은 하위 믿음을 제대로 방어하고 있다기보다는 방어를 가장하고 있는 것에 불과하다(레러). 이러한 이유들 때문에 전통적 인식론자들은 상위 믿음이 정당하여야 함을 부정할 수 없으며, 사실 그들은 상위 믿음이 정당하여야 한다는 요구를 당연한 것으로 받아들이고 있다.

상위 믿음이 정당하여야 한다는 점에 전통적 견해의 심각한 문제가 있다. 믿음 P가 증거 E에 의하여 정당하게 된다고 하자. S의 믿음 P가 정당하려면, S는 E가 주어졌을 때 P가 참이 될 개연성이 높다는 종류의 내용을 지닌 상위 믿음 H를 가져야 하고, H가 다시 정당하여야 한다. 그렇다면, H는 어떻게 정당하게 되는가? 이미 보았듯이, 전통적 인식론자들은 발생적 의미의 인식정당성을 거부한다. 그렇다면, H 역시 전통적 인식론이 요구하는 방식으로 정당하게 되어야 할 것이다. 이를 위해서는, S는 H를 뒷받침하는 별도의 증거 E′을 가져야 하고 더 나아가 E′이 주어졌을 때 H가 참일 개연성이 높다는 더욱 고차의 믿음 H′을 가져야 한다. 또한 P가 정당하기 위하여 H가 정당하여야 하듯이, H가 정당하기 위해서는 H′이 정당하여야 한다. H′은 어떻게 정당하게 되는가? E″과 H″이 있어야 하며, H″이 다시 정당하게 되어야 한다 …….

문제는 자명하다. 위에서 제시된 인식정당성의 후퇴는 원칙적으로 끝이 날 수 없는 악성적인 후퇴로서 결국 어떤 믿음도 정당하게 될 수 없다는 결론으로 이끌게 된다. 그뿐 아니라, 위의 후퇴가 일단 용인되면, 인식정당성이라는 개념이 해명불가능한 것이 된다. 어떤 믿음이건 그것의 인식정당성을 설명하려면 그에 상응하는 상위 믿음의 인식정당성을 끌어들일 수밖에 없으므로, 인식정당성에 대한 정의는 인식정당성 개념 밖으로 나아갈 수 없어 궁극적으로 해명되지 않는 개념으로 남게 된다.

　이렇듯 인식정당성에 대한 전통적 견해가 내적인 치명적인 문제점을 갖고 있다면, 윤리학에서의 동기주의에 상응하는 인식적 평가는 전혀 불가능한 것인가? 반성적 고찰을 통하여 조심스럽게 믿음에 도달하는 것이 인식적으로 칭찬받을 만하다는 생각은 그저 잘못 방향 지어진 미신인가? 인식 주관에 대한 평가를 차치하고 단순히 믿음 자체에 대한 평가에 주목한다 하더라도, 조심스러운 반성을 통하여 구성된 믿음은 인식적으로 바람직한 믿음으로 보인다. 전통적 견해는 이러한 믿음을 인식적으로 정당한 믿음의 전형으로 간주하고 이로부터 인식정당성에 대한 일반적 이론을 구성하려고 하였으나, 결국 실패한 것으로 보인다. 그렇다면, 전통적 견해에 대한 대안으로서의 발생적 견해는 이러한 유형의 믿음에 대하여 무엇이라고 말할 것인가? 반성적 고찰을 통하여 조심스럽게 구성된 믿음이 발생적 견해에서 전형적으로 정당한 믿음으로 간주되지는 않는다 하더라도, 만약 발생적 견해에서 이러한 믿음이 인식적으로 부당한 믿음으로 분류된다면, 이는 발생적 견해에 대한 문제가 될 것이다.

　다행히도 발생적 견해는 반성적 고찰을 통한 믿음의 형성을 인식정당성에 긍정적 영향을 미치는 것으로 해석할 여지가 충분히 있다. 반성을 통하여 믿음을 형성하는 방식을, 믿음을 잘 형성하는 여러 방식들 중의 하나로 보는 것이 그것이다. 즉, 한 믿음과 증거 사이의 증거 연관에 대한 반성적 상위 의식을 토대로 주어진 하위 믿음에 도달하는 것을 믿음을 잘 형성하는 하나의 방식으로 간주하는 것이다. 이러한 방식으로 발생적 견해는 전통적 견해를 지배하는 인식정당성에 대한 직관적 판단을 자신의 내부에 포섭할 수 있다.

　전통적 견해를 괴롭힌 문제, 즉 상위 믿음 역시 정당해야 한다는 요구로부터 제기되는 악성적 무한 후퇴의 문제는 어떻게 해결할 것인가?[25] 발생적 견해에서는 이것이 큰 문제가 되지 않는다. 전통적 견해에서 무한 후퇴가 발생하는 이유는 한 하위 믿음이 정당하기 위해서는 상위 믿음이 있어야 할 뿐 아니라 그 상위 믿음이 또 다른 상위 믿음을 통하여 정당하게 되어야 한다고 주장하는 데에 있었다. 그러나 발생적 견해에서는 상위 믿음이 정당하기 위하여 그보다 더 높은 차원의 상위 믿음이 반드시 필요하지는 않다. 상위 믿음은 그를 입증하는 증거를 원인으로 한 결과의 형태로, 즉 발생적 방식으로 정당하게 되는 것으로 족하다고 주장할 수 있기 때문이다. 요약하자면, 발생적 견해를 옹호하는 인식론자는 정당한 상위 믿음을 통하여 하위 믿음에 도달하는 것을 믿음을 잘 형성하는 한 방식으로 인정하고 상위 믿음의 정당성이 발생적으로 성립한다고 간주함으로써, 반성적 의식을 통한 믿음은 정당하다는 직관을 무한 후퇴에 빠지지 않으면서 자신의 이론 체계 내에 포섭할 수 있다.

7 발생적 견해의 문제

한편 발생적 견해도 나름대로의 문제를 갖는다. 앞서 보았듯이 발생적 견해는 인식 주관의 평가보다는 믿음 자체의 평가에 주목하고 있으며, 그 믿음이 결과적으로 진리를 추구하고 거짓을 피하는 인식적 목표에 기여하는가에 의하여 믿음의 인식정당성을 평가한다. 이러한 이유 때문에 발생적 견해를 옹호하는 대부분의 인식론자는, 믿음이 객관적으로 참일 확률이 높은 한에서만 인식적으로 정당할 수 있

---

25) 인식 주관에 대한 평가(전통적 견해)의 관점에서가 아니라 믿음 자체에 대한 평가(발생적 견해)의 관점에서 보더라도, 정당성의 후퇴는 일어난다. 왜냐하면, 반성적 의식을 통한 믿음 형성 방식이 발생적 관점에서 올바른 방식으로 간주되기 위해서는 반성적 의식을 반영하는 상위 믿음이 단순한 추측에 의한 믿음이어서는 안 되기 때문이다.

다는 주장을 하게 된다. 이러한 사실이 왜 발생적 견해가 때로 외재론적 견해로, 때로 객관적, 진리적 견해로 분류되는가를 설명해 준다는 것을 앞에서 보았다.

물론 발생적 견해가 반드시 객관적, 진리적 견해가 되어야 하는 것은 아니다. 믿음의 인식정당성을 그 믿음의 발생 과정과 관련하여 규명한다고 하여, 반드시 그 발생 과정이 참일 확률을 높이는 방향으로 진행되어야 한다고 주장할 필요는 없기 때문이다. 예를 들어, 한 믿음이 인식적으로 정당하기 위해서는 적절한 근거로부터 야기되어야 한다고 주장하면서, 과연 어떤 근거가 그 믿음에 대한 적절한 근거인가에 관하여서는 객관적 진리와 무관하게 설명하는 이론도 논리적으로 가능할 것이다. 그러나 이러한 입장은 어려운 논증적인 입지에 놓이게 된다.

누차 강조하였듯이, 인식적 평가는 진리 연관적 평가라는 견해는 널리 받아들여지고 있으며, 대부분의 발생적 인식론자들도 이 견해를 받아들인다. 더욱이 발생적 인식론자들은 한 믿음이 인식 주관에게 어떻게 보이는가, 또는 그 믿음을 형성하는 과정에 인식 주관이 어떤 노력을 기울이고 있는가는 그 믿음의 인식정당성과 무관하다고 주장하면서, 믿음의 인식정당성을 그 믿음의 자연적 발생 과정과 관련하여 분석하고 있다. 그렇다면, 이들이 인식정당성과 진리연관성을 옹호하는 한에서는, 그 연관성이 주관적 확률의 영역이 아닌 객관적 객관적 확률의 영역에서 찾아질 수밖에 없다. 이러한 상황에서 발생적 인식론자가 주어진 근거와 믿음 사이의 인식정당성의 관계를 객관적 진리와 무관하게 분석하게 되면, 인식정당성이 진리 연관적 평가라는 것을 자신의 이론 체계 내에 반영하기가 어렵게 된다. 이러한 이유에서 대부분의 발생적 견해는 객관적 견해, 또는 진리적 견해가 되는 것이다.

발생적 견해가 갖는 문제는 바로 인식정당성을 객관적 확률과 연관시킨다는 점에서 발생한다. 다음의 경우를 보자. 인식 체계 내에 포함된 정보와 인지 과정이 정확히 동일한 두 사람이 있다고 하자. 한 사람은 현실 세계에 살고 있는 반면, 다른 사람은 데카르트의 전능한 기만자의 세계에 살고 있다고 하자. 두 사람의 위치를 순간적으로 바꾼다고 하더라도, 이들은 전혀 차이를 모를 것이다. 이 경우에 한 사람의 믿음이 인식적으로 정당한 믿음이라고 한다면, 다른 사람의 동일한 믿음 역시 정당하다고 하여야 할 것이다.[26] 즉, 한 사람의 믿음이 인식적 규범에 의하여 용인되는 믿음이라면, 다른 사람의 같은 믿음에 대하여도 같은 판단을 내려야 할 것이다. 그러나 두 믿음이 신빙성에 있어서 큰 차이를 보일 것임은 자명하다. 예를 들어, 시각이라는 인지 과정은 현실 세계에서는 높은 정도의 신빙성을 갖지만, 전능한 기만자의 세계에서는 전혀 신빙성이 없다.

위의 고찰은 인식적 규범이 진리와의 객관적 연관성을 인식정당성을 위한 필요조건으로 제시할 수 없다는 것을 보여준다. 이 경우에 〈동일한〉 믿음이 현실 세계에서는 정당하지만 기만자의 세계에서는 정당하지 않다는 결론이 따르는데, 이는 받아들이기 어려운 비일관적 판단으로 보인다. 두 사람의 인식적 상황이 동일한데, 한 사람의 인식 행위는 바람직한 것이라고 하면서, 다른 사람의 인식 행위는 바람직하지 않다고 하는 것은 있을 수 없는 듯이 보인다.[27]

같은 논점이 전능한 기만자의 세계만을 고려해서도 옹호될 수 있다. 전능한 기만자의 세계에서도, 정상적인 지각을 통한 믿음, 조심스

---

26) 이러한 식의 주장에 관해서는 Cohen(1984)과 Foley(1987), 174-175 참조할 것.
27) 위의 교훈을 받아들이면, 인식정당성에 대한 발생적 견해는 윤리학에서의 결과주의와 유사한 것이 될 수 없다는 결론이 따른다. 인식적 목표를 진리를 추구하고 거짓을 피하는 것으로 간주할 경우, 결과주의적 관점에서 파악된 인식적으로 정당한 믿음은 참일 확률이 높은 믿음일 수밖에 없는데 전능한 기만자의 예는 바로 이 부분을 공격하고 있다.

러운 성찰을 통한 믿음 등이 있을 수 있으며, 반대로 추측을 통한 믿음, 주어진 증거를 무시하는 믿음 등이 있을 수 있다. 이러한 세계에서도 전자의 믿음은 정당하고 후자의 믿음은 정당하지 않다고 하는 것이 옳은 판단일 것이다. 그러나 전능한 기만자의 세계에서는 이들 믿음들이 참일 확률은 거의 없다. 따라서, 믿음이 인식적으로 정당하기 위해서는 참일 확률이 높아야 한다고 주장한다면, 이들 믿음들은 구분 없이 모두가 정당하지 않은 믿음들로 분류될 것이다. 이는 받아들이기 어려운 결론이며, 결국 진리와의 객관적 연관성을 인식정당성을 위한 필요조건으로 제시하는 것은 난관에 부딪치게 된다.

이제 전능한 기만자의 세계에 대한 고려로부터 발생적 인식론자가 갈 수 있는 길은 두 가지로 압축된다. 어떤 믿음이 정당하고 어떤 믿음이 정당하지 않은가를 규정하는 인식적 규범의 정당성을 외적인 세계나 진리와의 관계에서가 아니라 인식 내부에서 찾는가, 아니면 시각 등의 일반적으로 정당한 인식 방법으로 간주되는 것을 인식적 규범에 합치하는 것으로 그저 제시하고 이들이 왜 올바른 인식적 규범인가에 대한 설명을 포기하는 것이다. 그러나 두 길 모두 험난하다. 인식 내부에서 인식적 규범의 정당성을 찾고자 할 때, 그 정당성의 유일한 원천은 인식자의 내적인 성찰일 것이다. 즉 〈일정한 근거가 주어졌을 때 특정한 믿음을 받아들여라〉라고 말하는 인식적 규칙은 인식 주관의 반성적 성찰에 비추어볼 때 진리를 추구하는 합당한 방식인 것으로 보이므로, 그 규칙은 인식적 규범이며 그 규범에 합치하는 믿음은 인식적으로 정당하다고 말하는 것이다. 그러나 이러한 시도의 앞에는 앞서 전통적 견해를 비판하면서 살펴본 인식정당성의 무한 후퇴가 가로놓여 있음은 불을 보듯이 분명하다.

인식적 규범의 정당화를 포기하는 것도 발생적 견해에 가능한 선택지가 되지 못한다. 우리의 인식 체계에는 여러 가지 인지 과정들이 내재화되어 있다. 이들 중에는 시각, 청각, 연역적 추론 등의 과정들이 포함되어 있고, 억측, 희망적 사고 등의 과정들도 포함되어 있다. 적절한 증거에 근거하여 믿음을 산출하는 인지 과정이 있고, 부적절한 증거로부터 믿음을 산출하는 인지 과정이 있다. 발생적 인식론자들은 전자의 인지 과정들은 인식적 규범이 용인하는 과정들이고 후자의 인지 과정들은 금지된 과정들이라고 말하고 싶어한다. 그러나 한 이론이 이들 인지 과정들을 분류하기만 할 뿐 이들이 왜 구분되는지에 대한 설명을 제공하지 않는다면, 이러한 이론은 정당한 믿음과 불합리한 믿음을 구분하는 기술을 제공할 뿐 왜 한 믿음이 인식적으로 정당한지, 도대체 인식정당성이란 무엇인지에 대한 설명을 제공하지 못한다. 이러한 이론은 불완전한 이론이기에 받아들일 수 없다. 단지 정당한 믿음과 불합리한 믿음을 구분하기 위해서라면, 이론으로서의 인식론에 관심을 가질 필요가 없다. 우리의 단순한 직관이 그러한 일을 잘 해내고 있기 때문이다.

8 결론

인식정당성에 대한 전통적 견해는 인식정당성의 무한 후퇴라는 치명적인 문제를 갖고 있고, 발생적 견해는 딜레마에 빠져 있다. 일정한 인지 과정을 인준하는 인식적 규범을 정당화하지 않으면 발생적 이론은 불완전한 이론으로 남고, 인식적 규범을 외적인 세계와의 관련 하에 정당화하려는 시도에는 전능한 기만자가, 인식 체계 내적으로 정당화하려는 시도에는 다시 인식정당성의 무한 후퇴가 길을 가로막고 있다. 인식정당성의 이론은 어디로 가야 하는가? 외적인 세계와의 연관도 아니고 인식 내적인 것도 아닌 어디에 인식적 규범의 정당성이 있는 것일까? 그 정당성은 선험적인 영역에 있는가? 그렇다면, 우리는 200년 전에 칸트가 이미 가르친 것을 아직도 깨닫지 못한 열등한 학생들인가? 인식적 규범의 정당성은 사회적 차원에 있는가? 그렇다면, 인식론의 기초는 사회적 인식론에 있는 것이며, 개인에서 출발하여 사회적 차원으로 나아가는 서구의 전통적 인식론의 도식은 파기되어야 하는가?

이 장의 논의는 현대 인식론이 인식정당성의 해명과 관련하여 해결하여야 할 많은 문제점을 던져놓았다. 이 문제점들은 인식정당성에 관한 상반된 두 관점을 해명하는 과정에서 드러났으며, 주로 인식정당성과 진리연관성이라는 문제를 중심으로 하여 발생한 것들이다. 이 문제점들이 심각한 문제라고 필자는 생각하지만, 과연 극복될 수 없는 문제인가에 대하여는 판단을 유보하고 싶다. 이에 관한 더 이상의 논의는 이 책의 범위를 넘어서므로 앞으로의 과제로 남겨두자. 이제 인식정당성에 관한 상반된 두 관점을 이해하였고, 그리고 각 관점에 대하여 인식정당성과 진리의 연관이 어떻게 문제가 되는가를 보았으니 인식정당성과 관련된 다른 논점들을 살펴보자.

제 5 장 내재론과 외재론

　현대 인식론에서는 인식정당성과 관련하여 내재론/외재론의 구분법이 널리 쓰이고 있다. 그러나 불행히도 어떤 이론이 내재론이며 어떤 이론이 외재론인가에 대하여 상당한 혼란이 있다. 이 장은 인식정당성에 있어서의 내재론/외재론의 구분이 세 가지 다른 차원에서 이루어질 수 있음을 보일 것이다. 일단 이러한 세 가지 상이한 차원에 대한 이해를 확립하면, 내재론/외재론과 관련된 대부분의 혼동은 상이한 차원들을 혼동한 데서 기인한 것으로 밝혀질 것이다.[1] 더 나아가 각기 다른 세 차원에서 제기되는 내재론과 외재론 사이의 대립은 현대 인식론의 중요한 쟁점들을 이룬다. 따라서 이 장에서 논의되는 내재론과 외재론의 해명은 단지 개념을 명료히 하는 작업을 넘어서서 현대 인식론 내에서 인식정당성과 관련하여 제기되는 논쟁점들이 어떠한 맥락에 놓여 있는가를 밝혀줄 것이다.

---

[1] 이 장의 전반부의 논의는 필자의 논문 Kim(1993)에 많은 부분을 의존하고 있다.

1 혼동의 몇 가지 사례들

내재론과 외재론의 구분은 흔히 전통적 인식론과 인식론에서의 새로운 경향 사이의 대립과 맞물려 나타난다. 치좀은 〈인식론의 전통적 문제들에 대한 일상적인 접근법은 '내재적' 또는 '내재론적'이라고 불릴 수 있다〉고 말한다.[2] 봉주르는 〈서양 인식론 전통의 일반적 관점에서 볼 때, 외재론은 매우 급진적인 이탈을 대표한다〉[3]라고 말함으로써 치좀의 주장을 뒷받침한다. 많은 인식론자들은 앞서 이미 살펴본 암스트롱, 골드만, 드레츠키, 노직 등을 선도적인 외재론적 급진주의자들로 간주하는 데에 대체로 동의하고 있다.

암스트롱[4]과 봉주르[5]는 외재론에 대한 단순한 정의를 제시하는데, 이 정의에 따르면 외재론이란 한 믿음의 지식 여부를 그 믿음과 그 믿음을 참이게 하는 사실 사이의 외적인 관계——인과적 관계, 합법칙적 관계, 가정법적 관계 등——를 통하여 분석하는 입장이다. 3장에서 우리는 암스트롱, 노직, 드레츠키, 적절한 대안의 부재 이론의 골드만이 한 믿음의 지식 여부를 그 믿음을 참이게 하는 사실과의 합법칙적 관계, 가정법적 관계, 인과적 관계를 통하여 분석함을 보았다. 따라서, 암스트롱과 봉주르가 제시하는 외재론에 대한 기준은 이들의 견해를 외재론으로 구분하는 데에 성공한다. 그러나 이 기준은 골드만의 과정 신빙주의를 내재론으로 분류하는 결과를 낳는다. 과정 신빙주의는 한 믿음이 신빙성 있는 인지 과정에 의하여 산출될 때 인식적으로 정당하다고 주장한다.[6] 그리고 골드만은 믿음을 형성하는 인

---

2) Chisholm(1988), 285.
3) BonJour(1980), 56.
4) Armstrong(1973), 157.
5) BonJour(1985), 55.
6) Goldman(1979).

지 과정의 범위를 한 유기체의 신경체계 내에서 발생하는 사건들에 제한한다. 그렇다면, 골드만은 믿음을 참이게 하는 외적인 사실에 대한 언급 없이 인식정당성을 정의하고 있는 셈이며, 따라서 암스트롱과 봉주르의 정의에 있어서는 내재론이 된다.

  많은 인식론자들은 과정 신빙주의를 외재론으로 분류하는 결과를 받아들이기를 주저한다.[7] 이들은 내재론이란 한 믿음의 인식정당성을 순수히 인식 주관 내부에서 발생하는 일들의 함수로 결정하는 이론이라고 생각한다. 이러한 입장은 다음과 같은 치좀의 주장에서 명백히 나타난다 : 〈인식정당성을 '내적으로' 접근하는 전통적인 견해에 따르면, 인식정당성과 참 사이에는 아무런 논리적 연관도 없다〉.[8] 한 믿음이 참이 되는가 아닌가, 한 믿음이 참일 객관적 확률이 높은가 아닌가 하는 것은 인식 주관에게 내적으로 주어지는 것을 넘어서 객관적 세계와의 관계에 의하여 결정되는 것이며, 따라서 이러한 연관성을 인식정당성의 요소로 포함하는 이론은 내재론으로 분류되어서는 안 된다는 것이다. 내재론에 대한 이러한 입장에 따르면, 인식정당성을 〈신빙성 있는 인지 과정에 의하여 산출됨〉으로 정의하면서 〈신빙성〉을 다시 〈거짓 믿음보다 많은 참된 믿음을 산출하는 성향〉으로 정의하는 과정 신빙주의는 내재론이 될 수 없다. 외적 세계와의 진리 연관이 인식정당성의 핵심적 요소로 제시되고 있기 때문이다. 이들은 바로 이러한 이유 때문에 과정 신빙주의를 외재론의 대표적인 형태로 간주하고 있는 것이며, 외재론을 단순히 한 믿음을 참이게 하는 개별적 사실과의 연관성 여부에 의하여 정의하는 것은 지나치게 좁은 견해로서 받아들일 수 없다고 생각한다.

  그러나 외재론에 대한 정의를 넓혀서 단순히 개별적 사실과의 연

---

7) 예를 들어 BonJour(1985), 57, 특히 주 7)을 보라.
8) Chisholm(1988), 286.

관성을 고려하는 이론들뿐 아니라, 객관적으로 참이 될 확률을 포함한 참과의 연관성을 고려하여 인식정당성을 정의하는 이론까지도 외재론에 포함시키려는 시도는 다른 곳에서 문제에 봉착한다. 레러와 봉주르의 이론이 이러한 정의에 문제를 야기한다. 이들은 한 믿음의 진리 연관을 그 믿음의 인식정당성을 위하여 필수적인 것으로 보고 있다. 레러는 다음과 같이 말한다.

> 만약 S가 P를 안다면, S가 P를 받아들이는 것은 어떤 다른 거짓 명제에 의하여 논박되지 않는 방식으로 완결적으로 정당하다. ...... 논박되지 않는 정당성은 마음과 세계 사이에, 받아들임과 실재 사이에 진리 연관을 제공한다.[9]

봉주르는 다음과 같이 말한다.

> 만약 인식정당성에 대한 우리의 기준이 적절히 선택된다면, 그 기준에 따라 우리의 믿음이 정당하게 될 때 결국 거시적으로 그들이 참이게 될 것이다. 물론 인간의 유한성에 의한 불확실성과 오류가 그 과정에 존재하기는 하겠지만 말이다. 만약 인식정당성이 이러한 방식으로 참을 초래하지 않는다면, 만약 인식적으로 정당한 믿음을 찾는 것이 참된 믿음을 찾을 확률을 높이지 못한다면, 인식정당성은 우리의 주된 인식적 목표와 무관한 것으로 그 가치가 의심스러울 것이다.[10]

이렇듯 레러와 봉주르는 진리 연관을 인식정당성을 위한 필요조건으로 제시하고 있으므로, 외재론을 진리연관성을 통하여 정의하는 입

---

9) Lehrer(1990), 138-143.
10) BonJour(1985), 8.

장은 레러와 봉주르의 이론을 외재론으로 분류하게 된다. 그러나 이들은 외재론에 대한 가장 강한 비판자들로 알려져 있다. 자연히 이들의 이론은 내재론의 가장 전형적인 형태로 간주되고 있다. 따라서 진리 연관에 의하여 내재론과 외재론을 구분하려는 시도 역시 문제가 있다.

2 내적인 것과 외적인 것

사실과의 연관성을 통한 외재론의 정의도, 객관적 확률을 통한 외재론의 정의도 인식론에서 흔히 외재론으로 간주되는 이론들을 잘 분별하여 포섭하고 있지 못하다. 그렇다면, 〈내재론〉, 〈외재론〉의 개념은 아주 애매해서 인식론에서 전혀 쓸모 없는 것인가? 이렇게 결론을 내리는 것은 성급한 일이다. 그런 결론을 내리기 전에 내재성과 외재성을 구분하는 선명한 기준이 인식론 내에 있을 수 있는지 살펴보자.

내재성과 외재성의 구분은 상대적이다. 예를 들어, 지구는 화성에 외재적이지만 태양계에 내재적이다. 그렇다면 내재적인 것과 외재적인 것을 구분하려면, 우선 그 바탕을 이루는 단위를 찾아야 할 것이다. 인식론에서 내재성과 외재성을 구분하는 기준을 이루는 단위는 어디에 있는 것일까? 우리는 이 문제에 대한 해답의 실마리를 전통적 인식론의 출발점을 살펴봄으로써 찾을 수 있다.

인식론은 전통적으로 지식을 지식이 아닌 것과 구분하고 정당한 믿음을 그렇지 못한 것과 구분하는 일에 관심을 가져왔다. 이미 보았듯이, 이러한 평가적 작업에 있어서 참에 도달하고 거짓을 피하는 것이 평가의 기준을 이룬다. 인식적 평가의 기준을 이렇게 설정하는 것은 전통적 인식론뿐 아니라 전통적 철학에 일반적으로 통용되는 이

분법과 밀접히 연결되어 있다. 이 이분법은 외적인 세계와 그 세계에 대하여 올바로 이해하고자 하는 인식 주관 사이의 괴리, 그에 따른 우리 인간들의 오류가능성과 밀접히 연관된다. 즉, 외적인 세계는 인간의 인식과 독립하여 초월적으로 존재하며, 이러한 초월적 세계를 이해하는 과정에서 인간은 언제든지 실수를 범할 수 있다는 것이다. 일단 우리의 이해가 그릇될 수 있다는 것이 인정되면, 진리를 추구하는 우리는 우리의 믿음들 중의 어떤 것이 세계를 올바로 반영하는가에 관하여 결정하여야 할 위치에 놓이게 된다. 이렇게 하여 인식론은 시작하게 된다. 콰인 W. v. O. Quine에 따르면,

> 사람들은 흔히 회의가 철학의 어머니라고 말한다. 이 말은 철학을 일차적으로 인식론으로 보는 사람들에게 맞는 말이다. 왜냐하면, 인식론은 회의, 즉 회의론에서 출발하기 때문이다. 바로 회의 때문에 우리는 인식론을 발전시키고자 시도하게 된다.[11]

인식론을 위와 같이 이해할 경우에, 인식 체계가 바로 인식론에서의 내재성을 규정하는 단위라고 생각할 수 있다. 이제 다음과 같은 내재성에 대한 정의가 그럴 듯하게 보인다 : 인식론의 관점에서 볼 때, x가 S라는 사람에게 내재적이라 함은 x가 S의 인식 체계 내에서 발생한 것임을 의미한다.

불행히도 이러한 정의는 너무 모호하기도 하고 너무 포괄적이기도 하다. 우선 한 인식 체계 내에 있는 것들의 범위를 결정하는 일이 쉽지 않다. 인식 체계의 범위에 두뇌 내에서 발생하는 것들만을 포함시킬 것인지, 아니면 망막의 자극과 같이 감각 기관에서 발생하는 일들까지도 포함시킬 것인지가 분명하지 않기 때문이다.

---

11) Quine(1975), 67.

더욱 심각한 문제는 위의 정의가 너무 많은 것들을 내재적인 것에 포함시킨다는 점이다. 한 인식 체계의 내부에서 발생하는 모든 것들이 외부 세계의 모습에 대한 단서를 제공하는 것은 아니다. 예를 들어, 인지 과정은 뉴런의 폭발 등과 같은 신경생리학적 사건들을 포함한다. 그러나 이것은 인식론적인 관점에서 내재적인 것일 수 없다. 이미 보았듯이, 인식론은 세계의 실제 모습과 세계가 우리에게 지각되고 믿어지고 생각되는 바 사이의 이분법을 받아들이고서, 인식 체계 내에 주어진 외적인 세계의 모습에 대한 단서로부터 실제의 외적인 세계의 모습으로 나아가는 과정을 평가하고자 한다. 그러나 신경생리학적 성질들은 세계에 대하여 우리가 갖는 정보의 존재론적인 근거가 될지는 몰라도, 그들 자체로서는 세계에 대한 정보가 될 수 없다. 신경생리학적 성질들은 반성에 의하여 포착될 수 없으며, 그것이 가능하다 하더라도 세계에 대한 이해에 기여할 수 없다. 따라서 그들은 외부의 세계가 어떠한가를 파악하기 위한 내적인 실마리를 제공하지 못한다.

그렇다면, 인식론의 관점에서 볼 때 인식 체계 내에서 발생하는 것이라고 하여 모두 내재적이라고 할 수 없다. 인식 체계 내에서 발생하는 것들 중에서 내성적으로 포착될 수 있는 정보를 가진 것만이 내재적인 것으로 간주되어야 한다. 따라서 다음의 정의가 인식론에 있어서의 내재성에 관한 견해를 올바로 반영한다 :

(I) 인식론의 관점에서 볼 때, x가 S라는 사람에게 내재적이라 함은 x가 S에 의하여 내성가능함을 의미한다.

내재적인 것과 외재적인 것은 상호 배타적이면서 동시에 모든 경우를 포괄하여야 한다는 것을 고려할 때, 외재성은 다음과 같이 정의된다.

(E) 인식론의 관점에서 볼 때 x가 S라는 사람에게 외재적이라 함은 x가 S에 의하여 내성가능하지 않음을 의미한다

지금까지 우리는 인식론적인 내재성이 내성가능성을 통하여 선명하게 정의될 수 있음을 보았다. 이제 이 기준을 인식정당성에 대한 이론들에 적용함으로써 여러 이론들을 내재론 또는 외재론으로 구분할 수 있을 것이다. 그러나 만약 인식정당성이 상호 독립적인 몇 가지 요소들의 혼합으로 이루어지며 인식정당성에 대한 이론이 이들 요소들에 대한 분석들을 포함한다면, 그 이론은 위 요소들과 대응하는 상이한 차원에서 내재론이 될 수도 외재론이 될 수도 있을 것이다.

3 내재론-외재론 구분의 세 차원

인식정당성을 단순히 표현하면, S의 믿음 P가 적절한 근거에 의존할 때에만 믿음 P가 S에게 정당하다라고 말할 수 있다. 그렇다면, 인식정당성을 설명하는 이론은 한 믿음이 적절한 근거에 의존한다는 것이 무엇인가를 설명할 수 있어야 한다. 여기서 〈적절한 근거에 의존함〉이라는 표현은 복합적 표현으로 〈근거〉, 〈적절함〉, 〈의존함〉 등의 개념들을 포함하고 있다. 따라서, 인식정당성을 설명하고자 하는 이론은 다음의 질문들에 대답해야 한다.

(1) 어떤 종류의 것들이 믿음의 인식정당성을 위한 근거를 이루는가?
(2) 특정한 근거가 주어진 믿음을 정당하게 만들기 위하여 만족시켜야 할 적절성의 기준은 무엇인가?
(3) 문제의 믿음과 적절한 근거 사이에 성립하여야 하는 의존 관계의 본성은 무엇인가?

인식정당성에 대한 이론은 위의 각 질문에 대하여 내재론적으로 또는 외재론적으로 대답할 수 있다. 그런데 한 질문에 대하여 내재론적으로 또는 외재론적으로 대답한다고 하여 다른 질문들에 대하여 같은 방식으로 대답할 필요는 없다. 따라서 내재론과 외재론의 구분이 서로 독자적인 세 차원에서 이루어질 수 있는 것이다. 이 세 차원을 하나씩 살펴보기로 하자.

3-1 첫째 차원 : 인식정당성의 근거

인식정당성의 이론들은 어떤 종류의 것들이 인식정당성을 위한 근거가 될 수 있는가에 대하여 의견을 달리 한다. 이와 관련한 유명한 논쟁은 단지 믿음들만이 근거가 될 수 있는가 아니면 감각 자료 등과 같은 비명제적 심리 상태도 근거가 될 수 있는가 하는 것이다. 이러한 논쟁이 생겨나는 이유는, 명제적 내용을 지니지 않은 것은 명제적 내용을 지닌 믿음을 참이 될 개연성이 높게 만들 수 없으며, 따라서 그 믿음을 위한 정당성의 근거가 될 수 없다고 생각할 수 있기 때문이다.[12] 그런데 이러한 논쟁은, 외재론/내재론 구분의 관점에서 볼 때, 정당성의 근거를 경험적 상태로 보는 이론들 내부의 집안싸움이라고 할 수 있다. 이들은 한 믿음을 정당하게 하는 경험적 상태가 명제적 내용을 가져야 하는가에 대하여 의견을 달리하지만, 이들은 모두 정당성을 부여하는 경험적 상태와 문제의 믿음 사이의 증거 관계가 그 믿음의 정당성을 위하여 핵심적이라고 가정한다. 이러한 가정을 포함하는 입장을 **증거주의**라 하자. 그렇다면, 위의 두 입장은 모두 증거주

---

12) 이러한 주장을 위하여는 다음을 보라 : Sellars(1963) ; BonJour(1985), 4장. 그러나 폴록 J. Pollock은 이러한 주장을 부정하며, 이 부정이 인식정당성에 대한 토대론을 옹호하는 근거가 된다(Pollock (1986)). 이 논쟁이 토대론과 정합론 사이의 논쟁과 어떻게 연관되는가는 이 책의 6장에서 논의된다.

의에 속하며, 심리 상태로서의 증거는 모두 내성가능한 것들이므로 이들은 모두 근거에 관한 내재론에 속한다.

한편, 한 믿음의 정당성을 위하여 중요한 것은 근거와의 증거 관계가 아니라, 어떤 인지 과정이 그 믿음을 산출하였는가라고 보는 견해가 있다. 4장의 발생적 견해를 논의하는 부분에서 이 견해와 증거주의의 차이를 보았다. 거기서 증거주의와 대비되는 이론으로 골드만의 과정 신빙주의를 보았는데, 이에 따르면 믿음이 인식적으로 정당한가는 어떠한 증거로부터 야기되었는가가 아니라 어떠한 인지 과정에 의하여 산출되었는가에 의하여 결정된다. 이 이론에서는 증거를 이루는 인지적 상태가 아니라 인지적 과정이 한 믿음의 인식정당성의 근거가 된다. 인지 과정을 인식정당성의 근거로 보는 이론을 증거주의와 대비하여 과정주의라 하자.

과정주의는 인식정당성의 근거를 이루는 것의 종류에 관하여 증거주의와 다른 견해를 갖고 있지만, 과정주의가 제시하는 근거가 여전히 내재적인 것이라는 점에서는 증거주의와 다를 바 없는 듯하다. 인지 과정은 심리 상태들의 인과적 연쇄로 이루어진다고 볼 수 있다. 그렇다면, 인지 과정은 심리 상태들과 그들 사이의 인과적 관계들로 이루어진다. 심리 상태들이 내성가능한 것임은 분명하다. 다만, 인과적 관계가 내성가능한 것인지에 대하여는 논란이 있을 수 있다. 흄 D. Hume에서 이어지는 영국 경험론의 전통에 따르면, 인과 관계는 관찰이 불가능한 것으로 간주된다. 이러한 전통을 받아들이게 되면, 인지 과정은 내적인 것과 외적인 것의 복합으로 이루어진 것으로 나타난다. 그렇다 하더라도, 인지 과정을 내적인 것으로 분류하는 것이 합당한 듯이 보인다. 그 이유는 두 가지로 요약될 수 있다. 첫째는, 내성가능한 심리 상태들이 인지 과정의 중요한 요소들을 이루고 있다는 것이다. 둘째는, 경험론의 전통, 특히 흄은 인과 관계의 존재를 의심하고 있어서 그에 따르면 인지 과정은 인과 관계를 포함하지 않는 심리 상태들의 연속일 뿐이다. 그렇다면, 심리 상태들은 내성가능한 것이므로, 심리 상태들만으로 이루어진 인지 과정 역시 내성가능한 것이 된다.

우리가 지금까지 살펴본 이론들은 근거의 본성에 관하여 상이한 주장을 하고 있음에도 불구하고, 이들은 공통적으로 근거를 내성적으로 가능한 것들을 통하여 분석하고 있다. 따라서, 이들 이론들은 근거에 관한 내재론, 줄여서 근거 내재론이라고 부를 수 있다.

한편, 앞 장에서 살펴본 신빙성 있는 지표 이론들은 지식의 분석에 있어 한 믿음이 그 믿음을 참이게 하는 사실과 어떠한 관계를 맺고 있는가에 주목한다. 따라서, 이들에 있어서 지식의 근거를 이루는 것은 외적 사실이다. 이러한 외적 사실은 비록 관찰가능할지는 몰라도 내성가능하지는 않다. 따라서, 이들 이론들은 근거에 관한 외재론, 줄여서 근거 외재론이라고 부를 수 있다.

위에서 우리는 근거 내재론의 경우에는 여러 유형의 이론들을 설명한 반면에 근거 외재론과 관련해서는 신빙성 있는 지표 이론만을 언급하였다. 그 이유는 근거 내재론에 속하는 이론들이 인식정당성을 그 분석 대상으로 하고 있는 반면, 근거 외재론으로 분류될 수 있는 현대의 이론들은 인식정당성이 아니라 지식을 분석의 대상으로 삼고 있기 때문이다. 이들이 이렇듯 분석 대상을 달리하고 있는 것은 당연한 일인 듯하다. 한 믿음을 받아들이는 것이 인식적으로 정당한가 하는 문제는 한 인식 주관에게 주어진 상황을 고려할 때 그 믿음을 받아들이는 것이 합당한가 하는 문제다. 그렇다면, 인식정당성의 문제는 결국 인식 주관의 인식 체계 안에 주어진 것과의 연관 하에서 고찰되어야 할 문제로 근거에 관한 한 내재론의 입장을 취할 수밖에 없다. 이것이 왜 근거 외재론의 전형이라고 할 수 있는 3장에서 살펴본 신빙성 있는 지표 이론이 인식정당성에 대한 언급을 피하고 지식의 분석에 집중하고 있는가를 설명한다.[13] 그리고 같은 이유에서, 근거 내재론과 근거 외재론의 구분이 유의미한 구분임에도 불구하고 이들이 현대 인식론에서 특정한 논쟁을 야기하지 않는다.

이제 근거에 대하여 상이한 분석을 제시하는 이론들의 계보를 다음과 같은 도표를 통하여 요약할 수 있겠다:

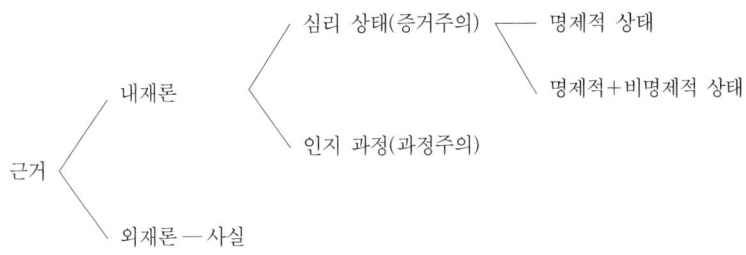

3-2 둘째 차원: 근거의 적절성

어떠한 유형의 것들이 정당성을 위한 근거가 될 수 있는가에 대한 일반적 지식만으로는 **특정한 믿음이 특정한 사람에게 정당한가를** 결정할 수 없다. 한 믿음을 위한 근거가 그러한 유형에 속하는 것이어야 할 뿐 아니라, 그 근거가 그 믿음을 정당하게 만들기에 적절해야

---

13) 한편 암스트롱은 몇 군데에서 마치 그의 외재론적 분석이 인식정당성의 분석을 위하여 쓰일 수 있는 듯이 말한다. 예를 들어, 그의 외재론적 분석이 갖는 함축을 설명하면서, 그는 〈한 믿음이 이유에 의거하지는 않으면서도 그 믿음이 합리적이다(정당하게 될 수 있다)라고 말해 질 수 있다. 왜냐하면, 그 믿음이 존재한다고 믿는 상황에 대한 전적으로 신빙성 있는 지표이기 때문이다〉라고 말한다(Armstrong(1973), 183). 그리고 그는 〈우리가 지식을 갖고 있지 않을 때조차도 우리는 합리적인 믿음을 가질 수 있다. 만약 c가 J라고 믿는 것이 c가 J일 높을 가능성에 대한 신빙성 있는 지표라면, c가 J라는 믿음은 합리적이라고 불릴 수 있다〉라고 말한다(같은 책, 189).

한다. 그렇다면, 인식정당성을 설명하고자 하는 이론은 주어진 근거가 문제의 믿음과 관련하여 적절한가를 결정하는 기준도 역시 제시하여야 한다. 이런 의미에서 인식정당성에 대한 이론은 앞서의 (1) 〈어떤 종류의 것들이 믿음의 인식정당성을 위한 근거를 이루는가?〉라는 질문뿐만 아니라, 〈특정한 근거가 주어진 믿음을 정당하게 만들기 위하여 만족시켜야 할 적절성의 기준은 무엇인가?〉라는 (2)의 질문에도 대답해야 한다.[14]

어떤 근거가 믿음 P를 위한 적절한 근거가 되기 위해서는, 그 근거에 비추어보았을 때 믿음 P가 사실상 참이 될 확률이 높아야만 한다는 주장이 있을 수 있다. 주어진 근거의 내용에 비추어보아 문제의 믿음의 내용이 참일 객관적인 확률이 높아야 그 근거가 적절한 것일 수 있다는 것이다. 비록 객관적 확률을 어떻게 분석할 것인가는 철학적 논란의 대상이 되고 있기는 하지만, 이것이 내성적으로 파악될 수 없는 것임은 분명하다. 따라서, 객관적 확률을 적절성의 기준으로 제시하는 이론들은 적절성 외재론이라 부를 수 있다.

한편, 주어진 근거가 문제의 믿음을 참이게 한다고 인식 주관이 생각하기 때문에, 그 근거가 그 믿음의 정당성을 위한 적절한 근거가 된다는 주장이 있을 수 있다. 이 입장에 따르면, 한 근거가 한 믿음을 위하여 적절하기 위해서 문제되는 것은 양자 사이의 객관적 확률이 아니라 인식 주관에 의하여 파악되는 바의 주관적 확률이다. 주관적 확률은 주어진 근거와 문제되는 믿음 사이의 객관적 관계에 의하여 결정되는 것이 아니라, 양자의 관계를 인식 주관이 어떻게 이해하는가에 의하여 결정된다. 따라서 이 이론에 있어 적절성의 기준은 내성

---

14) 적절성의 기준에 대한 상반된 이론은 4장에서 발생적 견해와 전통적 견해 사이의 차이를 논의하는 과정에서 이미 언급되었다. 4장의 〈전통적 견해와 발생적 견해의 변주들〉이라는 절을 참조하라. 그리고 이 장의 마지막 부분에서 이들 사이의 관계가 좀더 상세히 논의된다.

가능한 인식 주관의 심리 상태로 이루어지며, 이런 이유에서 이 이론은 적절성 내재론이라고 부를 수 있다. 이제 이 구분이 현대 인식론의 여러 이론들에 어떻게 적용되는가를 살펴보자.

골드만의 과정 신빙주의는 전형적인 적절성 외재론에 해당한다. 이미 누차 보았듯이, 한 인지 과정이 산출된 믿음을 정당하게 만들기에 적절한 것이 되기 위해서는 신빙성이 있어야 하며, 여기서의 신빙성은 거짓 믿음보다는 더 많은 참인 믿음을 산출하는 경향성에 의하여 정의된다. 그렇다면, 과정 신빙주의는 한 믿음이 인식적으로 정당하기 위하여는 그 믿음이 참일 객관적 확률이 높아야 한다는 주장을 함축한다. 더 많은 참된 믿음을 산출하는 이러한 경향성 그리고 그에 따른 객관적으로 참이 될 높은 확률은 내성적으로 파악될 수 없는 것이다. 이런 의미에서 과정 신빙주의는 적절성 외재론이며, 이것이 왜 많은 인식론자들이 과정 신빙주의를 외재론으로 분류하고 있는가를 설명해 준다.

레러와 봉주르의 정합론도 역시 적절성 외재론이다. 앞서 보았듯이, 그들은 한 믿음이 참일 객관적 확률이 높을 때에만 그 믿음이 정당하다고 주장한다. 따라서 이들의 이론은 과정 신빙주의가 적절성 외재론인 것과 같은 이유에서 적절성 외재론이다. 이들의 이론이 적절성 외재론인 또 다른 이유가 있다. 토대론과 정합론의 논쟁을 다루는 다음 장에서 상세히 다루겠지만, 레러와 봉주르의 이론은 정당성의 기준으로 정합성을 제시하는데 이 정합성이 내성적으로 포착될 수 없는 것이기 때문이다. 정합성이라는 개념은 아직 분명히 규명되어 있지 않은 개념이지만, 인식론자들은 논리적 일관성이 정합성을 위한 필요조건이라는 점에는 모두 동의한다. 한 집단의 믿음들이 논리적으로 일관적인가 하는 것은 그 믿음들이 동시에 참이 되는 것이 가능한가에 의존하며, 인식 주관이 이들의 관계에 대하여 어떻게 생각하는가와는 무관하게 결정된다.

신빙성 있는 지표 이론들 역시 적절성 외재론임은 자명하다. 이들에 있어 한 믿음이 지식이 되는가는 그 믿음이 그것을 참이게 하는 사실과 인과적 관계, 합법칙적 관계, 가정법적 관계에 있는가에 의존하며, 이들 관계는 모두 내성의 영역을 넘어서 있는 것이다. 그리고 증거주의 이론들 내에서도 적절성 외재론이 있을 수 있다. 한 믿음이 정당하기 위해서는 증거에 의하여 뒷받침되어야 하며, 이 증거가 주어졌을 때 그 믿음이 실제로 참일 확률이 높아야만 그 믿음이 정당하게 될 수 있다고 주장하는 한 이론이 있다고 가정하자. 이 이론은 증거주의(따라서 근거 내재론)에 속하는 적절성 외재론의 이론이 된다.[15]

한편, 폴리의 이론은 주관적 확실성에서 적절성의 기준을 찾는 적절성 내재론의 대표적인 예를 이룬다. 그는 P라고 가정하는 것이 논란의 여지가 없을 때에만 S가 P라고 믿는 것이 정당하다고 주장한다. 이는 〈S가 P라고 믿으며, S가 P에 대하여 그에 반증하기 위하여 쓰일 수 있는 명제들보다 더 큰 확신을 가지고 믿을 것을 요구한다. 더 나아가, 명제 P는 믿음 P가 발생하는 대부분의 관련된 가능한 상황에서 P가 참일 것이라고 S가 반성의 결과로 믿을 그러한 명제이어야 한다〉.[16] 결국 폴리에 따르면, 한 믿음이 인식적으로 정당한가는 여러 근거들에 대한 주관적인 반성의 결과 그 믿음이 참일 주관적 확률이 높게 나타나는가에 달려 있다. 치좀과 폴록 역시 적절성의 기준을 주어진 근거와 문제의 믿음 사이의 객관적 확률을 통하여 정의하기를 거부한다.

내재론자들은 단지 자신의 의식적인 상태를 반성함으로써 주어진 믿음

---

15) Alston(1988A) ; Swain(1981).
16) Foley(1987), 68. 인식정당성에 대한 폴리의 상세한 정의에 관해서는, 같은 책, 65 참조.

이 자신에게 정당한가를 규정하는 인식적 원리들을 구성할 수 있다고 가정한다. 그가 구성하는 인식적 원리들은 말하자면 단지 자신의 안락의자에 앉아서 아무런 도움도 구하지 않고서 도달하고 적용할 수 있는 원리들이다. 한마디로, 자신의 마음의 상태를 고려하기만 하면 된다.[17]

내재론자는 인식적 규범은 믿음들 사이의 관계 또는 믿음과 (지각 상태와 같은) 비명제적 내적 상태 사이의 관계들을 통하여 구성되어야 한다고 주장하고, 이들 규범들이 외적인 고려를 통한 평가에 종속된다는 것을 부정한다.[18]

지금까지 우리는 한 근거가 문제의 믿음에 대하여 적절하기 위해서는, 그 근거가 주어졌을 때 문제의 믿음이 참일 확률이 객관적으로 높아야 하는가 아니면 주관적으로 높으면 되는가에 대한 상반된 견해가 있음을 보았다. 그리고 이러한 구분은 적절성에 대한 내재론과 외재론의 구분으로 포착될 수 있음을 보았다. 그러면, 이제 적절성에 대한 내재론/외재론 구분이 근거에 대한 내재론/외재론 구분과 어떻게 연관되는지를 보자.

두 차원에서의 내재론/외재론 구분에서 특징적으로 나타나는 점은 근거 외재론은 적절성 외재론일 수밖에 없다는 것이다. 근거 외재론에 따르면, 한 믿음을 지식이게 또는 인식적으로 정당하게 만드는 근거는 외적인 사실이다. 그렇다면, 근거 외재론에서 적절성의 기준은

---

17) Chisholm(1988), 285-286.
18) Pollock(1986), 126. 그에 따르면, 한 믿음의 정당성은 그를 산출한 인지 과정에 의하여 결정된다. 그러나 폴록은 진리 연관과 같은 외적인 고려를 통하여 적절성의 기준을 정의하는 것을 부정한다(Pollock(1986), 123-149). 그러나 정당한 믿음을 산출하는 인지 과정과 그렇지 못한 인지 과정을 구분하기 위하여 그가 어떠한 기준을 채택하고 있는지가 분명하지 않다. 이러한 이유에서 필자는 그가 적절성 내재론자라고 단지 가정할 뿐이다.

외적인 사실과 믿음 사이의 관계에서 찾아야 한다. 그런데, 이러한 관계가 어떻게 정의되든 간에 그 관계는 내성의 밖에 존재하는 사실을 한 부분으로 포함할 수밖에 없다. 그렇다면, 이 관계는 내성에 의하여 포착될 수 없는 것이며, 따라서 이 이론은 적절성 외재론이 된다. 같은 이유에서 적절성 내재론은 근거 내재론일 수밖에 없다.[19] 적절성 내재론에 따르면, 근거와 믿음 사이의 적절성의 관계는 내성적으로 포착될 수 있는 것이다. 이것이 가능하려면, 근거와 믿음 모두가 내성에 의하여 포착될 수 있는 것이어야 하며, 따라서 적절성 내재론은 필연적으로 근거 내재론이 된다.

한편, 근거 내재론이 반드시 적절성 내재론일 필요는 없다. 이미 앞에서 보았듯이, 근거 내재론의 전형적인 형태인 증거주의 이론은, 주어진 증거가 믿음을 위한 적절한 증거가 되기 위한 기준으로 증거와 믿음 사이의 주관적 확률을 제시할 수도 있으며, 객관적 확률을 제시할 수도 있기 때문이다. 같은 이유에서 적절성 외재론은 근거 내재론일 수도 근거 외재론일 수도 있다.[20] 근거와 믿음 사이의 적절성의 관계를 객관적 확률을 통하여 정의하는 적절성 외재론은 그러한 객관적 확률이 인식 외적인 사실과의 관계에 의하여 주어지는 것으로도 또는 인식 내적인 심리 상태 또는 심리 과정과의 관계에 의하여 주어지는 것으로도 분석할 수 있기 때문이다.

이 절의 논의를 도표를 통하여 요약하면 다음과 같다 :

---

19) 이는 대우에 의하여 보장된다. 근거 외재론이 적절성 외재론을 함축한다면, 대우에 의하여 적절성 외재론의 부정(적절성 내재론)은 근거 외재론의 부정(근거 내재론)을 함축한다.
20) 이것 역시 대우에 의하여 보장된다. 근거 내재론이 적절성 내재론을 함축하지 않는다면, 적절성 내재론의 부정(적절성 외재론) 역시 근거 내재론의 부정(근거 외재론)을 함축하지 않는다.

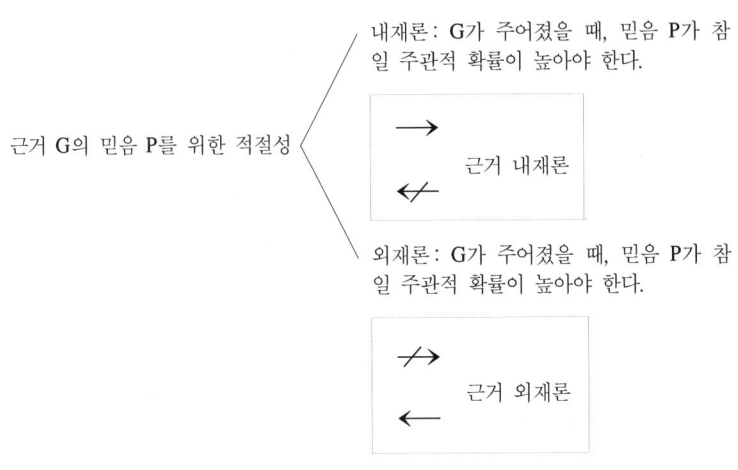

→: 함축 관계
↛: 함축의 부정

3-3 셋째 차원: 토대 관계

한 믿음을 위한 적절한 근거를 갖는 것만으로는 여전히 그 믿음을 받아들이는 것을 정당하게 하기에 충분하지 않다. 그 믿음은 적절한 근거에 적절히 토대를 두어야 하기 때문이다. 이러한 관계의 요소가 인식정당성의 세번째 요소를 이룬다. 퍼스 R. Firth가 처음으로 지적한 이래, 대부분의 인식론자들이 이를 인식정당성의 필요조건으로 받아들이고 있다. 폴록이 제시한 예를 통하여 이 요소를 살펴보자.

한 남자가 그의 부인이 바람을 피우고 있다고 믿을 적절한 증거를 갖고 있으면서도 그 증거를 체계적으로 부인하고 있다. 그런데, 이런 문제에 관한 한 그 남자의 어머니는 전적으로 신빙성이 없으며 자신의 부인에 대하여 편견을 갖고 있고, 그 남자는 이러한 사실을 알고 있다. 이제 이 아들은

어머니의 증언에 토대하여 자신의 부인이 바람을 피우고 있다고 믿는다.[21]

　이 남자는 비록 자신의 믿음을 정당하게 만들기 위한 적절한 근거를 갖고 있지만, 그 믿음이 아직 그에게 정당하지 못하다.[22] 그 믿음이 적절한 근거에 토대를 두고 있지 않기 때문이다.
　인식정당성에 대한 이론은 인식정당성을 위한 이러한 추가적 조건인 토대 관계를 어떻게 설명하는가에 따라 두 가지로 구분된다. 첫번째 부류는 위의 예에서 나타난 믿음의 결함은 믿음과 증거 사이의 인과적 관계가 결여된 데에 있다고 본다. 위 남자가 어머니의 증언 때문이 아니라 자신이 갖고 있는 증거 때문에 자신의 부인이 바람을 피우고 있다고 믿었더라면, 그 믿음은 적절한 증거에 토대를 둔 믿음으로 정당하게 되었으리라는 것이다. 여기서의 〈…… 때문에〉의 관계는 〈……가 원인이 되어〉의 관계와 다를 바가 없으며, 따라서 인식정당성을 위하여 필요한 토대 관계는 인과 관계인 셈이다. 두번째 부류는 위의 남편의 믿음이 갖는 결함은 올바른 인과 관계가 결여된 데에 있는 것이 아니라, 그 남편이 증거와 믿음 사이의 적절한 정당화 관계를 부인하고 인식하지 못한 데에 있다고 주장한다. 즉, 남편이 자신의 증거가 부인이 바람을 피우고 있다는 믿음에 대하여 갖는 효력을 인식하였더라면, 그 믿음이 그 증거에 토대를 두게 되었을 것이고 정당하게 되었으리라는 것이다. 따라서, 이 견해에 따르면, 문제의 믿음과 적절한 증거 사이의 지지 관계에 대한 (상위의) 믿음이 인식정당성을 위한 토대 관계를 이룬다.
　앞서 보았듯이 흄 D. Hume에 의하여 선도된 경험주의 전통에서는 인과 관계는 감각적으로 관찰될 수 없는 것으로 간주되어 왔으며, 이

---

21) Pollock(1986), 81.
22) 폴록은 이러한 믿음은 정당화될 수 있는 믿음이지만, 정당화되어 있지는 않다고 말한다.

러한 입장은 현대 철학에서도 널리 받아들여지고 있다. 또한 내성은 일종의 내적인 관찰 inner observation로서 그 방향이 인식 내부에서 일어나는 사건을 향하고 있다는 점에서만 일상적 관찰과 차이가 있을 뿐이라는 견해 역시 널리 받아들여지고 있다. 이러한 경험주의적 견해들을 받아들이면, 심리 상태들 사이의 인과 관계가 내성불가능하다는 결론이 따른다. 따라서, 토대 관계를 인과를 통하여 분석하는 입장은 토대 관계의 외재론, 줄여서 **토대 외재론**이라 부를 수 있다. 반면에, 두번째 부류의 이론들에 따르면, 토대 관계를 이루는 것은 인식자의 믿음이며, 이는 명백히 내성가능한 것이다. 그렇다면, 이들 이론들은 토대 관계에 대한 내재론, 줄여서 **토대 내재론**이라 부를 수 있다.

토대 내재론을 옹호하는 인식론자들은 레러와 폴리를 포함한다.[23] 4장에서 인식정당성에 대한 발생적 견해와 대립되는 전통적 견해를 논의하면서, 우리는 전통적 견해를 옹호하는 레러와 폴리가 발생적 견해를 비판하면서 한 믿음이 어떠한 인지 과정을 통하여 발생하였는가, 또는 어떤 증거를 원인으로 하여 발생하였는가는 그 믿음의 인식정당성과 무관하다고 주장하고 있음을 보았다.[24] 아울러 폴리는 토대 관계가 인식정당성의 필요 요소임을 명시적으로 인정하고서 상위 믿음을 토대 관계에 대한 분석으로 제시하고 있음도 보았다.[25] 한편, 레러는 토대 관계의 문제를 명시적으로 언급하지는 않지만, 인과가 인식정당성과 무관하고 주장하고 있다. 그는 또한, 토대 관계의 문제와 직접 관련해서는 아닐지라도, 상위 믿음이 하위 믿음의 인식정당성을 위하여 필요하다는 것을 인식정당성에 대한 전통적 견해를 옹호하면서 이미 받아들이고 있다.[26] 그렇다면, 이미 상위 믿음이 하위

---

23) Lehrer(1990) ; Foley(1987).
24) Foley(1987), 4장 ; Lehrer(1990), 168-172 ; Lehrer(1971), 311-313.
25) Foley(1987), 4장.
26) 레러의 이론에 관해서는, 이 책 4장의 전통적 견해를 논의하는 부분을 참고하라.

믿음의 인식정당성을 위하여 필요하다고 주장하는 레러가 인과성을 인식정당성의 영역에서 추방할 때, 상위 믿음을 통하여 토대 관계를 분석하리라고 보는 것은 자연스럽다.

토대 외재론을 옹호하는 이론들로는 어떤 것들이 있을까? 우선 모든 근거 외재론은 토대 외재론에 속한다. 근거 외재론은 앞 장에서 살펴본 신빙성 있는 지표 이론들로 이루어져 있는데, 이들의 지식의 분석에서 핵심이 되는 것은 한 믿음을 참이게 하는 사실들과의 인과적, 가정법적, 합법칙적 관계들이다. 이들은 앞서 설명한 단순한 인과적 관계에 모두 포섭되는 것은 아니지만, 공히 외적인 사실과의 관계로서 내성에 의하여 파악될 수 없는 것임은 두말할 필요가 없다.

근거 내재론은 그것이 과정주의 이론인가 증거주의 이론인가에 따라서 상이한 귀결을 갖는다. 증거주의 이론을 먼저 보자. 증거주의 이론은 한 믿음이 정당하기 위해서는 그 믿음의 소유자가 그 믿음을 위한 적절한 증거를 갖고 있어야 한다고 주장한다. 그러나 이후에 증거주의는 문제의 믿음이 그 증거에 토대를 두기 위해서는 인식 주관이 양자 사이의 관계에 대한 상위 믿음이 있어야 한다고 주장할 수도 있으며, 그 증거가 문제의 믿음에 대한 원인이어야 한다고 주장할 수도 있기 때문이다. 앞서 본 레러와 폴리가 전자에 해당하고, 올스톤, 펠드만과 코니의 이론들이 후자의 입장을 대변한다.[27] 한편, 근거 내재론의 다른 형태인 과정주의에 속하는 모든 이론들은 자체 내에 토대 관계에 대한 외재론적인 분석을 담지하고 있다. 과정주의에서 핵심이 되는 토대 관계는 생산 또는 유지의 관계이며 이는 인과적 관계로서 내성의 범위를 넘어서기 때문이다. 요약하자면, (1) 모든 근거 외재론은 토대 외재론이며, 따라서 (2) 대우 contra-position에 의하여 모든

---

27) Alston(1988A); Feldman and Conee, 340; Swain(1981), 2장; Firth(1978)를 보라.

토대 내재론은 근거 내재론이며,[28] 근거 내재론은 그 이론이 과정주의 이론인가 증거주의 이론인가에 따라서 다른 귀결을 갖는다. (3) 과정주의 이론은 본질적으로 토대 외재론이며, (4) 증거주의 이론은 토대 내재론일 수도 토대 외재론일 수도 있다.

이 절의 논의를 도표를 통하여 요약하면 다음과 같다:

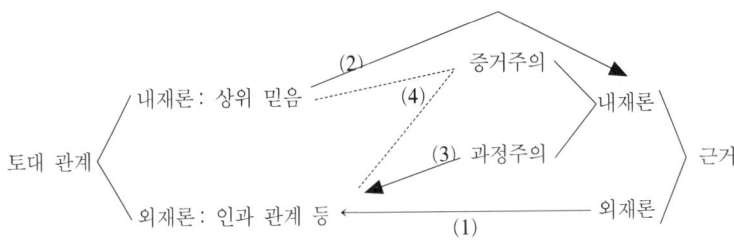

위 그림은 증거주의와 과정주의의 관계에 대한 한 가지 흥미로운 사실을 시사한다. 위의 점선은 증거주의가 토대 외재론과 결합될 수 있음을 보이며, 이때 증거주의는 과정주의와 유사하게 된다. 증거주의가 토대 관계에 대한 외재론적인 입장과 결합하게 되면, 한 믿음이 정당하기 위해서는 그 믿음을 위한 적절한 증거가 있어야 하며 또한 그 증거에 의하여 야기되어야 한다는 결론이 따른다. 여기서 〈적절한 증거에 의하여 야기된다 함〉은 그 증거를 입력으로 취하는 인지 과정에 의하여 생산되거나 또는 유지된다는 것과 동등한 것으로 보인다. 이는 증거주의와 과정주의가 상호 배타적인 입장들이 아니며, 이들을 상호간에 배타적인 것으로 보는 것은 인식정당성의 한 요소인 근거의 차원을 지나치게 강조한 결과임을 시사한다. 따라서, 증거주

---

28) 대우 contra-position는 〈A가 B를 논리적으로 함축하는 것〉과 〈B의 부정이 A의 부정을 논리적으로 함축하는 것〉은 논리적으로 동치임을 의미한다.

의와 과정주의의 대립으로 대표되는 현대 인식론의 한 논쟁은 토대 관계에 대한 분석을 포함하는 인식정당성에 대한 전체적인 구도 속에서는 그다지 심각하지 않은 논쟁거리로 귀결될 가능성이 충분히 있다.[29]

4 혼동의 해소

다음의 표는 지금까지 논의한 인식정당성의 세 차원에 걸친 내재론과 외재론의 구분을 나타낸다. 이것은 내재성과 외재성이 세 가지 다른 차원에서 구분될 수 있음을 보임으로써 인식론에서 내재론/외재론의 구분을 명료하게 하며, 또한 인식정당성을 이루는 각 요소들에 관하여 한 이론이 내재론의 입장을 취하는가 아니면 외재론의 입장을 취하는가를 보여준다. 이를 통해, 우리는 한 이론이 어떤 성격을 갖는가를 체계적으로 이해하는 장치를 마련하게 된다. 예를 들어, 폴리의 이론이 근거에 관한 증거주의적 내재론이며 적절성에 관하여 내재론이고 또한 토대 관계에 관하여도 내재론이라는 것을 이해함으로써, 우리는 폴리의 이론을 잘 이해할 수 있게 된다. 그리고 폴록의 이론이 과정주의적 근거 내재론이고, 과정주의이기에 토대에 관한 외재론이며, 적절성에 관하여는 내재론의 입장을 취하고 있음을 볼 때, 폴록의 이론이 어떤 종류의 것인가를 체계적으로 이해할 수 있다. 우리가 지금까지 언급한 모든 이론들은 이러한 내재론/외재론 구분의 세 차원을 통하여 그 성격이 분명히 드러날 수 있으며, 우리가 거론하지 않은 이론들도 이러한 틀을 사용하면 그 성격이 분명히 드러날

---

[29] Feldman and Conee(1985)는 위와 같은 논지를 사용하여 골드만의 과정 신빙주의가 전통적 인식론의 증거주의에 비하여 그다지 새로울 것이 없다는 식의 논의를 전개한다.

	내재론	외재론
근거	증거주의, 과정주의 모든 적절성 내재론, 모든 토대 내재론	신빙성 있는 지표 이론 골드만의 인과론
적절성	과정주의(폴록) 증거주의(치좀, 폴리)	모든 근거 외재론, 과정 신빙주의, 증거주의(스웨인, 올스톤, 레러, 봉주르)
토대	비인과적 증거주의 (레러, 폴리)	모든 근거 외재론, 과정주의, 인과적 증거주의 (올스톤, 스웨인, 펠드만과 코니)

수 있을 것이다.

이 표는 또한 내재론과 외재론의 구분은 정도의 문제임을 보여준다. 만약 한 이론이 세 차원 모두에 걸쳐 외재론이라면, 그 이론은 가장 외재론적이다. 두 차원에 걸쳐 외재론인 이론은 한 차원에서 외재론인 이론보다 더욱 외재적이다. 이러한 기준에 따르면, 신빙성 있는 지표 이론과 골드만의 인과론이 가장 외재론적 이론들이다. 이것이 왜 이들 이론들이 현대 인식론에서 외재론의 전형으로 간주되고 있는지를 설명해 준다. 골드만의 과정 신빙주의는 적절성과 토대의 두 차원에 걸쳐 외재적이므로 높은 정도로 외재적이다. 반면에 폴리의 이론은 반대의 극단에 있다. 레러의 이론은 폴리의 이론보다는 덜 내재적이지만, 두 차원에 걸쳐 내재적이므로 높은 정도로 내재적이다.

위와 같이 내재론/외재론 구분의 세 차원을 이해하는 것은 현대 인식론에 널리 퍼져 있는 혼동을 해소하는 데에 도움이 된다. 내재론/외재론 논의의 서두에서 소개한 혼동들의 예로 돌아가보자. 우리는 암스트롱과 봉주르가 외재론을 한 믿음이 지식인가, 정당한가의 문제를 외적인 사실과의 관계를 통하여 분석하는 견해로 정의하고 있음을 보았다. 이 정의가 갖는 문제는 많은 인식론자들이 외재론으로 간주하는 과정 신빙주의를 내재론으로 분류한다는 데에 있었다.

이제 우리는 이것이 더 이상 진정한 문제가 아님을 알 수 있다. 이 문제는 인식정당성에 있어서의 근거 차원과 적절성의 차원을 혼동하는 데서 생긴다. 암스트롱과 봉주르는 근거 차원에 주목하여 외재론을 정의하고 있다. 골드만 역시 이러한 관점을 택하여 자신의 과정 신빙주의를 내재론이라고 생각한다. 반면에, 과정 신빙주의를 외재론으로 분류하는 인식론자들은 적절성의 차원에 주목하고 있다. 적절성의 차원에서 볼 때, 진리 연관을 인식정당성의 필요조건으로 보는 이론들은 외재론이며, 이러한 관점에서 과정 신빙주의는 외재론이다. 진리 연관을 통하여 외재론을 규정한 앞서의 치좀의 정의는 이러한 예를 선명히 보여준다.

적절성의 차원이 토대의 차원과 혼동될 때 유사한 딜레마가 생긴다. 만약 적절성의 차원과 관련된 진리 연관의 기준을 외재론을 위한 보편적인 기준으로 채택하면, 레러와 봉주르의 이론이 외재론으로 분류된다. 그러나 현대 인식론에서 이들의 이론은 내재론의 전형으로 간주된다. 여기서도 역시 딜레마는 단지 가상일 뿐이다. 근거의 차원에서 볼 때 이들의 이론은 증거주의 이론들로서 명백히 내재론적 이론이며, 더 나아가 이들은 4장에서 보았듯이 한 믿음과 그를 위한 적절한 증거 사이의 관계에 대한 상위 믿음이 앞서의 믿음의 정당성을 위하여 필수적이라고 주장하고 있다. (이러한 상위 믿음의 필요성과 관련된 논쟁이 현대 인식론에서 흔히 내재론과 외재론의 논쟁으로 언급되고 있다.) 이 문제는 명백히 토대 관계와 관련된 것이며, 이 관점에서 볼 때 레러의 이론은 명백히 내재론이다. 그들이 적절성의 차원에서 내재론인가 외재론인가 하는 문제는 전혀 별개의 것이다.

5 내재론/외재론 구분과 전통적 견해/발생적 견해의 구분

우리는 이 장의 도입부에서 전통적 인식론은 내재론과 흔히 동일시되며, 새로운 인식론은 외재론과 동일시되고 있음을 보았다. 그리고 우리는 4장에서 인식정당성에 대한 전통적 견해와 그에 대립하는 발생적 견해에 대하여 고찰한 바 있다. 그렇다면, 4장에서 논의한 전통적 견해와 발생적 견해의 대립이 이 장에서 논의한 내재론과 외재론의 구분에 어떻게 반영될 수 있을까? 여러 차원에서의 내재론/외재론 구분을 논의하면서 두 구분 사이의 연관성이 부분적으로 언급되기는 하였다. 이제 인식정당성에 대한 전통적 견해가 어떻게 강한 내재론적인 성격을 지니게 되는가를 개략적으로 설명함으로써 이 장을 마무리하기로 하자.

4장의 논의에 따르면, 인식정당성에 대한 전통적 견해는 한 믿음의 인식정당성을 인식 주체에 대한 평가와 관련하여 규정하면서, 한 믿음이 정당한가를 인식자가 그 믿음을 정당하게 받아들이고 있는가에 의하여 정의한다. 이러한 입장은 한 믿음이 정당한가를 인식자가 그 믿음과 관련된 인식적 의무를 다하고 있는가에 의하여 정의하는 인식정당성에 대한 의무론적 견해에서 선명히 드러난다. 이러한 관점에서 볼 때, 한 믿음은 주어진 근거에 비추어볼 때 참일 개연성이 높은 것으로 반드시 인식되어야 한다. 이러한 인식이 없이 그 믿음을 받아들이는 것은 인식론적인 관점에서 무책임한 일이며, 따라서 그러한 믿음은 정당할 수 없다는 것이다. 이러한 이유에서 인식정당성에 대한 전통적 견해는 한 믿음과 그 믿음을 위한 근거 사이의 정당성 관계에 대한 인식을 주어진 믿음의 정당성을 위하여 필수적인 것으로 간주하며, 4장에서는 상위 믿음이라고 부를 수 있는 이러한 인식의 요구가 전통적 견해의 요체로 제시되었다.

인식 주체의 평가, 의무론적인 견해, 상위 믿음의 요구로 이어지는 이러한 경향과 더불어, 반발생론적인 경향이 전통적 견해의 또 다른 중요한 특성을 이룬다. 4장에서 보았듯이, 인식정당성에 대한 전통적 견해를 옹호하는 많은 인식론자들은 한 믿음이 어떻게 발생하였는가, 더 나아가 그 믿음이 그 믿음을 정당하게 만드는 근거와 어떠한 인과적 관계에 놓여 있는가는 그 믿음의 인식정당성과 무관하다고 주장한다. 이들은 한 믿음의 인식정당성은 전적으로 주어진 시점에서 그 믿음이 어떻게 인식 주관에게 보이는가에 의하여 결정되어야 한다고 주장한다. 한 믿음의 인식정당성은 전적으로 현재의 인식 주관이 갖고 있는 심리 상태들의 함수이며, 인과 관계에 대한 고려는 배제되어야 한다는 것이다. 이제 인식정당성에 대한 전통적 견해의 두 가지 중요한 경향은 다음과 같이 요약될 수 있다 :

(1) 인식 주체의 평가에 따른 상위 믿음의 요구
(2) 인식정당성을 심리 상태의 함수로 봄에 따른 반인과론

일군의 이론들을 하나로 묶어서 한 부류에 소속시킬 때, 이들에게 모두 공통적인 경향을 찾는 것은 쉬운 일이 아니다. 이들 이론들은 대체로 유사하기는 하지만, 그 세부 사항에서는 차이를 보일 수 있기 때문이다.[30] 한 부류의 인식정당성 이론들을 전통적 견해로 분류하는 경우에도 마찬가지 현상이 발생한다. 4장의 논의를 통하여 나타났듯이, 이들이 상위 믿음을 요구하는 측면에서는 공통적인 특성을 갖고 있지만, 반인과론까지 받아들이는가에 있어서는 차이를 보일 수 있다. 따라서, (2)는 모든 전통적 견해가 공유하는 특성이라기보다는 스스로 전통적 견해임을 주장하는 이론들 내에서 자주 나타나는 성향 정도로 이해하는 것이 합당할 것이다.

---

30) 비트겐슈타인의 가족유사성 개념을 상기하자.

위의 (1)과 (2)의 경향을 철저히 옹호하는 전통적 이론은 철저히 내재론적인 성격을 띠게 된다. 인과에 대한 고려가 인식정당성의 결정에 무관하다고 주장하면서 주어진 근거와 하위 믿음 사이의 관계에 대한 상위 믿음을 하위 믿음의 인식정당성을 위한 필요조건으로 간주하는 이론은 근거와 하위 믿음 사이의 토대 관계를 그 상위 믿음을 통하여 분석하는 선택지밖에 가질 수 없다. 따라서 그 이론은 토대 내재론이 된다.

그리고 한 믿음의 인식정당성을 철저히 인식 주체에 대한 평가와 연관시킬 때, 그 이론은 적절성 내재론이 된다. 인식정당성의 평가를 인식 주관의 평가를 통하여 정의하는 관점에서는, 주어진 근거에 대한 반성적 고찰의 결과로 문제의 믿음이 참일 확률이 높은 것으로 보인다면, 그 근거는 믿음에 대한 적절한 근거라고 할 수 있는 것이다. 그러한 근거를 통하여 문제의 믿음을 받아들이는 행위는 나무랄 데가 없으며 따라서 그 근거는 주어진 믿음을 정당하게 하기에 적절하다고 하여야 하기 때문이다.

전통적 견해가 내재론과 강한 친화성을 지니듯이, 발생적 견해는 외재론과 강한 친화성을 지닌다. 4장에서 이미 보았듯이 발생적 견해는 인식 주관보다는 인식 상태 내지 인식 성향을 평가의 대상으로 삼고 있으며, 이것은 결과주의적 평가와 긴밀히 연결된다. 참을 추구하고 거짓을 피하는 인식적 목표의 관점에서 결과주의적 성향을 갖는다는 것은 한 믿음이 인식적으로 정당하기 위해서는 그 믿음이 객관적으로 참일 확률이 높아야 한다는 것에 다름 아니다. 이러한 사실은 우선 발생적 견해가 적절성 외재론과 긴밀하게 연관되어 있음을 보여준다.

또한 발생적 견해는 믿음의 정당성을 그 믿음의 발생 과정의 함수로 본다. 그렇다면, 발생적 견해는 이 장에서 살펴본 과정주의에 속하게 된다. 그리고 발생적 견해는 토대 외재론이 될 수밖에 없다.

지금까지 우리는 4장의 전통적 견해와 발생적 견해의 구분은 적절성과 토대의 차원에서의 내재론과 외재론의 구분과 평행하게 나타나고 있음을 보았다. 한편, 근거의 차원에서 내재론/외재론의 구분에 대하여는 언급하지 않았는데, 그 이유는 앞서 근거 내재론과 근거 외재론을 거론하는 부분에서 설명하였듯이 인식정당성에 대한 이론은 본성상 근거 내재론의 형태를 갖게 되기 때문이다. 따라서, 인식정당성의 문제에 논의를 제한할 때 내재론과 외재론의 구분은 적절성과 토대의 차원에서만 흥미롭게 제기될 수 있다. 인식정당성의 문제와 관련하여 이 두 차원에서의 내재론/외재론 구분이 전통적 견해/발생적 견해의 구분과 일치하는 것을 보였다면 그것으로 충분히 양구분 사이의 연관성이 드러났으리라 생각된다.

제 6 장 토대론과 정합론

 5장에서는 인식정당성을 이루는 세 요소를 밝혔고, 이들에 대응하는 세 차원에서 내재론과 외재론이 독립적으로 구분될 수 있음을 보았다. 5장의 논의에서 드러나지는 않았지만, 인식정당성과 관련하여 아마도 가장 오랜 논쟁이면서 지금까지도 많은 논의의 대상이 되고 있는 것은 토대론과 정합론 사이의 논쟁일 것이다. 이 장에서는 토대론과 정합론 사이의 논쟁을 살펴보기로 한다.

1 토대론과 정합론 : 인식정당성의 구조

 우리의 믿음들 중의 많은 것들은 다른 믿음들에 의존하여 정당하게 된다. 예를 들어, 〈한국의 초대 대통령은 이승만이다〉라는 나의 믿음은 누군가가 그렇게 말했다라는 나의 믿음, 또는 어떤 책에 그렇게 씌어 있다라는 나의 믿음을 통하여 정당하게 된다. 이렇게 다른 믿음들에 의존하여 정당하게 되는 믿음들은 흔히 추론적 믿음 또는 추론적으로 정당하게 되는 믿음이라고 불린다. 이렇게 믿음들 사이의 상호 관계가 그들의 정당성에 한몫을 한다는 것을 인정하면, 다음과 같은 문제가 우리에게 다가온다: 정당한 믿음들이 연결되어 전체적으로 어떤 구조를 갖게 되는가?

토대론과 정합론이 인식정당성의 포괄적 구조에 대한 상반되는 두 견해를 대변하는 이론이다. 많이 사용되는 비유에 따르면, 토대론은 인식정당성의 구조에 관하여 피라미드식 구조를 옹호하는 입장이며, 정합론은 뗏목식 구조를 옹호하는 입장이다.[1] 피라미드에서는 각 돌들이 위에서 아래로 이어지는 방향으로 일방향적으로 그리고 계층적으로 의존하면서 자신의 위치를 유지한다. 반면에 뗏목에서는 각 통나무가 서로 상호간 유기체적으로 연결됨으로써 하나의 배를 이루게 된다. 이렇게 비유적으로 표현된 입장이 구체적으로 어떠한 모습으로 나타나는가를 토대론에서 시작하여 살펴보기로 하자.

1-1 토대론

피라미드는 많은 돌들이 쌓여서 이루어지며, 각 돌은 바로 밑에 있는 돌들에 의하여 지지되고, 이 돌들은 다시 그 아래에 놓인 돌들에 의하여 지지된다. 이런 지지의 구조는 아래 방향으로 계속 이어지며, 이 과정은 땅에 의존하고 더 이상 다른 돌들에 의하여 지지되지 않는 돌들에서 종결된다. 여기서 각 돌을 믿음으로 간주하고, 돌들 사이의 지지 관계를 인식정당성의 부여 관계로 보면, 토대론이 옹호하는 인식정당성의 구조가 나타난다.

이제 피라미드의 비유를 통하여 암시된 토대론의 입장을 몇 가지 명제를 통하여 명시적으로 밝혀보자.

---

[1] 이 비유는 소자가 사용한 것이다(Sosa(1980) 참조).

(1) 정당한 믿음들은 그 정당성을 다른 믿음들에 의존하는 믿음들과 다른 믿음들에 의존하지 않고서 정당하게 되는 믿음들의 두 부류로 구분된다.

피라미드에서 땅과 닿는 부분을 이루는 돌들은 현재의 자신의 위치를 유지하기 위하여 다른 돌들에 의존하지 않듯이, 인식정당성 구조의 최하위층을 이루는 믿음들은 그 정당성을 다른 믿음들에 의존하지 않는다. 반면에 피라미드 내의 모든 다른 돌들은 자신의 위치를 다른 돌들에 의존하여 유지하듯이, 인식정당성 구조 내의 모든 기타의 믿음들은 그 정당성을 다른 믿음들에 의존한다. 전자의 믿음은 흔히 기초적 믿음 *basic belief*, 토대적 믿음 foundational belief, 직접적으로 정당한 믿음 immediately justified belief, 또는 비추론적으로 정당한 믿음 non-inferentially justified belief 등의 이름으로 불린다. 후자의 믿음은 비기초적 믿음 *non-basic belief*, 비토대적 믿음 non-foundational belief, 비직접적으로 정당한 믿음 non-immediately justified belief, 추론적으로 정당한 믿음 inferentially justified belief 등의 이름으로 불린다. 우리는 〈기초적 믿음〉과 〈비기초적 믿음〉이라는 표현을 사용하기로 하자.

(2) 기초적 믿음들이 인식정당성의 원천이며, 다른 믿음들은 정당성을 궁극적으로 기초적 믿음에 의존한다.

기초적 믿음과 비기초적 믿음은 그 정당성을 다른 믿음에 의존하는가에 있어서 다를 뿐 아니라, 기초적 믿음은 인식정당성의 원천이며 비기초적 믿음들은 정당성을 궁극적으로 기초적 믿음에 의존한다는 점에서 양자가 구분된다. 피라미드 구조 내에서 한 돌이 현재의 위치를 차지할 수 있는 이유는 바로 하층의 돌들에 의하여 떠받쳐지고 있기 때문이며, 이 돌들은 다시 아래의 돌들에 의존하고 이 과정은 피라미드 구조의 최하층을 이루는 돌들에서 끝난다. 그렇다면, 최하층을 이루는 돌들 이외의 모든 돌들은 최하층을 이루는 돌들에 의지하여 현재의 위치를 차지하고 있다고 할 수 있다. 마찬가지로, 토대론적 인식정당성 구조 내의 모든 비기초적 믿음들은 때로는 바로 기초적 믿음들에 의존하여, 때로는 다른 비기초적 믿음을 거쳐서 기초적 믿음에 의존하여 정당하게 된다. 결국 모든 비기초적 믿음들은 그 정당성을 궁극적으로 기초적 믿음에 의존하고 있는 것이다.

(3) 인식정당성은 한 방향으로만 이루어진다.

피라미드의 구조에서 한 돌은 자신의 위치를 그 하층에 놓인 돌들에 의존하지만, 그 상층에 있는 돌들에는 의존하지 않는다. 마찬가지로, 대부분의 토대론은 인식정당성과 관련하여 믿음들 사이의 계층적 질서를 옹호한다. 피라미드 구조의 최하층을 이루는 기초적 믿음들은 그 바로 상층의 비기초적 믿음들에 정당성을 부여하기는 하지만, 그들로부터 정당성을 받아들이지는 않는다. 비기초적 믿음들 사이에도 계층적 질서가 존재하여, 상층에 있는 믿음들은 하층의 믿음들에 정당성을 의존하지만, 하층에 있는 믿음들은 상층의 믿음들에 정당성을 의존하지 않는다.

그러나 인식정당성의 계층적 질서에 관한 위의 설명은 몇 가지 제한을 필요로 한다. 그 첫째는 (3)이 옹호하는 인식정당성 과정의 일방향성은 사실적 일방향성이 아니라는 점이다. 정당성을 부여하는 실제적인 과정에서는 서로 상이한 계층에 속한 믿음들 사이에 서로 정당성을 주고받는 일이 일어난다. 매거에 의한 귀납의 경우를 보자. 여기서 일반적 명제에 대한 믿음(예를 들어, 모든 사람은 죽는다는 믿음)은 그 정당성을 개별적 사례들에 대한 믿음들(철호는 죽는다는 믿음,

영희는 죽는다는 믿음 등등)에 의존한다. 그러나 사실상 일반적 믿음이 일단 정당하게 되면, 그 믿음이 개별적 사례에 대한 믿음들을 정당하게 하기 위하여 다시 쓰일 수 있다. 예를 들어, 일단 모든 사람이 죽는다는 명제가 정당하게 되면, 이 명제는 다시 아직 관찰되지 않은 어떤 사람이 죽을 것이라는 개별적 사례에 대한 명제를 정당하게 하는 데 쓰일 수 있다. 토대론은 (3)을 통하여 이러한 일이 있을 수 없다고 주장하는 것이 아니다. 토대론이 주장하는 것은 상층의 믿음은 그 정당성을 하층의 믿음들에 필연적으로 의존하지만, 하층의 믿음들은 상층의 믿음들에 정당성을 필연적으로 의존하지 않는다고 주장하는 것이다. 즉, 모든 사람은 죽는다는 믿음은 개별적 사람들의 죽음에 대한 믿음에 의존하지 않고서는 정당하게 될 수 없지만, 개별적 사람들의 죽음에 대한 믿음들이 정당하게 되기 위해서는 반드시 모든 사람은 죽는다는 일반적 믿음에 의존할 필요가 없다는 것이다. (이들은 개별적 사례들에 대한 감각 경험, 또는 다른 사람의 증언에 토대를 두어 정당하게 될 수 있는 것이 아닌가? 반면에 일반적 믿음은 어느 지점에서는 결국 나의 개별적 믿음이든 다른 사람의 개별적 믿음이든 개별적 사례에 대한 믿음에 정당성을 의존해야 하지 않는가?) 토대론이 (3)을 통하여 주장하는 의존 관계의 일방향성은 이러한 필연적 의존 관계의 일방향성이지, 사실적 의존 관계의 일방향성이 아니다.

 (3)에 추가되어야 할 두번째 제한은 모든 토대론이 반드시 모든 정당한 믿음들을 선명히 구획된 여러 계층으로 구분하지는 않는다는 점이다. 예를 들어, 비기초적 믿음들 사이에 계층을 매기는 것을 거부하고, 정당한 믿음들을 기초적 믿음의 첫번째 계층과 모든 비기초적 믿음을 포괄하는 두번째 계층으로만 분류하는 입장이 있을 수 있다. 이 입장은 비기초적 믿음들이 기초적 믿음들이 없이는 정당하게 될 수 없음을 인정하면서도, 비기초적 믿음들이 정당하게 되기 위해서는 그들 내부의 연관성 역시 필수적이라고 주장할 수 있다. 이 입장은

앞으로 살펴볼 정합론의 요소를 포함하고 있음에도 불구하고, 기초적 믿음의 존재를 인정하고 기초적 믿음이 인식정당성의 핵심적 원천임을 인정한다는 점에서 기본적으로 토대론에 속한다고 볼 수 있다. 바로 이러한 이유 때문에, 앞서 (3)을 설명하면서 모든 토대론이 계층적 질서를 옹호한다고 하지 않고 대부분의 토대론이 계층적 질서를 옹호한다고 말하였다.

1-2 정합론

정합론은 인식정당성의 구조가 뗏목과 같음을 옹호하는 입장이다.[2] 뗏목은 통나무들이 서로 연결되어 만들어진다. 각 통나무는 다른 통나무들과 연결될 때에만 뗏목의 일부가 될 수 있다. 뗏목을 이루는 임의의 두 통나무를 고려할 때, 이들 사이의 의존 관계는 상호적이어서 어느 하나가 뗏목의 구조를 이룸에 있어 더 근본적이라고 말할 수 없다. 통나무 둘이 바로 인접하여, 또는 다른 통나무들을 매개로 하여 상호간 결합되는 한에서만 뗏목이 성립하고 그 통나무들이 뗏목의 부분을 이룰 수 있는 것이다. 이렇게 뗏목을 이루는 통나무들은 본질적으로 상호간 의존하여 하나의 전체를 이룬다. 따라서, 뗏목을 이루는 통나무들 사이의 지지 관계는 일방향적이지 않으며, 피라미드의 경우에서와 같은 초석이란 있을 수 없다.

위의 뗏목의 비유에 정합론의 핵심적 주장이 모두 담겨 있다. 정합론에 따르면, 믿음들은 상호간 잘 짜여져서 연결되어 있을 때 정당하게 된다. 즉 한 믿음이 정당하게 되기 위하여 가장 중요한 것은 그것이 다른 믿음들과 더불어 하나의 정합적으로 잘 짜여진 체계를 이루고 있는가 하는 것이며, 이러한 고려는 모든 믿음들의 정당성 결정에

---

[2] 많은 인식론자들은 정합론을 거미줄에 비유하기도 한다.

핵심적이다. 결국, 한 믿음이 정당하게 되는가는 그 믿음이 자신이 속한 체계의 정합성에 기여하고 있는가에 의하여 결정되며, 이러한 사실은 모든 믿음들의 정당성 여부를 결정함에 있어서 균일하게 적용된다. 따라서, 한 체계를 이루는 믿음들 사이에 정당하게 되는 방식에는 어떠한 차이도 있을 수 없다((1)의 부정). 이렇게 잘 짜여진 체계 속에서 모든 믿음들은 서로가 서로를 지지하는 방식으로 연결됨으로써 전체적으로 정당하게 된다. 따라서, 이 체계 내에서의 정당성은 일방향적으로 일어나는 것이 아니라, 항상 상호적으로 일어난다((3)의 부정). 이렇게 정당성의 과정이 근본적으로 상호적이고 전체적이라고 한다면, 다른 믿음들에 의존함이 없이 정당하게 되는 믿음이 있을 수 없음은 물론이다((2)의 부정).

이상의 논의를 통하여, 정합론이 토대론과 다르다는 점 그리고 그에 따른 정합론의 기본적 골격은 이해된 것으로 보인다. 이제 남은 일은 체계의 잘 짜여져 있음을 의미하는 정합성이 구체적으로 무엇을 의미하는가를 살펴보는 일이다. 뗏목의 비유, 〈믿음들 사이의 상호 연관성〉, 〈잘 짜여 있음〉 등의 표현이 정합성에 대한 직관적 이해는 줄지언정, 이들은 아직도 추상적인 표현들이어서 정합성이 정확히 무엇을 의미하는지를 알려주기에는 불충분하다.

불행하게도, 정합론이 20세기 인식론에서 널리 받아들여지는 이론임에도 불구하고, 〈정합성〉의 의미를 정확히 제시한 사람은 아직 아무도 없다. 레러와 더불어 현대 인식론에서 정합론을 가장 강력히 옹호하는 봉주르는 다음과 같이 고백한다.

> 설명, 확증, 확률 등의 주제들에 대하여 철학자들과 논리학자들이 여러 가지로 세부적인 탐구를 한 것이 정합성의 일반적 설명을 위한 몇몇 요소들을 제공하리라고 생각하는 것이 어느 정도 근거가 있을 것이다. 그러나 그 개념이 오랜 역사를 갖고 있음에도 불구하고, 그러한 일반적 설명, 특

히 정합성의 비교적 평가를 위한 어느 정도 명백한 기반을 제공하는 설명을 제시하고자 하는 주된 작업은 거의 시작되지 않았다. 최소한 당분간 이 문제에 대한 나의 대응은 의도적 기피다.[3]

정합성 개념에 대한 명확한 정의의 문제를 기피하면서도, 봉주르는 나름대로 정합성을 이루는 요소들을 제시한다. 지금까지 알려진 정합성에 대한 설명들 중에서 봉주르의 설명이 가장 보편성을 가지며 상당히 명료하기 때문에, 그의 설명을 여기에 소개한다.[4]

한 집합의 믿음들이 정합적이기 위한 첫째 요소로 봉주르가 제시하는 것은 논리적 일관성 logical consistency이다. 한 집합의 믿음들이 논리적으로 일관되지 못하다 함은 그 집합의 믿음들이 모두 동시에 참이 된다는 것이 논리적으로 불가능함을 의미한다. 이렇게 한 체계의 믿음들을 동시에 참으로 만드는 것이 도대체 불가능하다면, 그 체계를 잘 짜여져 있다고 볼 수 없을 것이다. 따라서,

(1) 한 믿음 체계는 논리적으로 일관된 한에서만 정합적이다.

그러나 논리적으로 일관되다 하더라도 확률적으로 일관되지 못하면, 그 체계는 정합적이라 하기 어렵다. 만약, 한 체계가 P라는 믿음과 P가 참일 확률이 매우 낮다는 믿음을 동시에 포함하고 있다고 하자. 이 두 믿음은 동시에 참일 수 있으므로(즉 P가 참일 확률이 매우 낮음에도 실제로 참일 수 있다), 이 두 믿음은 논리적으로 일관적이다. 그러나 이런 두 믿음을 포함하고 있는 체계는 정합적이라고 보기 어렵다. 한 믿음이 참이면, 다른 믿음이 거짓일 확률이 높은 그런 두 믿

---

3) BonJour(1985), 93-94.
4) 여기서 소개하는 봉주르의 설명은 같은 책, 93-101에 의존한다.

음을 포함한 체계를 잘 짜여진 체계라고 보기 어렵기 때문이다. 확률적 일관성은 믿음들 사이에 이러한 부정적 확률적 연관성이 없음을 의미한다.

여기서 한 가지 주목할 것은 확률적 일관성은 논리적 일관성과 달리 정도의 문제라는 점이다.[5] 예를 들어, A가 참일 때, B가 참일 확률이 0.3이고 C가 참일 확률은 0.2라고 하자. 이 경우에, A와 B 사이에도 A와 C 사이에도 확률적 일관성이 없지만, 그 정도는 A와 C의 경우가 더 심하다. 이제, 이러한 고찰에 의거하여, 봉주르는 정합성의 정도를 확률적 일관성에 비례하는 것으로 파악한다.

(2) 한 믿음 체계의 정합성은 확률적 일관성의 정도에 비례한다.

그러나 한 믿음 체계가 논리적으로 일관적이며 확률적 일관성이 높다고 하여, 그 체계가 정합적인 것(정합성이 높은 것)은 아니다. 예를 들어, 긍정적이든 부정적이든 내용적 연관성이 전혀 없는 믿음들로 이루어진 체계를 보자. 이 체계는 논리적으로 일관적일 뿐 아니라, 확률적으로 일관적이기도 하다. 그러나 이 체계 내에서는 믿음들이 상호간 지지하는 역할을 전혀하고 있지 않으므로 그 체계를 정합적이라고 보기 어렵다. 전통적인 정합론들은 믿음들 사이의 긍정적 연관성을 중요한 요소로 간주하지만, (1)과 (2)는 이러한 긍정적 연관의 여지를 아직 마련하고 있지 못하다. 이러한 긍정적 연관을 봉주르는 추론적 관계로 파악하고, 다음을 정합성의 셋째 요소로 제시한다.

---

5) 한 명제의 집합이 논리적으로 일관적인가는 절대적으로 결정된다. 그 집합의 모든 성원들이 모두 참인 경우(논리적 가능 세계)가 하나라도 있을 수 있으면 그 집합은 논리적으로 일관적이며, 그런 경우가 하나도 있을 수 없으면 그 집합은 논리적으로 일관적이지 못하다.

(3) 한 믿음 체계의 정합성은 그 요소 믿음들 사이의 추론적 연관성이 존재할 때 증가하고, 그것이 증가하는 정도는 그러한 연관성의 수와 강도에 비례한다.

한편, 한 믿음 체계는 (3)에서 제시한 추론적 연관성을 갖고 있으면서도, 그 체계가 서로 연관을 맺고 있는 하부 체계들로 분할될 수 있다. 즉, (3)의 추론적 연관성이 전체 체계의 부분을 이루는 하부 체계들 내에서만 존재하고, 이 하부 체계들은 상호 무관한 상태에 남아 있을 수 있다. 이러한 체계는 내부적 분할이 없이 전체로서 하나로 연결된 체계에 비하여 정합성이 적다고 볼 수 있다. 이러한 고려가 정합성의 네번째 요소를 이룬다.

(4) 한 믿음 체계의 정합성은 추론적 관계를 통하여 상호간 상대적으로 연결되지 않은 하부 체계들의 정도에 반비례하여 감소한다.

위의 네 가지 요소들 이외에 봉주르는 한 체계 내에서 반복적으로 나타나는 믿음이면서 다른 믿음들에 의하여 설명되지 않는 이례적인 항목 anomaly을 정합성에 부정적인 영향을 미치는 요소로 이해한다.

(5) 한 믿음 체계 내에서 설명되지 않는 이례항의 존재에 비례하여 그 체계의 정합성은 감소한다.

2 토대론과 정합론: 인식정당성의 결과 또는 조건

우리는 토대론과 정합론을 인식적으로 정당한 믿음들이 갖는 구조에 대한 견해의 차이로 간주하였으며, 이들 이론이 옹호하는 구조의 차이가 지금까지의 논의를 통하여 어느 정도 선명하게 드러났으리라 기대한다. 그러나 토대론과 정합론의 차이는 정당한 믿음들이 이루는 구조에 대한 견해 차이 이상의 의의를 갖는다. 즉 토대론이 옹호하는 구조는 개별적 믿음들이 각기 정당하게 되었을 때 결과적으로 나타나는 구조인 반면, 정합론이 옹호하는 구조는 개별적 믿음들이 정당하게 되기 위한 선행적 조건을 제시하고 있다.

토대론은 우선 기초적 믿음의 존재를 주장하고, 다른 믿음들의 정당성을 궁극적으로 이에 의존하는 것으로 해석한다. 그렇다면, 비기초적 믿음들은 기초적 믿음들로부터의 직접적 추론, 또는 다른 비기초적 믿음을 매개로 한 간접적 추론의 결과에 의하여 정당하게 된다. 결국, 기초적 믿음과 비기초적 믿음 사이의 이분법을 받아들이고, 비기초적 믿음이 궁극적으로 기초적 믿음에 바탕을 둔 추론에 의하여 정당하게 되는 것으로 봄으로써 결과적으로 인식정당성의 구조가 피라미드식 형태를 갖게 되는 것이다. 이러한 사실이 왜 토대론의 경우에 한 믿음이 기초적 믿음을 토대로 하는 피라미드식 구조에 속해 있기 때문에 정당하게 된다라고 말하는 것이 어색하게 들리는가를 설명해 준다. 정합론의 경우에는 사정이 다르다. 정합론에 따르면, 한 믿음이 정당하게 되기 위해서는 다른 믿음들과 더불어 잘 짜여진 정합적인 체계를 구성하여야 한다. 즉, 한 믿음이 정당하게 되기 위해서는 우선 뗏목과 같이 잘 짜여진 체계가 있어야 하고, 그 믿음은 그러한 잘 짜여진 체계에 속하기 때문에 정당하게 된다. 그렇다면, 정합론이 옹호하는 인식정당성의 구조는 개별적인 믿음이 정당하게 된 결과로 나타나는 것이 아니라, 개별적인 믿음들이 정당하게 되기 위한 선행적 조건을 이룬다.

위의 차이점과 밀접하게 연관되어 나타나는 또 하나의 특징은 정합론에 있어서 인식정당성의 일차적 소재가 개별적 믿음이 아니라, 체계라는 점이다. 정합론에 따르면, 인식정당성이 가능하기 위해서는 우선 정합적으로 잘 짜여진 믿음들의 체계가 있어야 한다. 개별적인 믿음들은 이 체계 내에 속함으로써 정당하게 된다. 따라서, 정합론에 있어서 인식정당성의 일차적 소재는 체계라고 볼 수 있으며, 개별적 믿음들의 인식정당성은 이러한 체계에 속함으로써 파생적으로 주어진다고 볼 수 있다.

3 인식정당성의 후퇴

지금까지 우리는 인식정당성의 구조에 대한 토대론과 정합론의 핵심적 주장들을 살펴보았고, 이들이 어떻게 다른가를 살펴보았다. 이제 토대론과 정합론에 대한 평가적 작업에 들어가기로 하자. 토대론과 정합론 사이의 논쟁에 흔히 사용되면서, 그 자체로 흥미있는 인식정당성의 후퇴라는 현상이 있다. 이 절에서는 인식정당성의 후퇴 현상이 어떻게 토대론을 옹호하는 데 쓰이는가를 살펴보자.

인식정당성의 후퇴가 무엇을 의미하며, 그것이 어떻게 발생하는가를 이해하기 위하여 주목해야 할 사실 두 가지가 있다. 첫째는, 많은 믿음들이 다른 믿음에 의존하여 추론적으로 정당하게 된다는 것이다. 둘째는, 한 믿음이 추론적으로 정당하게 되기 위해서는 그 근거가 되는 믿음이 우선 정당해야 한다는 것이다. 한 믿음이 다른 믿음에 그 정당성을 의존한다면, 전자는 후자로부터 그 정당성을 부여받는다고 할 수 있다. 그러나 근거의 믿음이 정당성을 갖고 있지 않다면, 그 믿음이 다른 믿음에게 줄 수 있는 아무런 정당성도 갖고 있지 않고, 따라서 그 믿음에 의거하는 믿음이 정당성을 얻을 수 없다.

위의 두 사실이 인식정당성의 후퇴의 근거를 이룬다. 예를 들면, 오늘 교통 사고의 위험이 높다는 믿음이 도로가 미끄럽다는 다른 믿음에 의존하며, 전자의 믿음이 정당하기 위해서는 후자의 믿음이 우선 정당해야 한다. 이때, 후자의 믿음이 다시 추론적으로 정당하게 될 수 있다. 즉, 그 정당성의 근거가 오늘 비가 왔다는 또 다른 믿음일 수 있다. 그렇다면, 같은 이유에서, 도로가 미끄럽다는 믿음이 정당하게 되기 위해서는 오늘 비가 왔다는 믿음이 선행적으로 정당하여야 한다. 오늘 비가 왔다는 믿음 역시 다른 믿음에 의존하여 추론적으로 정당하게 될 수 있으며, 그렇다면 앞에서 나타난 과정이 다시 반복된다. 이 현상이 바로 인식정당성의 후퇴이며, 이것이 인식정당성에 대한 이론들이 해결하여야 할 문제로 인식될 때 인식정당성의 후퇴의 문제가 된다.

이제 인식정당성의 후퇴가 초래할 수 있는 가능한 논리적 결과들을 살펴보자. 인식정당성의 후퇴는 다음과 같은 귀결을 가져올 수 있다.[6]

ⓐ 매 단계마다 한 믿음의 정당성이 후퇴의 과정에 이미 나타나지 않은 새로운 믿음에 의존하는 방식으로 후퇴하며, 이 과정이 무한히 진행한다.

ⓑ 후퇴가 인식적으로 정당하지 않은 어떤 믿음에서 끝난다.

ⓒ 후퇴의 과정이 진행되다가 어느 지점에서 후퇴가 시작된 문제의 믿음으로 되돌아온다.

ⓓ 후퇴가 다른 믿음에 의존하지 않고서 정당하게 되는 믿음에서 끝난다.

만약 ⓐ가 옳다면, 모든 추론적인 믿음은 정당하게 될 수 없다. 만약 후퇴의 과정이 매 단계마다 새로운 믿음이 도입되는 방식으로 무한히 진행된다면, 문제의 믿음을 위한 정당성의 근원이 있을 수 없다.

---

6) BonJour(1985), 17-25를 참조하라.

따라서 ⓐ가 옳다면, 추론적 믿음은 정당성의 원천이 없는 비정당한 믿음이 되어, 결국 인식정당성에 대한 회의론이 따른다.

ⓑ의 경우도 마찬가지로 회의론으로 이끌린다. 인식정당성의 후퇴를 처음 소개하는 과정에서 설명하였듯이, 한 믿음이 정당하지 않다면, 그에 정당성을 의존하는 믿음 역시 정당할 수 없다. 그렇다면, 인식정당성의 후퇴가 정당하지 않은 믿음에서 끝날 때, 그 믿음에 직접적으로 정당성을 의존하는 믿음 역시 정당하지 못하다. 이 후자의 믿음에 그 정당성을 의존하는 믿음 또한 정당하게 되지 못하고, 그 다음의 믿음 역시 같은 운명에 놓인다. 다음의 믿음들도 역시 마찬가지다. 이 고찰이 시사하는 것은 인식정당성의 후퇴가 정당하지 않은 믿음에서 끝날 경우, 그 후퇴의 선상에 있는 모든 믿음들이 정당할 수 없다는 것이다. 따라서, 인식정당성의 후퇴의 출발점을 이루는 믿음 역시 정당하지 않음은 자명하다.

ⓒ의 경우는 어떠한가? 이 역시 인식정당성에 대한 회의론을 함축하는 듯하다. ⓒ는 ⓐ와 유사한 듯이 보이기도 하고 ⓑ와 유사한 듯이 보이기도 한다. 인식정당성의 후퇴가 다른 믿음들을 거쳐 자신으로 되돌아온다면, 후퇴는 원점에서 시작하여 지나온 과정을 다시 반복해야 할 듯이 보인다. 그렇다면, 이 경우의 인식정당성의 후퇴는 일정한 원을 끊임없이 반복하여 도는 무한 후퇴의 과정처럼 보이며, 이러한 순환은 ⓐ의 특수한 사례인 것처럼 보인다. 한편, 순환이 일정한 궤도를 지나 자신에게로 돌아올 경우에, 인식정당성의 후퇴는 결국 한 바퀴를 돌아 자기 자신에게서 끝나는 것으로 볼 수 있다. 그러나 이 경우에 마지막 종착역인 믿음은 아직 인식정당성이 확립되지 않은 믿음이다. 그렇다면, 이 경우의 후퇴는 ⓑ의 특수한 사례인 듯이 보인다. ⓒ의 후퇴가 이렇게 ⓐ 또는 ⓑ의 특수한 사례처럼 보이는데, 이러한 해석이 옳다면 ⓒ 역시 인식정당성에 대한 회의론으로 이끌릴 것이다. ⓐ와 ⓑ가 모두 회의론을 함축하기 때문이다. 과연 ⓒ가

나타내는 후퇴를 이렇게 해석하는 것이 옳은가 하는 것은 후에 논의된다. 여기서는 언뜻 보기에 ⓒ 역시 인식정당성에 대한 회의론을 함축하는 듯이 보인다는 것을 지적하는 것으로 만족하기로 하자.

ⓓ가 인식정당성의 후퇴가 가질 수 있는 귀결 중에서 유일하게 회의론에 빠지지 않는 경우인 듯이 보인다. 다른 믿음에 의존하지 않고서 정당하게 되는 믿음이 있다면, 인식정당성의 후퇴가 이 믿음에 도달하게 될 때 후퇴는 종결된다. 그리고 이 믿음은 후퇴의 앞에 존재하는 믿음들에 자신의 정당성을 부여한다. 따라서, ⓓ는 인식정당성의 귀결들 중에서 유일하게 회의론을 함축하지 않는 것 같다.

지금까지 살펴본 인식정당성의 후퇴 현상과 그것의 가능한 논리적 귀결들이 어떻게 토대론을 옹호하기 위하여 쓰일 수 있는지는 분명하다. ⓐ, ⓑ, ⓒ, ⓓ는 인식정당성 후퇴의 모든 가능한 논리적 귀결들을 망라하는데, 이중에서 ⓓ만이 유일하게 회의론을 함축하지 않는 듯하다. 그렇다면, 회의론을 거부하는 인식론자는 ⓓ를 받아들일 수밖에 없는 듯하다. 그런데, ⓓ는 명백히 토대론의 입장이다. ⓓ에 따르면, 인식정당성의 후퇴를 종결하는 결정적인 요소는 다른 믿음들에 정당성을 의존하지 않으면서 정당하게 되는 믿음들인데, 이들은 바로 토대론의 핵심을 이루는 기초적 믿음에 다름 아니기 때문이다. 따라서, 인식정당성의 후퇴와 관련된 지금까지의 논의를 받아들인다면, 정합론은 토대론에 자리를 내주어야 할 것이다.

지금까지 살펴본 인식정당성의 후퇴를 통한 토대론 논증은 회의론이 거짓이라는 전제 하에서만 성립할 수 있음은 분명하다. 회의론을 미리 배제하지 않는 한, 왜 ⓐ, ⓑ, ⓒ를 배제하여야 하는지, 따라서 ⓓ와 더불어 토대론을 받아들여야 하는지가 분명하지 않기 때문이다. 이러한 상황에서 회의론자는 기초적 믿음의 존재를 부정함으로써 인식정당성의 후퇴로부터 토대론을 옹호하려는 논증에 제동걸 수 있다. 즉, 회의론자는 기초적 믿음이 존재하지 않는다고 주장함으로써, 인식정당성의 후퇴로부터 유일하게 회의론을 피하는 결과로 보이는 ⓓ는 가능한 대안이 아님을 주장할 수 있다. 따라서, 인식정당성의 후퇴를 통한 토대론 논증이 진정으로 성공하기 위하여는 후퇴를 중단시키는 기초적 믿음이 실제로 존재함을 보여야 할 뿐 아니라, 이들 기초적 믿음이 우리가 일상적으로 정당하다고 믿는 많은 추론적 믿음들에 대하여 정당성을 충분히 부여할 수 있음을 보여야 할 것이다. 이제 토대론의 세부적 논의로 들어가서, 과연 어떤 믿음들이 기초적 믿음에 해당하는가라는 문제를 살펴보자. 이 문제에 대하여 어떻게 대답하는가에 따라서 토대론의 상이한 유형이 나타날 수 있다.

4 토대론의 유형들

4-1 자체 정당성과 명제의 확실성

많은 전통적 토대론자들은 기초적 믿음은 자체 정당성 *self-justification*을 갖는 믿음이라고 대답한다. 엄밀한 의미에서 〈스스로를 정당하게 함〉은 한 믿음이 믿어진다는 사실만으로 정당하게 됨, 즉 그 믿음의 정당성이 다른 어떠한 것에도 의존하지 않음을 함축한다. 여기서 한 가지 주목할 점은 기초적 믿음에 대한 이러한 규정은 지금까지 살펴본 기초적 믿음에 대한 기본적 정의보다 훨씬 강한 주장을 포함하고 있다는 것이다. 기초적 믿음에 대한 기본적 정의에 따르면, 한 믿음이 기초적 믿음이 되기 위해서는 그 정당성을 다른 믿음들에 의존하지 않을 것만이 요구된다. 그렇다면, 한 믿음이 믿음 이외의 사실이나 감각경험에 의존하여 정당하게 될 경우에, 이 믿음은 기초적 믿음이 될 수 있다. 한편, 자체 정당성을 기초적 믿음의 특성이라고 간주하면, 이러한 믿음은 기초적 믿음이 될 수 없다. 이 믿음은 순수히 자력으로 정당하게 되는 믿음은 아니기 때문이다.

자체 정당성을 기초적 믿음의 조건으로 제시하는 토대론은 신화처럼 보인다. 단지 믿는다는 사실만으로 정당하게 될 수 있는 믿음이란 있을 수 없을 것처럼 보이기 때문이다. 그럼에도 불구하고, 이러한 강한 유형의 토대론이 인식론의 역사에서 실질적인 영향력을 발휘하여 왔다. 도대체 어떤 믿음들이 신화를 넘어선 설득력을 가질 수 있는 것으로 간주되었으며, 그런 믿음들의 매력은 어디에 있었던 것일까?

전통적 토대론자들은 자신들이 제시하는 토대론을 우리가 현실적으로 정당하게 되었다고 간주하는 믿음들이 현실적으로 갖고 있는 구조에 대한 서술적 이론으로서가 아니라, 믿음들이 정당하게 되기 위하여 갖추어야 할 구조에 대한 규범적 이론으로 이해하고 있다. 즉, 이들은 인식론이 해야 할 일은 확실성에 토대를 둔 기초적 믿음을 출발점으로 하여 우리의 전반적 지식 체계를 더욱 공고한 틀로 재구성하는 것이라고 생각한다. 이러한 재구성적인 인식론의 구도 아래서는 확실한 명제를 내용으로 하는 믿음이 재구성의 초석으로 제시되기 마련이다. 더 나아가 이러한 믿음은 자체 정당성을 갖는 것으로 보인다. 한 믿음의 내용을 이루는 명제가 확실성을 갖고 있어서 아무런 오류의 가능성을 포함하고 있지 않다면, 그 명제를 믿는 것은 그 자체로 정당하게 된다고 말하는 것이 어느 정도 설득력 있게 들리기 때문이다. 기초적 믿음은 그 명제가 자체로 갖는 확실성 때문에 자체적으로 정당하게 되고, 다른 비기초적 믿음들은 자체적인 확실성을 갖고 있지 않기에 인식정당성을 위하여 필요로 하는 확실성 내지 진리 개연성을 기초적 믿음에 의존할 수밖에 없다고 주장할 수 있는 것이다.

확실한 명제를 내용으로 하기에 그 정당성을 다른 어떤 것에도 의존하지 않는 믿음을 초석으로 선택하고, 이를 토대로 하여 인식 체계를 재구성하려는 시도는 근대 인식론의 아버지라고 일컬어지는 데카르트에서 특징적으로 드러난다. 데카르트는 이성만이 확실성을 보장할 수 있다고 판단하고, 이에 의하여 확실성이 보장되는 〈cogito ergo sum〉의 믿음을 지식의 출발점으로 하여 다른 지식을 그것으로부터 도출하려 하였다. 그리고 데카르트는 지식을 산출하는 추론 방식을 연역에 한정함으로써 모든 지식이 확실성의 기반 위에서 재구성될 수 있기를 기대하였다. 이를 우리의 토대론의 논의에서 사용되는 용어를 통하여 표현하면, 데카르트는 〈cogito ergo sum〉의 명제에 대한 믿음을 자체 정당성을 갖는 기초적 믿음으로 간주하고, 다른 믿음들을 이로부터의 연역에 의하여 정당하게 되는 비기초적 믿음으로 간주한 것이다.

그러면, 데카르트의 주장에서 중요한 역할을 하는 〈확실성〉은 무엇을 의미하는가? 데카르트는 〈cogito ergo sum〉의 믿음이 다른 어떤 믿음에도 그 정당성을 의존하지 않는 기초적 믿음이고, 그 믿음이 기초적일 수 있는 이유로 〈확실성〉, 〈의심불가능성〉, 〈명석판명성〉 등을 들고 있다. 여기서 〈확실성〉과 〈의심불가능성〉이 같은 개념인 듯이 사용되는데, 사실은 이들은 상이한 개념이다. 의심불가능성은 한 사람이 주어진 명제를 의심할 수 있는가 없는가의 주관적 심리적 태도와 관련된 것이고, 확실성은 주어진 명제가 객관적으로 참인가와 관련된 것으로 한 인식 주관의 태도와는 무관한 사항이다. 전자를 주관적 확실성, 후자를 객관적 확실성이라고 부르자. 사실 데카르트가 이들을 혼동하고 있는가, 그렇지 않다면 그가 의미한 확실성은 무엇인가 하는 문제는 우리의 관심이 아니므로, 그 문제는 데카르트 전공자들에게 남겨두자.

의심불가능성 또는 주관적 확실성을 기초적 믿음의 기준으로 제시하는 토대론을 우선 살펴보자.

(I) 만약 S가 P를 믿고, P가 S에게 의심불가능하면, S가 P를 믿는 것은 정당하다.

(I)는 받아들이기 어렵다. 예를 들어, 어떤 사람이 화투점에 대한 광신자라고 하자. 그가 화투점을 친 결과, 내일 지구의 종말이 온다는 예측이 나왔다고 하자. 이 사람은 화투점에 대한 광신자이기 때문에, 그는 내일 지구의 종말이 올 것이라고 의심의 여지 없이 믿는다. 그러나 그렇다고 하여 이 믿음이 그에게 정당하다고 말할 수 없다. 따라서, 한 명제가 어떤 사람에게 의심불가능한 것으로 나타난다는 이 유만으로 그 명제를 믿는 것이 정당하다고 할 수 없다. 위와 같은 의심불가능성이 특이한 성향을 지닌 개인에게 제한되지 않고, 모든 사람에게 보편적인 성향이라 하더라도 사정은 마찬가지다. 만약 모든 사람들이 성선설을 받아들이는 거역할 수 없는 선천적 성향을 갖고 태어난다면, 모든 사람은 성선설에 해당하는 명제를 의심할 수 없을 것이다. 그러나 단지 사람들이 그 명제를 받아들이지 않을 수 없는 선천적 성향을 가졌다는 사실만으로 그에 대한 믿음이 정당하다고 할 수는 없지 않은가.

다음으로 객관적 확실성을 기초적 믿음의 기준으로 제시하는 토대론을 살펴보자. 한 명제가 객관적으로 확실하다 함은 단지 그 명제가 거짓일 수 없게, 즉 참일 수밖에 없게 보이는 것을 의미하는 것이 아니라, 사실상 거짓일 수 없음, 즉 참일 수밖에 없음을 의미한다. 이에 따르면,

(F) 만약 S가 P를 믿고, P가 필연적으로 참이라면, S가 P를 믿는 것이 정당하다.[7]

그러나 (F) 역시 받아들이기 어렵다. 한 복잡한 기하학의 정리가

---

7) 이 입장은 기초적 믿음을 이루는 명제가 거짓이 될 수 없다는 주장에 해당하므로, 흔히 불가오류적 토대론(Infallible Foundationalism, Incorrigible Foundationalism)이라고 불린다.

있다고 하자. 나는 이 명제의 의미만 이해할 뿐 그것이 참인지 거짓인지를 판단할 배경 지식이 부족하다고 하자. 이때, 나는 한 친구가 그것이 참이라고 말하기 때문에 그 명제를 받아들이는데, 그 친구는 기하학의 배경 지식에 관한 한, 나보다 나을 것이 없으며, 나는 그러한 사실을 알고 있다고 하자. 이 믿음이 나에게 정당하지 않음은 분명하다. 그러나 이 믿음은 (F)를 만족한다. 이 믿음은 기하학의 정리에 관한 것이므로 필연적으로 참이기 때문이다.

이상의 논의는, 확실성이 주관적으로 해석되든 객관적으로 해석되든, 한 믿음을 이루는 명제가 확실성을 갖기 때문에 자체적으로 정당하다고 주장하는 토대론은 성공할 수 없음을 보여준다. 이에 대하여, (I)와 (F)를 결합하여 인식정당성을 위한 복합적 조건으로 제시하는 시도가 있을 수 있겠지만, 이러한 시도 역시 성공할 수 없다. (I)와 (F)에 대한 각 반례를 결합한 복합적 반례가 구성될 수 있기 때문이다. 기하학에 무지하면서 화투점을 광신하는 한 사람이 화투점에 의하여 산출된 기하학의 정리를 믿는다고 가정하자. 이 믿음은 (I)와 (F)를 동시에 만족하지만, 결코 정당한 믿음일 수 없다.

4-2 경험에 주어진 것과 내성적 확실성

(I)와 (F)의 문제는 기초적 믿음의 합당한 기준이 되지 못한다는 데에 머물지 않는다. 다른 문제는 이들이 **경험적 믿음**의 인식정당성을 설명하지 못한다는 점이다. 객관적 확실성, 즉 필연적 참을 인식정당성의 기준으로 제시하면, 우연적으로 참일 수밖에 없는 경험적 사실에 대한 믿음들은 인식적으로 정당할 수 없을 것이다. 주관적 참을 인식정당성의 기준으로 삼아도 마찬가지 결과가 나온다. 오늘날의 많은 철학자들처럼, 어떠한 경험적 명제도 필연적으로 참일 수 없고 그들은 기껏해야 우연적으로 참이라고 생각하는 사람의 경우를 보자.

이 사람에게는 어떠한 경험적 명제도 필연적으로 참일 수 없는 것으로 보일 것이다.[8] 이러한 사람들에게는 (I)가 묘사하는 주관적 확실성을 만족하는 경험적 명제는 있을 수 없으며, 따라서 경험적 영역에서 기초적 믿음이 있을 수 없고, 결국 인식정당성에 관한 한 회의론만이 따르게 된다. 이는 받아들일 수 없는 결과다.

이제 영국 경험론에서 논리 실증주의로 이어지는 경험주의 전통은 경험의 영역에서 확실성의 영역을 찾아 지식의 체계를 토대론적으로 재구성하고자 시도한다. 이들에게 인식자 자신의 현재의 심적인 상태 first-person-current-mental-state의 영역이 지식을 확실성의 기반에서 재구성하는 것을 가능하게 하는 영역으로 다가오게 된다. 이러한 심리 상태는 〈감각 소여 sense data〉, 〈경험에 주어진 것 the empirically given〉 등의 이름으로 불린다. 이들에 대한 믿음을 어떻게 표현할 것인가는 상당한 논란의 대상이 되었기에, 모든 사람들을 만족시키는 표현을 찾기는 어려울 것이다. 그럼에도 불구하고, 대체로 직관적인 이해를 도울 수 있는 예를 들자면, 〈나에게 지금 붉게 보인다는 믿음〉, 〈나에게 소름끼치는 자극적 청각 지각이 나타나고 있다는 믿음〉, 〈내가 지금 고통을 느낀다는 믿음〉 등을 꼽을 수 있을 것이다. 경험에 주어진 것에 대한 믿음을 기초적 믿음으로 보고, 그로부터 기타의 믿음들의 정당성을 도출하고자 하는 시도는 루이스 C. I. Lewis에서 선명하게 나타난다. 루이스는 다음과 같이 말한다.

경험적 진리는 결국에는 지각에서 제시되는 것을 통하지 않고서는 알려질 수 없다. …… 우리의 경험적 지식은 엄청나게 복잡한 구조를 갖고

---

[8] 형식적 명제에 관한 믿음이 아니면서, (F)를 만족하는 명제가 하나 있다. 즉 내가 무엇인가를 믿고 있다는 명제를 보라. 만약, 내가 이 명제를 믿는다면, 그 믿음은 거짓일 수 없다. 그러나 이 명제의 내용은 나의 인식 행위에 관한 우연적 진술이다.

나타나며, 그들의 대부분은 상호간 지지하는 정도에 의하여 안정된다. 그러나 모든 경험적 지식은 맨 밑바닥에서는 지각의 직접적 발견에 의존한다. 그 참됨이 주어진 경험에 의해서만 결정되고, 어떤 다른 방식으로도 결정될 수 없는 진술들, 즉 포착되고 진술될 수 있는 어떤 것이 없다면, 그 참됨이 결정될 수 있는 어떤 비분석적인 진술도 있을 수 없으며, 경험적 지식도 있을 수 없을 것이다.[9]

현재의 자신의 심리 상태를 파악하는 능력을 내성이라고 할 때, 이들 토대론자들은 내성적 믿음을 기초적 믿음이라고 간주한다고 할 수 있다. 이들 내성적 믿음은 자신 이외의 다른 것, 즉 경험에 주어진 것에 정당성을 의존하고 있으므로 엄밀한 의미에서 자체 정당성을 갖는다고 할 수는 없지만, 이들은 여전히 기초적 믿음이 될 수 있다. 왜냐하면, 이들이 생각하는 감각 경험은 명제적으로 분절된 내용을 아직 갖고 있지 않으므로 믿음이 아니고, 따라서 이들에 의하여 정당하게 되는 내성적 믿음은 〈다른 믿음에 정당성을 의존하지 않는다〉는 기초적 믿음에 대한 기본적 정의를 만족하기 때문이다.

감각에 주어진 것에 대한 믿음을 기초적 믿음으로 간주하는 토대론은 지식의 체계를 확실성의 기반 위에 재구성하려 한다는 점에서 앞서의 토대론과 일치한다. 이들은, 내성적 믿음들은 지각적 믿음이 갖고 있지 못한 확실성을 갖는다고 생각한다. 내가 의도적으로 거짓말을 하려 하지 않는 한, 내성을 통한 나의 감각 경험에 대한 믿음은 틀릴 수가 없다는 것이다.[10] 예를 들어, 고통의 경우를 보자. 내가 현재 고통을 느끼고 있다고 믿는다면, 나는 고통을 느끼고 있는 것이다. 비록 고통을 느낄 만한 외적인 원인이 전혀 없이 순수히 심리적인 원

---

9) Lewis(1946), 171-172.
10) 사실 거짓말을 하는 경우는 그러한 명제를 믿는 경우라고 할 수 없다.

인에서 고통을 느끼고 있는 경우에도, 내가 고통을 느끼고 있다고 믿는다면 나는 고통을 느끼고 있는 것이다. 그리고 내가 만약 고통을 느낄 만한 모든 원인이 있음에도 고통을 느끼고 있지 않다고 믿는다면, 나는 고통을 느끼고 있지 않은 것이다. 이러한 고찰은 나는 현재의 나의 심리 상태에 대하여 거짓된 믿음을 가질 수 없다, 즉 내성적 믿음은 확실하다 또는 오류불가능하다는 것을 시사한다.

심리 상태에 대한 내성적 믿음은 확실성을 갖고 있다는 점에서 4-1에서 거론된 믿음들과 마찬가지다. 그러나 이들은 확실성의 기원에서 차이가 난다. 4-1에서 언급한 믿음들의 확실성은 그 믿음을 이루는 명제의 내용에 의존한다. 4-1의 믿음들은 사실상 오류불가능한 명제, 또는 오류불가능하게 판단되는 명제들을 내용으로 포함하고 있으며, 이들 믿음들의 정당성은 명제들에 속하는 이러한 성질들로부터 파생적으로 얻어진다. 반면에 주관적 심리 상태에 대한 믿음의 오류불가능성은 경험에 주어진 것을 파악하는 인간의 인식 능력이 갖는 특수성에서 오는 것이라고 생각된다. 〈내가 현재 고통을 느끼고 있다〉는 명제를 보자. 이 명제는 오류가능하다. (내가 현재 고통을 느끼고 있지 않을 수 있으며, 그 경우에 위 명제는 거짓일 것이다.) 따라서, 내가 현재 고통을 느끼고 있다는 믿음이 오류불가능한(확실한) 근거는 그 믿음의 내용에 의존할 수 없다. 그 오류불가능성의 근거는 오히려 주관적 심리 상태를 내성적으로 파악하는 능력이 갖는 절대적 신빙성, 또는 경험에 주어진 것과 내성 사이에 존재하는 특수한 연관 방식에 의존하는 것으로 간주된다. 내성은 경험에 주어진 것을 아무런 중간적 매체 없이 직접적으로 파악하는 능력으로 이해된다. 우리는 경험에 주어진 것에 관한 한 특수하고도 특권적인 인식적 접근법을 갖고 있어서 이들에 대한 우리의 믿음은 틀릴 수가 없다는 것이다.

오류불가능성의 기원을 믿음이 이루어지는 특수한 방식에서 찾는 것은 4-1의 토대론에 대하여 제기된 비판을 극복하는 계기를 제공한다. 단순히 한 믿음이 확실한 명제를 내용으로 하고 있다는 이유만으로 그 믿음이 정당하게 되는 것은 아니라는 비판의 요지는, 확실한 명제를 포함한 믿음일지라도 그 믿음이 〈옳지 않은〉 방식으로 형성된다면 그 믿음이 인식적으로 정당할 수 없다는 것이었다. 그러나 주관적 감각 경험에 대한 믿음의 확실성은 본질적으로 그를 파악하는 인식 능력, 즉 내성이라는 인식 방법의 특수성에 의존하고 있다. 즉 주관적 경험에 대한 믿음의 확실성을 주장하는 저변에는 그 믿음을 산출하는 인식 방법의 정당성에 대한 주장 또는 가정이 포함되어 있다. 따라서, 확실한 명제를 내용으로 하는 믿음일지라도 관련된 인식 방법이 그릇되면 그 믿음이 정당하지 않을 수 있다는 식의 비판은 내성적 믿음의 인식정당성을 옹호하는 입장에는 더 이상 적용되지 않는다.[11]

---

11) 내성적 믿음을 기초적 믿음으로 선택하는 인식론자들은 자기 제시성 *self-intimacy*을 내성적 믿음의 또 다른 특성으로 제시한다(Chisholm(1977), 22). 자기 제시성은 오류불가능성의 역이다. 즉, 한 사태가 자기 제시적이라 함은 다음을 의미한다:

필연적으로, 만약 한 사태 M이 S에게 발생한다면, S는 M이 발생한다고 믿는다.

이는 S에게 자기 제시적인 사태는 S에게 숨겨질 수 없다는 것을 의미한다. 예를 들어, 고통이 자기 제시적이라 함은, 만약 고통이 나에게 발생한다면 나는 그 고통을 의식하고 그러한 고통의 존재를 믿지 않을 수 없다는 것을 의미한다. 즉 나에게 숨겨진 나의 고통이란 있을 수 없다는 것이다. 이는 내가 만약 어떤 고통을 의식하고 있지 못하다면, 나에게는 그러한 고통이 존재하지 않는다는 것을 함축한다. 이는 옳은 주장인 듯하다. 이 주장에 반대하기 위해서는 내가 의식하지 못하는 어떤 고통이 있을 수 있다고 말해야 하는데, 이런 경우는 없을 듯하기 때문이다. 아마도 격전지에서 심각한 부상을 당하고서도 전투에 몰두하느라고 고통을 의식하고 있지 못한 병사의 경우가 숨겨진 고통의 예로 시도될 수 있을 것이다. 그러나 심리 상태가 자기 제시적이라고 주장하는 사람들은 이에 대하여 그 병사에게는 고통이 없다고 대응할 것이며, 이는 전혀 터무니없는 주장은 아닌 듯하다.

경험에 주어진 것에 대한 믿음에서 기초적 믿음을 찾는 토대론은 확실성의 기반 위에 우리의 지식의 체계를 재구성하고자 하는 전통적 인식론의 꿈을 추구하면서, 동시에 확실성의 기반을 경험의 영역에서 찾는다는 장점을 갖고 있다. 그럼에도 불구하고 이러한 시도는 수많은 비판을 받아왔다. 정합론자들이 흔히 제기하는 비판은 믿음이 감각적 경험에 의하여 정당하게 되려면, 왜 그러한 경험이 주어졌을 때 그 믿음을 참이라고 할 수 있는가에 대한 배경 지식이 있어야 한다는 것이다. 즉 감각 경험에 대한 믿음은 내성에 의하여 주어지는데, 이런 내성에 의한 믿음이 정당하게 되기 위해서는 인식 주관이 내성이라고 하는 인식 능력이 믿을 만한 것임을 알아야 한다는 것이다.[12] 그렇다면, 개별적인 내성적 믿음이 정당하기 위해서는 주어진 상황에서 내성적으로 믿음을 구성하는 것이 믿을 만한 믿음 형성 방식임이 먼저 입증되어야 한다. 따라서, 개별적인 내성적 믿음의 정당성은 내성이라는 인식 능력의 신빙성에 대한 또 다른 믿음의 정당성에 의존하므로, 내성적인 믿음이 기초적 믿음일 수 없다는 것이다.

4장의 인식정당성에 대한 두 견해를 이미 살펴본 우리로서는 위의 비판이 인식정당성에 대한 전통적 견해를 전제로 하고 있다는 것을 쉽게 알 수 있다. 여기서 한 가지 주목할 것은 인식정당성에 대한 전통적 견해는 기초적 믿음이라는 개념 자체를 성립할 수 없는 것으로 만든다는 점이다. 전통적 견해에 따르면, 어떤 믿음이든 그것이 정당하기 위해서는 그 믿음이 왜 참일 개연성이 높은가에 대한 별도의 믿음을 필요로 하며, 이 믿음이 우선 정당해야 한다. 결국, 모든 믿음의 정당성은 그 믿음이 참일 확률에 대한 별도의 믿음의 정당성에 의존하게 되어, 다른 믿음에 의존함이 없이 정당하게 되는 믿음, 즉, 기초적 믿음이란 있을 수 없다는 결론이 따른다.[13] 내성적 믿음의 기초성

---

12) Lehrer(1990), 64-65 ; BonJour(1985), 30-33.

에 대한 위의 비판은 이러한 일반적 고찰을 내성의 경우에 적용한 것이다.[14]

그러나 우리는 4장의 논의를 통하여 인식정당성에 대한 전통적 견해 자체가 문제를 안고 있음을 보았다. 그렇다면, 그에 의존한 비판도 그만큼의 문제를 갖는다고 할 수 있다. 이 비판은 4장에서 상세히 고찰하였으므로 여기서 다시 반복하지는 않겠다. 다만 인식정당성에 대한 전통적 견해는, 한 믿음이 인식적으로 정당하기 위해서는 그로부터 무한히 소급되는 상위 믿음들의 정당성을 요구하게 되어 인식정당성에 대한 회의론에 도달하게 된다는 것만을 여기서 지적하고자 한다.

물론, 회의론으로 이끌린다는 사실만으로 그러한 견해가 문제가 있다고 할 수는 없다. 그러나 인식정당성에 관한 다양한 이론들이 아직 검토되지 않은 단계에서 우리가 취해야 할 합리적인 태도는, 본질적으로 회의론을 함축하는 이론과 그에 의존한 비판은 일단 접어두고 인식정당성에 대한 우리의 직관적 판단을 잘 포섭할 수 있는 이론을 모색하는 것이다. 이런 관점에서 볼 때, 인식정당성에 대한 전통적 견해와 내성적 믿음을 기초적 믿음으로 간주하는 견해 사이에 갈등이 있을 경우에 우리가 취할 합리적인 태도는 전자를 유보하고 후자의

---

13) 봉주르는 이러한 이유에서 〈기초적 믿음〉이라는 개념이 역설적이라고 한다 (BonJour(1985), 30).
14) 이러한 논의는 인식정당성에 대한 전통적 견해를 옹호하는 레러와 봉주르와 같은 인식론자들이 왜 토대론을 비판하고 결국 그에 대한 대안으로서의 정합론을 옹호할 수밖에 없는가를 설명해 준다. 4장에서 본 인식정당성에 대한 전통적 견해와 발생적 견해의 대립은 5장의 내재론/외재론 사이의 대립과 연결되어 나타날 뿐 아니라, 여기서 살펴보는 토대론과 정합론 사이의 대립과도 연결되어 나타나고 있다. 전통적 견해와 발생적 견해의 대립이 주제라고 한다면, 내재론/외재론의 대립과 토대론/정합론의 대립은 동일 주제의 두 변주곡이라고도 볼 수 있지 않을까 싶다.

가능성을 추구하는 것이라고 할 수 있다.

4-3 온건한 토대론

경험에 주어진 것에 대한 믿음을 기초적 믿음으로 간주하는 토대론은 앞에서와 같은 전통적 견해에 의거한 비판을 견뎌낼 수 있을지 모른다. 그러나 이러한 토대론이 부딪치는 진정한 문제는 경험에 주어진 것에 대한 믿음이 매우 드물게 발생한다는 것이다. 우리가 일상적으로 경험적 믿음에 도달하는 과정을 보자. 내가 밖에 있는 나무 한 그루를 본다. 나무는 나의 시각 장치를 자극하여 나의 시각 체계 내에 일정한 감각 경험을 만들어낸다. 이 감각 경험이 원인이 되어, 나의 시각 체계 내에 〈나는 지금 나무를 보고 있다〉 또는 〈저기에 나무가 있다〉 등의 믿음이 만들어진다. 여기서 주목할 것은 일상적으로 감각 경험이 원인이 되어 외적인 세계의 상태에 대한 나의 지각적 믿음이 직접적으로 산출된다는 것이다. 대부분의 이러한 과정에서 나는 내가 현재 어떤 감각 경험을 가지고 있는가를 반성하지 않으며, 따라서 감각 경험에 대한 별도의 믿음을 형성하지 않는다. 내가 만약 나의 현재의 시각적 믿음을 의심할 만한 별도의 이유를 갖고 있다면, 나는 내가 현재 어떤 감각 경험을 갖고 있는가를 검사하고 그에 비추어 외적 세계에 대한 나의 믿음이 믿을 만한 것인가를 검토해 볼 수 있다. 그러나 이러한 경우는 예외적인 상황이고, 일상적으로는 이러한 과정이 일어나지 않는다.

그렇다면, 경험에 주어진 것에 대한 믿음을 기초적 믿음으로 간주하는 토대론은 결국 경험적 믿음의 인식정당성에 관한 회의론이 될 것임에 틀림없다. 이러한 토대론에 있어서는 모든 경험적 믿음들의 정당성은 궁극적으로 우리의 감각 경험에 대한 믿음에 의존할 수밖에 없는데, 이런 후자의 믿음들은 매우 희소하여, 우리가 일상적으로 정당하다고 간주하는 외적인 사태에 대한 믿음들이 이들에 의하여 정당하게 되리라고 기대하기 어렵기 때문이다.

이러한 상황에서 경험적 지식을 토대론을 통하여 해명하려는 인식론자들에게 생생하게 다가오는 가능성은 감각 경험이 감각 경험 자체에 대한 믿음의 매개 없이 외적인 사태에 대한 지각적 믿음을 직접 정당하게 한다고 주장하는 것이다. 이 토대론에서는, 감각 경험에 대한 믿음이 지식 체계의 구조에 있어 더 이상 중요한 역할을 하지 않는다. 그 대신에 외적인 사실에 대한 지각적 믿음이 감각 경험에 의하여 직접 정당하게 되며, 이들 믿음이 기초적 믿음이 되어 인식 체계의 근간을 이루게 된다. 이러한 토대론에서 기초적 믿음을 이루는 것들은, 앞서의 토대론들의 경우와는 달리, 우리들이 일상적으로 접하는 흔한 믿음들이다. 따라서, 이러한 토대론은 우리의 경험적 믿음들의 정당성을 회의론에 빠지지 않고서 설명할 수 있다. 이러한 토대론은 흔히 온건한 토대론이라고 불리며, 몇몇 철학자들은 이를 직접적 실재론 direct realism이라고 부르기도 한다.[15]

내성적 믿음을 기초적 믿음으로 간주하는 토대론자들은 왜 상식과 부합하여 쉽게 생각해 볼 수 있는 온건한 토대론을 받아들이지 않고서 굳이 감각 경험에 대한 믿음을 기초적 믿음으로 하여 토대론을 구성하려고 했던 것일까? 감각 경험에 대한 믿음이 매우 드물어서 우리의 일상적 지각적 믿음을 정당하게 하기가 어려움에도 불구하고, 굳이 감각 경험에 대한 믿음만이 경험에 주어진 것에 의하여 직접적으로 정당하게 되고, 외적인 사태에 대한 믿음은 그러한 믿음을 통하여 간접적으로 정당하게 되어야 한다고 주장할 별다른 이유가 있는 것인가?

앞서 보았듯이, 기존의 토대론자들은 자신들이 제시하는 토대론을

---

15) Pollock(1986), 168.

우리가 현실적으로 정당하게 되었다고 간주하는 믿음들이 현실적으로 갖고 있는 구조에 대한 서술적 이론으로서가 아니라, 믿음들이 정당하게 되기 위하여 갖추어야 할 구조에 대한 규범적 이론으로 이해하고 있다. 즉 이들은, 인식론이 하여야 할 일은 확실성에 토대를 둔 기초적 믿음을 출발점으로 하여 우리의 전반적 지식 체계를 더욱 공고한 틀로 재구성하는 것이라고 생각한다. 이러한 재구성적 관점에서 볼 때, 감각 경험에 비추어 그 확실성이 보장되지 않는 외적 사태에 대한 믿음을 기초적 믿음으로 간주하여서는 안 되며, 감각 경험에 대한 믿음만이 기초적 믿음으로 도입될 수 있다는 것이다. 이러한 노선은 앞서 소개한 루이스의 인용문에서 나타나 있기도 하고, 경험에 주어진 것에 대한 믿음을 기초적 믿음으로 도입하는 많은 인식론자들의 의도와도 부합한다. 경험에 주어진 것에 대한 믿음을 지식의 출발점으로 삼은 영국의 경험론자들이나, 그를 계승한 논리 실증주의자들도 이러한 규범적, 재구성적인 의도를 갖고 있었던 듯하다.

그러나 경험주의의 시도를 서술적 시도가 아니라 지식 체계의 규범적 재구성의 시도로 본다고 하더라도, 그들의 토대론은 성공할 수 없다. 그 문제점은 두 가지다. 첫째 문제는 역설적으로도 위와 같은 재구성의 시도가 인식정당성에 대한 전통적 견해와 밀접히 연관되어 있어서, 전통적 견해가 갖는 단점을 그대로 담지하고 있다는 것이다. 둘째 문제는 감각 경험에 대한 믿음을 기초적 믿음으로 채택하는 것이 그들이 원하는 확실성을 가져다주지 못한다는 것이다. 첫번째 문제부터 고찰하자.

규범적 재구성의 꿈을 실현하기 위하여, 지식을 경험에 관한 내성적 믿음으로부터 구성하려는 인식론자들이 권장하는 인식적 태도는 다음과 같이 표현될 수 있다 : 〈주어진 감각 경험으로부터 무반성적으로 외적인 사태에 대한 믿음을 구성하는 것은 오류를 범할 수 있으므로, 어떤 경험이 주어져 있는가를 반성하고 그에 의거하여 외적인 세계에 대한 믿음을 구성하도록 하라〉. 이러한 생각이 아니라면, 도대체 왜 그토록 희귀한 감각 경험에 대한 믿음을 기초적 믿음으로 하여 토대론을 구성하려 하는가가 이해될 수 없을 것이다.

　이러한 권유가 갖는 문제점을 보기 위하여 다음을 주목하자. 주어진 경험에 대한 반성을 토대로 외적인 사태에 대한 성찰된 믿음을 구성하기 위해서는, 단순히 주어진 경험에 대한 믿음을 갖는 것만으로는 불충분하다. 그를 위해서는, 나에게 현재 어떠한 감각 경험이 주어져 있는가를 알아야 할 뿐 아니라, 어떻게 그러한 경험이 나의 현재의 외적 상태에 대한 믿음을 합당하게 뒷받침하는가를 역시 알아야 한다. 예를 들어, 〈현재 나의 앞에 나무가 있다〉라는 믿음이 반성적으로 이루어지기 위해서는, 나에게 일정한 유형의 감각 경험이 주어져 있음을 깨닫는 것만으로는 부족하며, 그러한 경험이 주어졌을 때 나무가 있다고 믿는 것이 적합하다는 것 역시 깨달아야 한다. 이 깨달음은 주어진 경험과 문제의 믿음 사이의 정당성 관계에 대한 상위 믿음으로 이루어질 것이다. 그러나 이 상위 믿음이 단순한 맹목적인 믿음이어서는 안 된다. 단순한 맹목적인 상위 믿음을 갖는 것만으로는 그가 주어진 하위 믿음에 대한 성찰적인 태도를 갖고 있다고 할 수 없기 때문이다. 즉, 이 상위 믿음이 정당하게 되어야 한다. 이 상위 믿음이 정당하게 되기 위해서는 그를 위한 증거가 다시 필요하고, 그 증거와 주어진 상위 믿음 사이의 정당성 관계에 대한 더 고차의 상위 믿음이 필요할 것이다. 이 과정은 무한히 진행될 것이며, 이는 바로 우리가 이미 살펴본 인식정당성에 대한 전통적 견해를 괴롭히는 고질적인 문제, 즉 인식정당성이 상위 차원으로 무한히 후퇴하는 문제에 다름 아니다. 더욱이, 이런 반성의 요구와 그에 따른 고차의 믿음으로의 후퇴를 받아들이게 되면, 감각 경험에 대한 믿음은 상위 믿음에 정당성을 의존하게 되어 더 이상 기초적 믿음이 될 수 없고, 따라서 이들을 기초로 하여 지식 체계를 재구성하는 것은 불가능하게 된다.

둘째 문제를 살펴보자. 위의 토대론자들이 자신들의 재구성적인 시도에서 경험에 주어진 것에 대한 믿음을 기초적 믿음으로 간주하는 이유는 그러한 내성적 믿음이 다른 지각적 믿음이 갖고 있지 않은 확실성을 갖고 있다고 생각하기 때문인데, 이러한 통상적 생각은 편견에 불과하다. 예를 들어, 현실주의를 지향하는 미술가들의 경우를 보자. 이들은 자신에게 주어진 지각을 있는 그대로 묘사하고자 노력한다. 그러나 잘 알려져 있다시피, 주어진 지각을 왜곡 없이 묘사하는 작업은 상당한 기술을 요하고, 그에 따른 상당한 훈련을 요한다. 이러한 기술 및 훈련이 필요한 이유는 경험에 주어진 것은 쉽게 포착되는데 그를 표현하는 것이 어렵기 때문이 아니라, 경험에 주어진 것을 있는 그대로 포착하는 것 자체가 쉽지 않기 때문이다. 이 예가 시사하는 것은, 위의 토대론자들이 가정하듯이, 그리고 많은 사람들이 상식적으로 가정하듯이, 감각 경험을 파악하는 일이 단지 우리의 시각을 내부로 돌림으로써 손쉽게 얻어질 수 있는 것이 아니라는 점이다. 즉 감각 경험은 치좀이 생각하는 것처럼 자기 제시적이지 않다는 점이다.

위와 같은 사실은 심리학사를 통하여, 그리고 현대의 인지심리학의 논의에 의하여 뒷받침된다. 경험에 주어진 것에 대한 보고를 토대로 하여 심리 현상을 연구하려 하였던 내성 심리학[16]은 내성적 보고의 신빙성을 의심받아 오래전에 행태주의에 자리를 내어주었다. 그리고 현대의 인지심리학에서 많은 논의의 대상이 되는 심상 imagery에 대한 연구도 더 이상 단순한 내성적 보고에 의존하고 있지 않다. 더 나아가, 현대의 다양한 심리학 연구들은 내성적 보고가 신빙성이 없음을 지적하고 있다.[17] 이들의 연구는 주로 인식 주관이 자신이 갖고 있

---

16) Wundt(1905) ; James(1890).

는 믿음의 내용을 보고함에 있어 오류를 범하고 있다는 점을 밝히는 데 주목하고 있다. 믿음도 일종의 심리 상태라는 점을 고려할 때, 그를 내성하는 데 오류를 범하는 인식 주관이 감각 경험을 포함한 다른 종류의 심리 상태를 내성하는 데에 있어서는 더 나으리라고 생각할 아무런 이유도 없다는 것이다.

지금까지의 논의는 다음과 같이 요약될 수 있다. 우선 경험적 지식을 감각 경험에 주어진 것에 토대하여 재구성하려는 시도는 인식정당성에 대한 전통적 견해에 의하여 촉발되는데, 이 경우에 기초적 믿음의 존재 자체가 부정되는 역설적 결과를 초래한다. 그런 역설적 결과를 간과하더라도, 감각 경험에 대한 믿음은 매우 드물어서 우리의 일상적 경험적 믿음을 정당하게 하는 역할을 할 수 없어 인식정당성에 대한 회의론을 초래하기 십상이다. 또한, 회의론의 대가를 지불한다 하더라도, 감각 경험에 대한 믿음은 우리가 기대하는 확실성의 기초를 제공하는지가 의심스럽다. 감각 경험에 대한 믿음이 다른 일상적 지각적 믿음에 비하여 확실하다는 생각은 과학적 근거를 갖지 않는 편견일 가능성이 심리학 및 인지과학 전공자들 사이에서 심각하게 거론되고 있기 때문이다.

5 토대론에 대한 도전 : 경험의 이론의존성

이상의 논의는 경험적 영역의 지식에 관한 토대론이 옳다면, 그것은 직접적 실재론 또는 온건한 토대론이어야 한다는 것을 보여준다. 그러나 경험적 지식에 관한 토대론 일반에 대한 강력한 비판이 있다.

---

17) 이러한 연구들의 예로서는 다음을 보라. Nisbett and Wilson(1977) ; Nisbett and Ross(1980) ; Wilson(1985).

감각 경험에 대한 믿음을 기초적 믿음으로 간주하는 토대론과 외적인 사태에 대한 지각적 믿음을 기초적 믿음으로 간주하는 토대론은 모두 기초적 믿음이 경험에 주어진 것(감각 경험)에 의하여 정당하게 된다는 점에는 동의하면서, 경험에 주어진 것에 의하여 정당하게 되는 경험적 믿음이 내성적 믿음인가 아니면 지각적 믿음인가에 대하여만 의견을 달리한다. 이제 소개할 비판은 경험에 주어진 것은 그 자체로서는 어떠한 믿음도 정당하게 할 수 없다고 주장함으로써 두 토대론의 공통 분모를 공격한다. 이 비판을 살펴보자.

이 비판은 경험에 주어진 것이 믿음을 정당하게 하는 역할을 할 수 있기 위해서는 그것이 어떤 방식으로든 인식 주관에 의하여 파악되어야 한다는 주장에서 출발한다. 외부의 사실이 어떠한 관점에서 파악하는가에 따라서 그 내용이 다르게 이해될 수 있듯이, 단지 경험에 주어진 것도 그것을 어떻게 파악하는가에 따라서 다르게 이해될 수 있다는 것이다. 그렇다면, 경험에 주어진 것에 관한 믿음은 경험에 주어진 것에 의하여 직접적으로 정당하게 되지 않고, 경험에 주어진 것에 대한 파악 또는 이해를 매개로 하여 정당하게 된다는 것이다. 이러한 파악 또는 이해는 서술적 내용을 갖는 심리 상태로 믿음과 다를 바가 없다. 이 심리 상태는 인지적 내용을 담고 있으므로, 이 심리 상태가 정당한가 하는 문제를 제기하는 것은 합당하다. 따라서, 경험에 주어진 것에 대한 믿음이 이러한 이해에 의하여 정당하게 된다고 한다면, 이 이해가 우선 정당해야 한다. 결국, 경험에 주어진 것에 대한 믿음은 다른 믿음에 그 정당성을 의존하므로, 기초적 믿음이 될 수 없다는 결론이 따른다.[18] (경험에 주어진 것에 대한 믿음과 경험에 주어진 것에 대한 이해를 담지하는 심리 상태를 별도의 것으로 보지 않고 경험에 주어진 것에 대한 믿음 자체가 그러한 이해를 이루는 것이라고 하

---

18) 이러한 비판에 관해서는 다음을 보라. Sellars(1963); BonJour(1985), 4장.

더라도, 사정은 나을 것이 없다. 경험에 주어지는 것이 여러 가지 다른 방식으로 이해될 수 있는 것이라면, 그를 일정한 방식으로 파악하는 것이 과연 정당한가 하는 문제는 여전히 제기될 수 있으며 이 문제에 대답하기 위해서는 경험에 주어진 것 이외의 별도의 근거가 필요하기 때문이다.)

위의 비판은 경험에 주어진 것에 의하여 정당하게 되는 믿음을 기초적 믿음으로 보는 토대론에 대한 딜레마의 형태로 요약될 수 있다. 경험에 주어진 것은 그 자체로서는 특정한 내용을 갖지 않으며, 어떻게 파악되는가에 따라서 상이한 경험적 믿음을 정당하게 만드는 것으로 해석될 수 있다. 따라서 경험에 주어진 것 자체는 특정한 경험적 믿음을 정당하게 할 수 없다. 한편, 경험에 주어진 것이 인지적으로 파악 또는 해석되면, 그에 의하여 일정한 경험적 믿음이 정당하게 될 수 있다. 그러나 이 경우에 그러한 해석이 그 믿음을 정당하게 하려면 그 해석을 이루는 믿음이 먼저 정당해야 한다. 그렇다면, 앞서의 경험적 믿음은 기초적 믿음일 수 없다.

이 비판은 앞서 4-2에서 소개한 토대론에 대한 비판과 유사한 듯이 보이지만, 그 구체적인 내용에 있어서는 차이가 있다. 앞서의 비판은 한 믿음이 주어진 증거에 의하여 정당하게 되기 위해서는 증거와 믿음 사이의 관계, 또는 그 믿음을 산출한 인지 과정의 신빙성에 대한 믿음이 있어야 한다는 주장을 요지로 한다. 그러나, 여기서의 비판은 문제의 믿음과 증거의 관계에 대한, 또는 문제의 믿음의 발생적 연원에 대한 반성적 고찰을 요구하고 있지 않다는 점에서 4-2에서의 비판과 다르다. 여기서 고려하는 비판은 단지 경험에 주어진 것은 그 자체로 특정한 내용을 지니지 못하며, 어떻게 해석되는가에 따라서 일정한 경험적 판단을 정당하게 할 수도 그렇지 못할 수도 있다고 주장하고 있다. 이러한 점에서 여기서 고려하는 비판은 인식정당성에 대한 전통적 견해를 전제로 하고 있지 않으며, 따라서 이 비판은 앞서의 비판과는 달리 전통적 견해가 문제가 있다는 이유에서 배척될 수 있는 성질의 비판이 아니다.

우리가 고찰하는 비판은, 감각 경험은 일정한 방식으로 파악 또는 해석된 상황에서만 일정한 믿음을 정당하게 할 수 있다고 주장한다. 그러나 이러한 비판을 제기하는 사람들은 경험에 주어진 것이 멋대로 해석될 수 있다고 주장하는 것은 아닐 것이다. 이들은 경험에 주어진 것이 우리가 어떠한 배경 지식을 갖고 있는가에 따라서 달리 해석될 수 있음을 주장하고 있는 것이다. 그렇다면, 위 비판은 경험적 믿음의 정당성은 경험에 주어진 것에 대한 해석의 정당성에 의존하며, 이 해석의 정당성은 배경적 믿음들의 정당성에 의존한다는 결과를 낳게 되어, 인식정당성에 대한 정합론으로 이끌리게 된다.

위 비판은 토대론에 관한 인식론적인 논의가 과학철학에서 논의되는 경험의 이론의존성,[19] 형이상학에서 논의되는 세계의 상대성 등의 문제와 긴밀히 연결되어 있음을 시사한다. 만약 경험이 이론의존적이라면, 이는 경험적 지식에 대한 토대론에 대한 강력한 비판이 될 것이다. 앞서의 루이스에서의 인용문에서 나타나듯이, 경험적 지식에 대한 토대론이 가능하려면, 그 토대는 감각 경험과 맞닿은 영역이어야 한다. 그러나 감각 경험이 우리의 인식 체계에 유입되는 과정에 우리의 배경 지식이 필연적으로 개입하게 된다면, 순수히 감각 경험과의 관련 하에서만 정당성을 획득하는 믿음이란 있을 수 없을 것이며, 따라서 경험적 지식에 대한 토대론은 성립할 수가 없을 것이다.

경험의 이론의존성에 근거한 위 비판은 경험적 지식에 대한 토대론에 대한 심각한 문제점을 던지고 있다. 여기서는 경험의 이론의존

---

19) 경험의 이론의존성은 때로는 경험의 이론적재성 theory-ladenness라고 불리기도 한다. 전자는 어떤 경험을 갖게 되는가가 어떤 이론에 의존하고 있는가라는 견해를 반영하고, 후자는 경험이 이론을 이미 담지하고 있다는 견해를 반영한다. 여기서는 이 양자 중 어느 표현이 더 적합한가 하는 논의는 생략하기로 하겠다.

성이 토대론에 대한 강력한 비판이 될 수 있다는 것만을 지적하고, 정합론에 대한 고찰로 넘어가기로 하자. 정합론을 논의한 후에, 정합론에 대한 비판을 살펴보는 과정에서 이 문제에 다시 도달하게 될 것이기 때문이다.

6 정합론의 유형들

정합론은 기초적 믿음의 옹호로 상징되는 정당한 믿음들 사이의 계층적 질서를 부정하고, 모든 믿음들이 정당성에 관한 한 동등한 지위를 누린다고 주장한다. 즉 모든 믿음들은 그 믿음이 속한 믿음 체계와의 정합성이라는 균일한 기준에 의하여 그 인식정당성이 결정된다. 그러나 〈믿음 체계와 정합적이다〉라는 말이 무엇을 의미하는지에 대하여는 아직 어느 누구도 명확한 정의를 제시하고 있지 못하다. 더욱이, 정합론자들은 이 말로써 서로 다른 것을 의미하기도 한다. 정합성에 대한 상이한 이해로부터 도출되는 상이한 유형의 정합론들을 살펴봄으로써 논의를 시작하도록 하자.

6-1 긍정적 정합론과 부정적 정합론

정합론의 상이한 유형들을 이해하기 위하여, 우선 인식정당성이 일반적으로 두 가지 상이한 요소로 이루어지는 것으로 간주된다는 점에 주목하자. 한 사람이 어떤 명제를 믿는 것이 정당하게 되기 위해서는, 우선 그렇게 믿을 만한 적절한 근거가 있어야 한다. 그러나 그러한 근거를 갖는 것만으로는 그 믿음이 정당하지 못할 수 있다. 만약, 그가 그 믿음을 받아들이지 말아야 할 별도의 근거를 갖고 있다면, 그가 그 믿음을 위한 적절한 근거를 갖고 있다 하더라도 그 믿음이 그에게 정당할 수 없다.[20] 예를 들어, 오늘 아침에 라디오에서 오늘 날씨가 맑을 것이라는 예보를 들었다면, 그것은 오는 날씨가 맑을 것이라고 믿을 적절한 근거가 된다. 그러나 내가 만일 다른 방송국에서 오늘 날씨에 관한 상반된 예보를 듣는다면, 내가 오늘 날씨가 맑을 것이라고 믿는 것은 더 이상 정당하게 될 수 없다. 따라서, 한 믿음이 정당하게 되기 위해서는, 첫째로 그 믿음을 위한 긍정적인 근거가 있어야 하고, 둘째로 그 믿음을 믿지 말아야 할 부정적인 근거가 없어야 한다. 인식론자들은 흔히 한 믿음을 받아들이지 말아야 할 부정적인 근거를 논박자 defeater라고 부른다. 요약하면, 믿음의 인식정당성은 긍정적 근거의 존재와 부정적 근거(논박자)의 부재라는 두 가지 요소로 이루어진다.

정합론은 위의 양자 모두를 포함하여 정합성을 정의하는가, 아니면 논박자의 부재만으로 정합성을 정의하는가에 따라, 긍정적 정합론 positive coherence theory과 부정적 정합론 negative coherence theory으로 구분될 수 있다. 부정적 정합론에 따르면, 한 명제에 대한 믿음이 정당하기 위하여는 그 명제를 믿기 위한 별도의 긍정적인 근거를 가질 필요는 없고, 다만 그 믿음에 대한 논박자가 없는 것으로 족하다. 한 믿음이 그것이 속한 믿음 체계 내에 논박자를 갖고 있지 않으면 그 믿음은 체계와 정합적이고, 따라서 정당하다는 것이다. 반면, 긍정적 정합론에 따르면, 한 믿음이 정당하게 되기 위해서는 긍정적 근거의 존재와 논박자의 부재가 모두 요구된다.[21] 이 이론에서는, 한 믿음이 그것이 속한 믿음 체계 내에 논박자를 갖고 있지 않을 뿐 아니라,

---

20) 이에 관해서는 2장의 5-5를 참조하라.
21) 논박자에 대한 고려를 배제하고, 순수히 긍정적 증거의 존재만을 요구하는 인식정당성론은 있을 수 없다. 왜냐하면, 그러한 이론은 한 믿음이 논박자가 존재함에도 불구하고 정당하게 될 수 있다는 주장을 하게 되는데, 이는 있을 수 없기 때문이다.

그를 뒷받침하는 긍정적 믿음(들)을 역시 갖고 있을 때에 비로소 그 체계와 정합적이며, 따라서 정당하게 된다. 긍정적 정합론이 부정적 정합론보다 강한 형태의 정합론임은 자명하다.

인식론에서 정합론이라 함은 대체로 긍정적 정합론을 의미하고, 사실 실제로 제시된 대부분의 정합론은 긍정적 정합론이다. 따라서, 우리의 앞으로의 논의도 긍정적 정합론에 초점을 둘 것이다. 그렇다 하더라도, 단지 논박자가 없다는 이유만으로 한 믿음이 정당할 수 있다는 언뜻 보기에 설득력이 없어 보이는 부정적 정합론의 주장이 어떻게 호소력을 가질 수 있는가는 설명을 필요로 한다. 이를 간략히 살펴보자.

부정적 정합론을 적극적으로 주장하는 아마도 유일한 인식론자는 하만 G. Harman일 것이다.[22] 부정적 정합론의 호소력을 보기 위하여 다음의 두 질문을 보자.

A. 이 명제를 이제 처음으로 믿을 것인가?
B. 이미 내가 믿고 있는 이 명제를 계속 유지할 것인가, 아니면 버릴 것인가?

A는 믿음의 최초 형성과 관련된 질문이며, B는 이미 구성된 믿음의 유지 및 수정과 관련된 질문이다. 이들 중 어떤 질문에 대답하고자 하는가에 따라 인식적 규범의 성격이 달라질 수 있다. 부정적 정합론을 옹호하는 하만은 B의 질문에 초점을 두고 인식적 규범의 성격을 규명하고자 한다. 앞서 보았듯이 우리의 많은 믿음들은 추론적으로 정당하게 된다. 이렇게 추론적으로 정당하게 된 믿음들이 다시 전제로 쓰이면서 다른 믿음들을 정당하게 한다. 그런데, 우리

---

22) Harman(1984/1986).

의 믿음 체계들은 항상 이렇게 새로운 믿음들이 추가되는 방향으로만 발전하지는 않는다. 때로는 새로운 정보가 들어옴에 따라 이전에 받아들여진 믿음들이 배제되기도 한다. 이렇게 한 믿음 P가 이후의 전개 과정에서 배제되었을 때, 그 믿음을 전제로 하여 정당하게 되었던 다른 믿음 Q는 어떻게 되는가? 믿음 Q를 정당하게 만드는 긍정적인 근거 P가 더 이상 존재하지 않는다. 이 경우에 믿음 Q 역시 믿음 체계에서 탈락시켜야 하는가? 긍정적 정합론은 이 질문에 대하여 당연히 〈그렇다〉라고 대답할 것이다. 긍정적 정합론에 따르면, 한 믿음이 유지되기 위해서는 그를 뒷받침하는 근거가 반드시 있어야 하는데, 그러한 근거가 더 이상 존재하지 않기 때문이다. 이러한 지시에 따르면, 믿음 Q에 의하여 정당하게 되었던 믿음 R이 다시 탈락되어야 하며, 이 탈락의 과정은 연쇄적으로 진행되어야 한다.

 믿음의 유지 및 수정과 관련한 위와 같은 규정은 난점을 갖고 있다. 위 규정은 우리가 과거의 추론 과정을 모두 기억하는 능력을 갖고 있다는 것을 전제한다. 만약 우리가 그런 추론 과정을 기억하고 있지 못하다면 그리고 그러한 기억력을 갖고 있지 못하다면, 한 믿음이 탈락되었을 때 그에 연쇄적으로 의거한 모든 믿음들을 더불어 탈락시키라는 규범적 지시는 우리가 따를 수 없는 것이다. 믿음 Q가 과거에 믿음 P에 의하여 정당하게 되었다는 것을 내가 현재 기억하지 못하며 그렇게 기억할 수 있는 능력이 없다면, 믿음 P가 수정될 경우에 믿음 Q 역시 수정되어야 한다는 규범은 현재의 나로서는 따를 수 없는 것이다.

 하만은 우리가 이러한 과거의 모든 추론 과정을 현재에 기억한다는 것은 가능하지도 않으며, 가능하다 하더라도 그러한 작업에 우리의 인식 능력을 소모하여 마음을 어지럽게 하는 것은 바람직하지도 않다고 주장한다. 이러한 이유에서 하만은, 이미 구성된 믿음의 경우에, 〈이전의 근거를 기억하여 그에 따라 그 믿음을 유지할 것인가를 결정하라〉고 요구하는 것은 합당한 인식적 규범이 될 수 없다고 주장하고, 이들의 경우에는 부정적인 근거가 없는 한 그대로 유지하는 것이 정당하다고 주장한다. 이는 바로 부정적 정합론의 주장이며, 믿음의 형성이 아닌 유지의 문제와 관련해서는 이러한 부정적 정합론이 상당한 호소력을 갖는다.

이상의 논의는 인식적 평가가 믿음의 최초 형성뿐만 아니라 믿음의 유지에도 적용될 수 있으며, 이러한 새로운 차원의 도입은 인식적 규범이 어떠한 모습을 지니게 될 것인가에 중요한 영향을 미칠 수 있음을 시사한다. 그리고 부정적 정합론의 호소력은 바로 이러한 새로운 차원에서의 평가와 긴밀히 연결되어 있다. 이제 이와 관련된 세부적인 논의는 앞으로의 숙제로 남겨두고 다음의 논의로 넘어가기로 하자.

6-2 선형적 정합론과 전체적 정합론

정합론은 한 믿음의 인식정당성에 영향을 미치는 긍정적 근거 또는 논박자의 범위를 어떻게 정하는가에 따라 다시 선형적 정합론과 전체적 정합론으로 구분된다. 한 믿음을 정당하게 하는 근거는 흔히 그 믿음을 입증하는 전제로 이해된다. 즉 인식정당성에서 문제되는 근거와 믿음 사이의 관계는 각각 전제와 결론이라는 논증의 구조를 갖는 것으로 일상적으로 이해된다. 이러한 일상적 관점에서는, 한 사람의 믿음 체계를 이루는 모든 믿음들이 전제로 사용되는 것이 아니라, 그중의 하나 또는 소수의 믿음들이 문제의 믿음을 정당하게 하기 위한 전제로 사용된다. 토대론은 이러한 견해를 받아들이고 있으며, 앞서 인식정당성의 후퇴를 제시하는 과정에서도 이러한 견해가 전제되었다.

정합론이 위와 같은 추론에 관한 상식적 견해를 받아들이고 그것을 정합성의 규정에 반영할 때, 선형적 정합론 linear coherence theory 이 된다. 선형적 정합론에 따르면, 한 믿음이 그 믿음의 주제에 속한 일정한 범위의 믿음들을 고려할 때 정당한 것으로 나타나면, 그 믿음은 체계와 정합적이고, 따라서 정당하게 된다. 반면에, 한 믿음 체계를 이루는 모든 믿음들이 문제의 믿음의 정당성을 위한 전제로 고려되어야 한다고 주장하는 정합론이 있을 수 있다. 이러한 정합론은 전체적 정합론 holistic coherence theory이다. 전체적 정합론의 기준에서 볼 때, 한 믿음이 체계와의 정합성을 통하여 정당하게 되려면, 그 믿음은 체계를 이루는 모든 믿음들을 고려할 때 정당한 것으로 나타나야 한다. 전체적 정합론이 선형적 정합론보다 강한 형태라는 것 역시 자명하다.

위에서 정합론이 두 가지 다른 기준, 즉 긍정성/부정성의 구분 및 선형성/전체성의 구분에 의하여 분류될 수 있음을 보았다. 이 두 가지 구분들에서 각기 한 입장을 채택하여, 둘을 교차적으로 결합할 때, 특정한 정합론이 나타난다. 이들을 결합하는 네 가지 상이한 방식이 있을 수 있으므로, 네 유형의 정합론이 있을 수 있을 것이다. 이들이 구체적으로 어떤 모습들을 지닐 것인가는 독자들의 상상력에 맡기도록 하겠다. 이제 정합론에 대한 비판을 살펴보기로 하자

7 인식정당성의 후퇴 재고

앞서 우리는 인식정당성의 후퇴가 토대론을 옹호하기 위한, 따라서 정합론을 비판하기 위한 논증으로 흔히 사용되고 있음을 보았다. 그러나 정합론의 여러 유형들을 살펴본 지금, 인식정당성의 후퇴를 통한 정합론 비판이 과연 효과적일 수 있는지는 더 이상 분명하지 않

다. 인식정당성의 후퇴의 문제는 한 믿음과 그 믿음을 정당하게 하기 위한 긍정적 증거 사이의 관계를 고려하여 발생한 문제였다. 그렇다면, 긍정적 증거를 제외하고 오로지 논박자만을 고려하여 인식정당성을 설명하고자 하는 부정적 정합론에 대하여는 인식정당성의 후퇴 자체가 발생하지 않으며, 따라서 인식정당성의 후퇴를 통하여 부정적 정합론을 비판할 수 없다.

그뿐 아니라, 인식정당성의 후퇴 문제는 한 믿음과 그 믿음을 정당하게 하는 증거 사이의 관계가 선형적이면서 일방향적임을 전제하고 있다. 그러나 전체적 정합론은 믿음들 사이의 정당화 관계에 있어서의 우선성을 부정하고, 한 믿음이 정당하게 되려면 전체적인 체계와 잘 어울려야 한다고 주장한다. 결국, 인식정당성의 관건은 믿음들이 상호간 잘 연결되어 전체적으로 잘 짜여진 체계를 만드는가에 있다. 따라서, 전체적 정합론에서는 인식정당성의 후퇴가 문제가 되지 않는다. 전체적 정합론은 인식정당화 과정의 일방향성을 부정하기 때문에, 후퇴의 문제 자체가 발생하지 않는다고 볼 수도 있으며, 그 문제가 발생한다 하더라도 전체론적 구조 속에서 해소된다고 볼 수도 있다. 인식정당성 후퇴 문제가 전체론적 구조 속에서 해소된다는 것이 무엇을 의미하는지는 이하의 논의에서 드러날 것이다.

정합론 중에서 인식정당성의 후퇴가 문제가 될 수 있는 유형이 있다면, 그것은 선형적 긍정적 정합론일 것이다. 왜냐하면, 이 정합론은 한 믿음이 정당하게 되기 위해서는 그를 위한 긍정적 증거가 필요하다는 것을 받아들이고, 또한 체계를 이루는 믿음 전체가 아니라 일부의 믿음들이 증거가 된다는 것을 받아들인다는 점에서 토대론과 유사한 틀에서 인식정당성의 문제에 접근하고 있기 때문이다. 이러한 틀을 받아들이면서 기초적 믿음의 존재를 부정하는 선형적 긍정적 정합론에 있어서, 인식정당성의 후퇴는 어떠한 결과를 낳게 되는가? 앞서 보았듯이, 인식정당성의 후퇴가 낳을 수 있는 결과는 네 가지다.

기초적 믿음에서 끝나든가, 새로운 믿음들로 무한히 진행되든가, 정당하게 되지 않는 믿음에서 끝나든가, 자신으로 되돌아오는 것이 네 가지 가능한 귀결들이다. 선형적 정합론은 기초적 믿음의 존재를 믿지 않는다. 그렇다고, 이 과정이 새로운 믿음으로 무한히 진행된다거나, 정당하게 되지 않은 믿음에서 끝난다고 주장할 수도 없다. 이는 체계 내적인 연관성을 강조하는 정합론의 핵심과 어울리지 않을 뿐 아니라, 명백히 회의론으로 이끌리기 때문이다. 그렇다면, 선형적 정합론에게 남은 선택지는 인식정당성의 후퇴 과정이 다른 믿음들을 거쳐 결국에는 자신으로 되돌아온다는 결론을 받아들이는 것이다. 문제는 이 역시 회의론으로 이끌리는 것으로 보인다는 점이다. 한 믿음이 정당하게 되기 위하여 그 믿음이 우선 정당하게 되어야 한다는 것은 그 믿음의 정당성이 불가능하다는 것을 함축하는 듯하기 때문이다.

그러나 위와 같이 선형적 긍정적 정합론을 비판하는 것은 선형적 긍정적 정합론에 대한 그릇된 이해에 의존하고 있다. 만약, 선형적 긍정적 정합론이 한 믿음의 정당성이 단 하나의 믿음을 전제로 하여서만 가능하다고 주장한다면, 위의 비판은 타당하다. 인식정당성의 후퇴가 단선적인 과정을 거쳐 후퇴가 시작된 믿음으로 되돌아온다면, 이는 인식정당성이 순환적이 되어 불가능하다는 결론이 따르기 때문이다. 그러나 이러한 단선적 구조로 이루어진 인식정당성의 관계는 실제로 발생하지 않으며, 선형적 긍정적 정합론이 이러한 단선적인 구조를 옹호해야 할 이유가 없다. 대부분의 추론적으로 정당하게 되는 믿음들은 복수의 믿음들을 전제로 포함한다. 각기의 전제 믿음들은 또 다른 복수의 믿음들을 전제로 하여 정당하게 된다. 이러한 과정이 진행됨에 따라, 정당성의 출발점을 이루는 믿음의 정당성과 관련된 믿음들의 수는 기하 급수적으로 늘어날 것이다. 이 경우에 그 수많은 선들 중의 하나가 인식정당성의 출발점에 해당하는 믿음으로 되돌아온다고 할지라도, 그것은 별로 큰 문제가 되지 않는다. 왜냐하면, 이러한 구조 속에서는 인식정당성의 후퇴가 자신으로 되돌아오는 것은 극히 부분적일 것이기 때문이다. 정합론은 어차피 믿음들 사이의 상호 지지를 핵심으로 하고 있으므로, 믿음들 사이의 복합적인 지지 관계를 추적하다 보면 그 지지 관계가 부분적으로 자신으로 돌아올 수 있다는 것을 쾌히 받아들일 것이다.

위의 논의가 시사하는 흥미로운 점은 선형적 긍정적 정합론과 전체적 긍정적 정합론 사이의 구분이 앞서 논의한 것처럼 선명하지 않다는 것이다. 모든 정합론에 공통된 핵심적 특성은 기초적 믿음을 부정하는 데에 있다. 이는 모든 믿음들이 그 정당성을 다른 믿음에 의존한다는 주장을 함축한다. 이는 결국 믿음들 사이의 정당성 의존 관계가 상호 의존적이라는 것을 의미한다. 이제 이러한 사실, 그리고 위에서 보여진 바와 같이 정당성의 의존 관계가 진행됨에 따라 한 믿음의 정당성에 영향을 미치는 다른 믿음들의 범위가 급속도로 확대된다는 사실에 비추어볼 때, 선형적 정합론과 전체적 정합론의 차이는 본질적인 것이 아니라 단지 정합성을 바라보는 관점의 차이라는 것이 드러난다.

정합론이 옹호하는 거미줄과 같은 구조 내에서, 한 특정한 믿음이 어떻게 정당하게 되는가라는 질문이 던져진다고 하자. 이 문제는 우선 구조 내에서 그 믿음에 근접한 위치에 있는 믿음들을 도입함으로써 대답될 수 있다. 좀더 거시적인 관점에서 제기될 수 있는 질문은 이 구조 내의 모든 믿음들이 그에 근접한 믿음들에 의하여 정당하게 되는가 하는 것이다. 이에 대하여 정합론은 〈그렇다〉고 대답한다. 기초적 믿음의 부정이 보다 더욱 거시적인 관점에서 제기될 수 있는 질문은 어떤 두 개의 믿음들도 직접적으로 또는 간접적으로 정당성 관계를 통하여 연결되는가 하는 것이다. 정합론은 이에 대하여도 〈그렇다〉고 대답한다. 가장 거시적인 관점에서 제기될 수 있는 질문은 한 믿음의 정당성이 궁극적으로 잘 짜여진 거미줄 체계 내에 위치함으로써 정당하게 되는가 하는 것이다. 정합론은 이 질문에 대하여도 역시 〈그렇다〉고 대답한다.

위의 고찰이 보여주는 것은, 일단 인식정당성에 대한 토대론적인 구조를 부정하게 되면, 거미줄과 같은 모양의 인식정당성 구조가 자연스럽게 뒤따라 나온다는 것이다. 선형적 긍정적 정합론은 이 구조 속에서 특정한 믿음의 정당성이 진행되는 최초 단계에 주목하고 있는 것이며, 전체적 정합론은 동일한 구조 속에서 선형적 정합론의 대답을 더욱 진행하였을 때 나타나는 전반적인 구조에 주목하고 있는 것이다. 결국, 선형적 정합론과 전체적 정합론의 차이는 인식정당성의 구조에 대한 상이한 견해에 있는 것이 아니라, 같은 구조를 보는 관점의 차이에 있는 것이다. 이러한 고찰은 선형적 정합론과 전체적 정합론의 구분이 과장되어서는 안 된다는 것을 보여준다. 따라서, 인식정당성의 후퇴가 선형적 정합론에는 문제가 되고 전체적 정합론에는 문제가 되지 않는다고 생각하는 것은 양자의 차이의 핵심을 올바르게 이해하지 못한 결과로 볼 수 있다.[23]

8 정합론에 대한 도전

8-1 정당성의 상이한 체계들 또는 세계로부터의 괴리

여기서 고려하고자 하는 정합론 비판은 상반된 믿음들로 이루어진 전혀 다른 체계가 같은 정도의 정합성을 가질 수 있다는 사실에 주목한다. 예를 들어, 높은 정도의 정합성을 지닌 한 믿음 체계가 있다고

---

23) Pollock이 선형적 정합론과 전체적 정합론을 선명히 구분한 인식론자인데, 그는 양자의 차이를 본질적인 것으로 이해하여 이와 같은 오류를 범하고 있는 듯하다.

하자. 이 경우에 우리는 이 체계를 이루는 믿음들을 모두 부정함으로써 유사한 정도의 정합성을 지닌 체계를 구성할 수 있다.[24] 양체계가 모두 같은 정도로 고도의 정합성을 갖고 있다면, 정합론은 양체계에 속한 믿음들이 모두 정당하게 된다는 것을 받아들여야 한다. 정합론은 한 믿음의 정당성을 그 믿음이 속한 체계와의 정합성에 의하여 정의하고 있기 때문이다. 그렇다면, 정합론에 따르면, 두 모순된 믿음들이 각기 다른 체계에 정합적으로 속함으로써 동시에 정당하게 될 수 있다는 결론이 나온다. 이는 받아들이기 어려운 결론처럼 보인다.

정합론에 대한 다른 비판은, 정합론에 의하여 인식적으로 정당하게 되었다고 간주되는 믿음들이 세계로부터 완전히 고립될 수 있다는 점이다. 예를 들어, 탁월한 논리적 능력과 출중한 공상력을 겸비한 사람이 기발한 믿음들을 엮어서 잘 짜여진 체계를 구성하였다고 하자. 이 체계는 현실의 세계와 완전히 고립되어 있지만 탁월한 내적인 정합성을 지닐 것이다. 따라서, 인식정당성을 믿음들 사이의 내적 정합성에 의하여 정의하는 정합론은 이러한 체계에 속한 믿음들이 인식적으로 정당하게 된다는 것을 받아들여야 한다. 그러나 이렇듯 세계로부터 전적으로 고립된 믿음들을 〈인식적으로〉 정당하게 되었다고 받아들이는 것은 곤란한 듯하다.

위의 두 비판은 정합론에 대한 비판들 중에서 가장 널리 알려져 있으며, 언뜻 보기에 상이한 비판인 듯하다. 그러나 양자를 조금만 자세히 들여다보면, 양자가 긴밀히 연관되어 있음을 쉽사리 발견할 수 있다. 두 비판의 공통점은 양자가 모두 인식정당성과 진리의 연관성에 대한 특정한 견해에 호소하고 있다는 사실에 있다. 앞서 누차 지적하였듯이, 인식정당성은 진리를 추구하고 거짓을 피하는 목적 하에

---

24) 예를 들어, 믿음 P가 믿음 Q를 확률 0.9로 지지한다면, 믿음 ~Q는 믿음 ~P를 같은 정도로 지지할 것이다.

서 이루어지는 평가적 작업이다. 즉, 믿음들이 인식적으로 정당하게 되었는가를 평가하는 것은 세계에 대한 올바른 표상에 도달하기 위한 수단으로서 의의를 갖는다. 그런데, 만약 인식적으로 정당한 믿음으로 분류되는 것들이 세계에 대한 올바른 표상에 도달하는 데 아무런 기여를 하지 못한다면, 인식정당성의 평가는 무의미한 것으로 보일 수 있다. 위에서 살펴본 두 비판은 인식정당성과 진리의 이러한 연관성 — 인식적으로 정당한 믿음은 참일 개연성이 높아야 한다는 견해 — 에 의존한다. 위의 두번째 비판이 이 견해로부터 도출됨은 자명하다. 두번째 비판이 세계와 고립된 믿음, 또는 그러한 믿음들의 체계가 인식정당성을 낳을 수 없다고 주장하는 이유는 위와 같은 인식정당성과 진리 사이의 연관성을 옹호하기 때문이다. 첫번째 비판도 마찬가지다. 두 체계가 상반된다면, 한 체계는 진리에 가깝고 다른 체계는 진리로부터 멀 수밖에 없다. 이에 대하여, 양체계가 모두 정당하게 된다고 말하는 것은 결국 진리와 인식정당성이 무관하다고 주장하는 셈이다. 첫번째 비판은 이러한 결론을 받아들일 수 없기에, 그 결과를 낳는 정합론을 비판하는 것이다. 다시 말하면, 진리와 인식정당성 사이의 위와 같은 연관성에 의존하지 않으면, 왜 두 상반된 믿음이 각기 다른 체계에 속함으로써 인식적으로 정당하게 된다는 것이 문제가 되는지를 설명할 방법이 없다.

위 비판의 문제점은 인식정당성과 진리의 관계가 위 비판이 가정하는 것처럼 분명하지 않다는 데에 있다. 데카르트가 그의 방법론적 회의론에서 사용한 전능한 기만자의 경우가 인식정당성과 진리의 관계를 비판하기 위하여 쓰일 수 있다.[25] 한 인식자가 데카르트적인 전능한 기만자의 세계에서 살고 있다고 하자. 이 세계에 살고 있는 사

---

25) 이하의 논지는 이 책 4장에서 인식정당성에 대한 발생적 견해를 비판하면서 이미 소개된 바 있다.

람의 믿음은 모두 전능한 기만자의 속임수에 의하여 거짓이 되도록 조작되어, 그 인식자가 아무리 많은 노력을 기울인다고 하더라도, 참된 믿음에 도달할 가능성이 전무하다. 그러나 이 경우에도 인식적으로 정당한 믿음과 그렇지 못한 믿음은 구분될 수 있다. 그 사람이 한 명제를 받아들일 것인가 거부할 것인가를 결정함에 있어서, 자신에게 주어진 감각 경험을 최선을 다하여 조심스럽게 고찰하고 자신이 갖고 있는 모든 정보를 고려하였다고 하자. 그리고 이 사람이 이러한 성찰의 결과로 한 믿음을 받아들였다고 하자. 이 믿음은 그에게 정당하게 될 것이다. 반면에, 그 사람이 순수한 억측에 의하여 한 믿음을 받아들인다고 하자. 이러한 경우에 전자의 믿음은 정당하게 되지만, 후자의 믿음은 정당하게 되지 않는다고 하여야 할 것이다. 그렇지만, 양자의 믿음은 진리와의 연관성에 관한 한 아무런 차이도 없다. 두 믿음이 모두 진리가 될 가능성은 전무하다. 따라서 인식정당성과 참이 될 높은 개연성을 필연적으로 연결시키는 것은 문제가 있다. 즉, 한 믿음이 인식적으로 정당하게 되기 위해서는 그 믿음이 참이 될 개연성이 높아야 한다고 주장하는 것은 인식정당성에 대한 지나치게 강한 요구로서 받아들이기 어렵다는 것을 위 고찰은 명시적으로 보여준다.

8-2 감각 경험으로부터의 괴리

위의 대답이 상당한 설득력을 갖고 있다는 것을 부정하기 어려움에도 불구하고, 많은 독자들은 정합론이, 〈세계와의 괴리〉라고 정확히 표현할 수는 없을지 모르지만, 그와 유사한 어떤 문제점을 갖고 있다는 생각을 떨쳐버리기 어려움을 느낄 것이다. 이러한 생각은 다음과 같은 논증을 통하여 반영될 수 있을 것이다.

대부분의 (아마도 모든) 사람들의 감각 경험은 세계에 의하여 직접적으로 영향을 받고, 이것이 다시 우리의 지각적 믿음을 결정한다. 그러나 이러한 감각 경험을 체계적으로 무시하여 일상인들이 지각적 믿음을 형성하는 방식과 전혀 상이한 방식으로 지각적 믿음을 형성하는 사람이 있다고 하자. 더 나아가 이 사람은 이러한 (일상인의 관점에서) 기이한 지각적 믿음들을 포함하여 매우 정합적인 믿음의 체계를 구성한다고 하자. 이 사람의 믿음들은 인식적으로 정당하게 된다고 말하기 어려운 듯하다.

위와 같은 사람의 믿음 체계는 데카르트적인 전능한 기만자의 고려에 의하여 구제될 수 없다. 전능한 기만자의 세계에서도 감각 경험은 주어지고, 그러한 세계 내에서도 감각 경험을 체계적으로 무시하여 구성된 믿음들은 정당하다고 말할 수 없기 때문이다. 한편, 정합론은 인식정당성을 믿음들 사이의 내적인 정합성만을 통하여 정의하므로, 이러한 믿음들이 인식적으로 정당하다고 주장하여야 한다. 이는 받아들이기 어려운 결론인 듯하다.

여기 도입한 새로운 논증이 앞서의 논증과 다른 점은, 이 논증이 정합론을 세계와의 괴리에 의하여 비판하지 않고, 감각 경험과의 괴리에 의하여 비판한다는 데에 있다. 다음의 그림을 통하여 이 논증이 앞서의 세계로부터의 괴리에 의한 논증과 어떻게 다른가를 살펴보자.

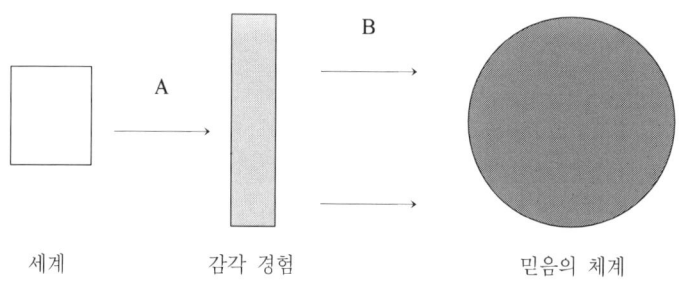

세계   감각 경험   믿음의 체계

세계로부터의 괴리에 의한 정합론 비판은 A의 연관성을 인식정당성의 필요조건으로 제시한다. 그러나 데카르트적인 전능한 기만자의 경우가 이에 대하여 문제를 제기한다. 그러나 B의 연관성만을 인식정당성의 필요조건으로 제시할 경우에는 전능한 기만자의 경우가 문제되지 않는다. 감각 경험으로부터의 괴리에 의한 비판이 바로 A를 고려하지 않고 B를 인식정당성의 필요조건으로 제시한다. 그리고 감각 경험으로부터 괴리된 정합적인 믿음의 체계를 구성할 수 있다는 사실만으로도 정합론을 비판할 수 있는 듯하다. 즉, 경험으로부터 괴리된 믿음들은 정당하게 되었다고 할 수 없는데, 정합론에 따르면 이들이 정당한 믿음으로 분류되기 때문이다.

이 비판이 정합론에 대하여 나름의 문제를 제기하고 있음은 부정할 수 없다. 그러나 이로부터 인식정당성에 대한 정합론이 완전히 붕괴되어 토대론이 전적으로 승리한다는 결론이 나오는지는 분명하지 않다. 위 비판이 보여주는 것은, 한 믿음의 체계가 정당한 믿음들을 산출하려면, 그 체계가 감각 경험의 입력을 무시하는 방식으로 구성되어서는 안 된다는 것이다. 따라서, 믿음의 인식정당성을 순수히 믿음들 사이의 내적인 정합성에 의하여 정의하는 순수한 정합론은 위의 비판을 피할 길이 없다. 그러나 정합론은 자신의 입장을 다소 수정하여 다음과 같이 주장할 수 있다: 한 믿음이 인식적으로 정당화되기 위해서는, 그가 속한 체계의 다른 믿음들과 정합적이어야 하며, 또한 그 체계는 감각 경험의 입력을 무시하지 않는 체계이어야 한다. 이 이론은 순수한 정합론은 아니지만, 아직도 기초적 믿음의 존재를 부정하고 인식정당성을 위하여 다른 믿음들과의 정합성을 강조한다는 점에서 정합론으로 분류될 수 있다. 이러한 점에서 위의 비판은 정합론을 완전히 부정하여 토대론을 옹호하는 논증으로 전환되기 어렵다.

그러나 토대론에 대하여 동조적인 사람들은 위와 같은 방식으로 정합론의 골격을 유지하고자 하는 시도는 성공할 수 없다고 생각할 것이다. 즉, 이들은 한 믿음의 체계가 감각 경험으로부터 일탈하지 않기 위해서는, 감각 경험과 밀접히 연관된 믿음들 — 말하자면 지각적 믿음들 — 이 감각 경험으로부터 떨어져 있는 믿음들 — 소위, 이론적 믿음들 — 에 의하여 수정될 가능성을 원천적으로 막아야 한다고 주장할 것이다. 만약 감각 경험을 인식 체계에 등록하는 지각적 믿음이 기타의 믿음의 영향을 받아 수정되는 것이 무제한적으로 용납된다면, 믿음의 체계가 감각 경험으로부터 일탈하는 것이 가능하기 때문이다. 따라서, 지각적 믿음을 받아들여야 할 것인가 아닌가에 대한 판단, 즉 지각적 믿음의 인식정당성은 이론적 믿음의 영향을 받지 않아야 한다는 결론이 따라나온다. 이것이 너무 강한 결론이라면, 지각적 믿음의 인식정당성은 최소한 상당한 정도 이론적 믿음에 의존하지 않고 감각 경험에 의존한다는 결론이 따라 나올 것이다.

경험으로부터의 괴리에 의한 정합론 비판이 이 정도까지 발전되면, 토대론이 정합론에 비하여 상당히 우세한 입장에 놓인다. 위 비판을 받아들일 경우, 정합론은 한 믿음의 인식정당성을 순수히 믿음들 사이의 내적인 정합성에 의하여 정의하는 순수한 형태에서 후퇴할 뿐 아니라, 지각적 믿음들의 정당성이 근본적으로 경험에 주어진 것에 의하여 결정된다는 온건한 토대론의 입장으로 수렴된다. 이 경우에도 정합성을 인식정당성을 위한 추가적 요소라고 주장함으로써, 인식정당성에서 정합성이 차지하는 위치를 고집할 수 있다. 그러나 이쯤되면 그러한 이론을 정합론이라고 부르는 것이 무슨 의미가 있는지가 의심스럽게 된다.

지금까지의 논의에 따르면, 경험으로부터의 괴리에 의한 정합론 비판은 상당한 효력을 갖는 듯이 보인다. 정합론의 틀을 유지하면서 이 비판을 수용하고자 하는 시도는 결국 토대론으로 변형되기 때문이다. 그러나 우리는 이 비판을 받아들임에 있어서 조심할 필요가 있다. 왜냐하면, 이 비판은 한 중요한 전제를 포함하고 있는데, 이 전제가 토대론과 정합론 사이의 핵심적이고도 치열한 공방전이 있는 곳에서 토대론의 편을 들고 있기 때문이다.

이 전제는 다름 아니라 한 사람이 갖는 감각 경험의 내용은 그 사람이 이미 갖고 있는 믿음 체계 또는 배경 지식에 의하여 영향을 받지 않는다는 전제다. 이 전제가 부정되어서, 한 사람이 어떠한 감각 경험을 갖게 되는가 하는 것은 그 사람이 어떠한 배경 지식을 갖는가에 의하여 영향을 받는다고 가정해 보자. 이 가정을 받아들이게 되면, 지각적 믿음이 인식적으로 정당하기 위해서는 주어진 감각 경험으로부터 괴리되어서는 안 된다는 주장으로부터 그러한 지각적 믿음이 기초적 믿음이라는 결론이 따라나오지 않는다. 감각 경험의 내용이 그 체계를 이루는 믿음들에 의하여 영향을 받는다면, 겉보기에 단지 감각 경험에 의하여 인식정당성이 결정되는 듯한 믿음들도 결국은 그 정당성을 다른 믿음들에 의존하게 되기 때문이다. 결국 감각 경험의 배경 지식 의존성을 받아들이게 되면, 감각 경험을 인식정당성의 중요한 요소로 도입하더라도 믿음들의 인식정당성은 궁극적으로 믿음들 사이의 정합성에 의하여 결정되는 것으로 나타난다.

9 토대론과 정합론의 진정한 싸움터

지금까지 정합론은 흔히 선형적 정합론과 전체적 정합론으로 구분되며, 양자의 구분은 한 믿음의 정당성을 근시적으로 보는가, 원시적으로 보는가에 달려 있을 뿐 그 본질에 있어서는 차이가 없음을 보았다. 그리고 정합론에 대한 기존의 여러 비판들을 살펴보았다. 인식정당성의 후퇴에 의한 비판, 세계로부터의 괴리에 의한 비판들이 정합론에 대한 심각한 비판으로 널리 받아들여지고 있으나, 면밀히 검토한 결과 이들이 정합론에 대하여 심각한 문제를 제기하지 못함이 밝혀졌다. 다만 경험으로부터의 괴리에 의한 비판은 정합론에 대한 매우 강력한 비판으로 보이는데, 우리는 이 비판이 하나의 중요한 전제를 포함하고 있음을 보았다. 그 전제는 감각 경험 자체는 배경 지식(한 믿음 체계를 이루는 이론적 믿음들)에 그 내용을 의존하지 않는다는 것이다.

이 전제가 바로 토대론과 정합론의 피나는 싸움이 있는 곳, 또는 있어야 할 곳이다. 감각 경험이 이론에 의존하는가 아닌가 하는 논점은 정합론이 경험으로부터의 괴리에 의한 비판을 견디어 낼 수 있는가 하는 문제와 관련될 뿐 아니라, 토대론의 사활과도 관련된다. 이미 보았듯이, 이 논점은 토대론의 가장 설득력 있는 형태인 온건한 토대론의 핵심을 건드리고 있기 때문이다. 온건한 토대론의 핵심 주장은 지각적 믿음이 다른 믿음에 의존하지 않고 감각 경험에 의하여만 정당성 여부가 결정된다는 것인데, 만약 감각 경험의 내용이 다른 믿음들에 의존하여 결정된다면, 그 핵심 주장이 붕괴될 것이기 때문이다. 요약하자면, 감각 경험이 이론의존적이라고 한다면, 감각 경험의 입력을 중시하는 믿음 체계도 궁극적으로 정합론의 체계를 지닐 수밖에 없게 되어 정합론이 승리한다. 한편, 감각 경험이 이론독립적이라면, 경험으로부터의 괴리에 의한 정합론 비판이 효력을 발휘함과 동시에 경험에 의하여 정당하게 되는 지각적 믿음은 기초적 믿음의 지위를 확보하게 되어 토대론이 승리한다.

감각 경험의 이론의존성 문제는 20세기 중반 이후 영미 분석 철학을 지배하였다고 해도 과언이 아닐 정도로 중요한 문제다. 이 문제를 논의한 철학자들의 목록을 작성하면, 수많은 영향력 있는 철학자들이 그에 포함될 것이다. 이 문제를 논의하려면 또 한 권의 책이 필요할 것이며, 이 논의는 이 책의 범위를 넘어선다. 다만 여기서는 토대론과 정합론의 논쟁이 단지 인식정당성의 구조에 대한 한정된 영역에 제한된 문제가 아니라, 경험의 이론 의존성과 관련된 보다 근본적인 인식론의 문제와 밀접히 연관된 것임을 보인 것으로 만족하고자 한다.

그러나 이 장을 마무리하기에 앞서 한가지 지적할 만한 점은 현대에는 경험 내지 관찰의 이론의존성 논쟁이 경험 과학과 밀접히 관련을 맺으면서 제기된다는 점이다. 그 몇 가지 예를 살펴보자.

　형태심리학 Gestalt Psychology에 고무된 신시각심리학자들 New Look Psychologists은 사람들이 갖고 있는 배경 지식 여하에 따라 감각 경험이 달라질 수 있다는 것을 보이는 많은 예들을 제시하고자 하였다. 잘 알려진 바와 같이, 같은 그림이 때로는 오리로 때로는 토끼로 보이는 경우, 또는 음영 없이 직선만으로 그려진 정육면체의 한 면이 때로는 전면으로 때로는 후면으로 관찰될 수 있는 경우들이 그 예로 제시된다. 여기서는 뮐러-라이어의 도형을 예로 살펴보자.

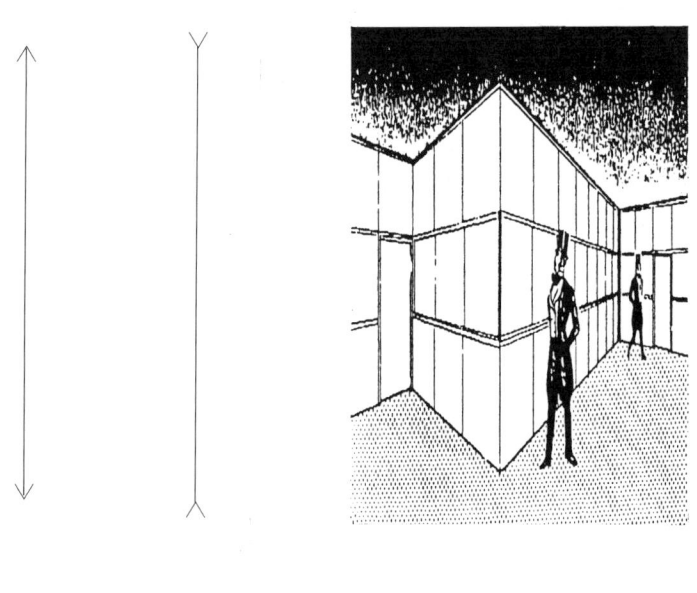

(a)　　　　　　　　　　(b)

(a)의 두 직선의 길이는 실제로 동일함에도 불구하고, 오른쪽의 직선의 길이가 현저히 더 길게 관찰된다.[26] 그 이유를 심리학자들은 다음과 같이 설명한다. 일상적인 체험에서 왼쪽 직선은 볼록한 면에 해당하고 오른쪽 직선은 오목한 면에 해당된다. (b)는 이러한 경우가 현실에서 발생하는 상황을 예시하고 있다.

이러한 누적된 일상적 체험의 결과로, 위의 두 도형을 접할 때 우리 인식 체계는 볼록한 면을 나타내는 A가 오목한 면인 B보다 우리에게 더 가까이 있다고 가정하게 된다. 그런데도, 두 선이 같은 길이로 시각에 상을 맺고 있다. 따라서, 우리의 인식 체계는 더 멀리 있는 직선, 즉 B에 포함된 직선의 길이가 실제로는 더 길다고 판단하게 되며, 이것이 우리의 관찰에 직접 영향을 미쳐 실제로 그렇게 관찰된다는 것이다.

위와 유사하면서도 더 극적인 한 예는 줄어드는 점의 실험이라고 불리는 것이다. 우리에게 순간적으로 밝은 빛을 비추면, 우리의 시각에 검은 원형의 상이 나타난다. 이 상태에서 벽을 바라보면, 그 상은 마치 벽에 그려진 검은 도형처럼 보인다. 이제 그 사람으로 하여금 벽으로 다가가게 한다. 벽으로 다가감에 따라, 그 도형의 크기가 달라질 리 없다. 그러나 그에게 이 점은 점차 그 크기가 줄어드는 것처럼 관찰된다. 왜 그럴까? 이 이유를 심리학자들은 다음과 같이 설명한다.[27] 우리의 일상적 체험으로부터 얻어진 지식에 따르면, 벽에 점이 그려져 있을 경우에 그 점은 우리가 벽 가까이 다가감에 따라 크게 보이게 마련이다. 그러나 위 실험의 경우에는 벽에 다가감에도 망막에 맺힌 상의 크기가 변화하지 않는다. 이는 세계에 대한 일반적 지식과 상충된다. 위의 일반적 지식에 모순되지 않게 주어진 현상을 포

---

26) 이 그림은 Churchland(1989)에서 빌려온 것이다.
27) Gregory(1970/1981).

섭하는 방법은 점의 크기가 다가감에 따라 줄어들고 있다고 가정하는 것이다. 그리고 실제의 관찰은 이러한 가정에 맞게 나타난다. 이 경우는 또다시 우리의 일반적 지식이 구체적인 관찰의 형성에 영향을 미치고 있음을 보여주는 듯하다.

위의 현상들은 우리의 감각 경험 또는 관찰이 우리의 배경 지식에 의하여 현저히 영향을 받고 있음을 보이는 듯이 보이며, 처칠랜드와 같은 철학자는 위와 같은 현상들에 호소하여 관찰의 이론의존성을 주장한다.[28] 그는 여기에 머물지 않고 그를 뒷받침하는 신경생리학적 증거를 제시하기도 한다. 뇌에서 일어나는 전기 화학적 반응 경로를 추적해 보면, 망막에서 시작하여 점차 고차적인 처리 장치로 이어지는 경로가 있으며, 이와 상응하여 고차적인 단계에서 망막까지 이어지는 반대 방향의 경로가 또한 있다는 것이다. 처칠랜드는 이러한 신경생리학적인 증거가 고차적 정보 처리 장치가 말단의 시각 작용에 영향을 미친다는 것을 시사한다고 주장한다. 이에 반대하여, 포더는 우리의 시각 처리 장치는 고차적인 정보 처리 장치들로부터 폐쇄되어 있다고 주장한다.[29] 그는 앞서 살펴본 착시 현상들이 우리가 그들이 착시임을 안 후에도 지속된다는 사실이 관찰이 배경 지식의 영향을 받지 않음을 보여준다고 주장한다. 그는 더 나아가 우리의 인식 체계가 상대적으로 폐쇄된 모듈들로 이루어져 있다는 여러 논증들을 제시한다.

이상의 논의에서 나타나는 바와 같이, 심리학 또는 인지과학의 연구 성과들이 우리의 관찰 또는 감각 경험이 이론의존적인가 하는 문제에 관하여 결정적인 대답을 제공하지는 않는다. 그 연구 성과들이 상이하게 해석될 가능성이 있으며, 이는 여전히 철학자의 과제로 남

---

28) Churchland(1989).
29) Fodor(1984).

을 것이기 때문이다. 그러나 위와 같은 경험적 자료를 통하여 경험의 이론의존성 문제가 논의될 때, 인식정당성에 관한 철학적 문제는 구체성을 띠고 생동감 있게 논의될 수 있을 것이다.

제 7 장 회의론

우리는 2장과 3장에서 지식에 대한 전통적 정의에서 시작하여, 지식에 대한 올바른 분석은 어떠한 모습을 지녀야 하는가를 살펴보았다. 그리고 4장에서 6장에 걸쳐 인식정당성에 대한 여러 입장들을 평가하면서 살펴보았다. 물론 지금까지의 우리의 논의가 지식과 인식정당성에 대한 하나의 확정적으로 올바른 이론을 제시한 것은 아니다. 지식에 대한 논의를 통하여 신빙성 있는 지표 이론까지 살펴보았지만, 아직까지도 이 이론이 올바른가에 대하여는 많은 논의가 진행중이다. 인식정당성의 문제도 마찬가지다. 대표적으로 토대론과 정합론 사이의 논의는 아직 결론이 나지 않은 채로 남겨져 있고, 인식적으로 정당한 믿음이 객관적으로 참일 확률이 높아야 하는가의 문제 역시 아직 미결로 남겨져 있다. 이들은 아직도 인식론에서 활발히 논의되고 있다. 이들 문제들이 아직 미결인 채로 남아 있기는 하지만 지금까지의 논의를 통하여 독자들은 지식의 문제와 인식정당성의 문제에 대하여 어느 정도 친숙해졌으리라 기대한다.

  이 장에서는 이 책의 서론에서 약속한 대로 회의론의 문제를 다루고자 한다. 서론에서 지적하였듯이 회의론은 지식 또는 인식정당성에 대한 나름의 견해를 포함하고 있어야만 합리적인 주장일 수 있다. 지식의 경우에 주목하자. 한 명제에 대한 믿음이 지식이 될 수 없다는 것을 그 명제에 관한 회의론이라고 부를 수 있다. 이 회의론이 합리적인 형태이기 위해서는 그 명제에 대한 믿음이 왜 지식이 될 수 없는가를 설명할 수 있어야 한다. 아무 이유를 제시하지 않고 그저 그 명제에 대한 믿음이 지식이 될 수 없다고 주장하는 그러한 맹목적 회의론은 없는 듯하며, 그러한 회의론이 있다고 하더라도 그것은 별로 고려할 가치가 없다. 주의를 기울일 가치가 있는 회의론은 한 명제에 대한 믿음이 지식이 되기 위해서는 이러저러한 조건을 만족시켜야 하는데 우리의 믿음이 그러한 조건을 만족할 수 없다는 주장을 포함해야 할 것이다. 그렇다면, 회의론에 대한 철학적 논의가 생산적으로 이루어지기 위해서는 우선 회의론이 지식 또는 인식정당성에 대한 어떤 조건을 함축하고 있기에 지식이 불가능하다고 생각하는가를 파악하여야 한다. 그런 후에 그 조건이 과연 정당한가, 그리고 정당하다면 회의론자들이 주장하는 대로 회의론으로의 길을 마련하는가 등을 논의해야 할 것이다.

6장까지에서 제시한 지식 및 인식정당성에 대한 분석이 회의론 논의를 위한 중요한 배경이 된다. 만약 회의론이 함축하는 조건이 우리가 이미 살펴본 지식에 대한 조건과 잘 부합한다면, 우리의 논의에 힘입어 회의론은 더욱 설득력을 지니게 될 것이다. 반면에, 회의론이 전제하는 지식의 조건이 우리의 분석과 배치된다면, 이는 회의론을 재고할 이유를 제공하게 될 것이다. 즉, 이러한 경우에는 회의론이 함축하는 지식의 조건이 지나치게 강한 것은 아닌지를 검토해 보아야 할 것이다. 이러한 평가적 작업을 하기 위하여 우선 회의론의 주장은 무엇이며, 전통적인 회의론 논증이 함축하는 지식관은 어떠한가를 살펴보기로 하자.

1 회의론의 유형들

회의론의 일반적 형식은 일정한 집합의 진술들이 의심스러움을 주장하는 데에 있다. 예를 들어, 윤리적 회의론은 윤리적 기준에 대한 진술들이나, 또는 개별적 행위 또는 성질의 옳고 그름에 대한 진술들이 의심스럽다고 주장한다. 마찬가지로, 인식론적 회의론은 일상적으로 받아들여지는 인식적 진술들이 의심스럽다는 주장으로 이루어진다.

여기서 의심의 대상이 되는 인식적 진술이 지식에 관한 진술인가, 아니면 인식정당성에 대한 진술인가에 따라 회의론은 지식에 대한 회의론과 인식정당성에 대한 회의론으로 구분될 수 있다. 예를 들어, 외적인 경험적 대상에 대한 진술들의 집합에 대한 인식론적 회의론을 살펴보자. 우리는 많은 경우에 이들 진술들을 어떤 사람이 안다고 주장하는데, 이에 대하여 회의론은 그러한 주장이 의심스럽다고 반론을 제기할 수 있으며, 이러한 회의론은 지식에 대한 회의론이다. 반면, 이들 진술들에 대한 믿음이 인식적으로 정당하게 된다는 일상적인 주장이 의심스럽다고 주장할 수 있는데, 이는 인식정당성에 대한 회의론에 해당한다.

회의론은 다시 적용되는 진술들의 범위에 따라 **포괄적 회의론** *global skepticism*과 **국지적 회의론** *local skepticism*으로 구분될 수 있다. 어떤 진술에 대하여도 우리가 지식을 가질 수 없다든가 인식적으로 정당한 믿음을 가질 수 없음을 주장하는 회의론은 포괄적 회의론이다. 반면에, 선험적 진술들에 대하여는 지식을 가질 수 있지만, 경험적 명제에 대하여는 지식을 가질 수 없다고 주장하는 회의론은 국지적 회의론에 해당한다. 경험적 진술에 대하여는 지식을 가질 수 있지만, 도덕적 진술에 대하여는 지식을 가질 수 없다고 주장하는 회의론 역시 국지적 회의론에 해당한다. 여기서 한 가지 주목할 점은 포괄적인가 국지적인가는 정도를 나타내는 상대적 개념이라는 점이다. 한 회의론은 일정한 집합의 진술들에 대하여 의심을 적용하는데, 이 회의론은 그보다 더 큰 집합의 진술들에 의심을 적용하는 회의론에 비해서는 덜 포괄적(따라서 더 국지적)이고, 그보다 적은 집합의 진술들에 의심을 적용하는 회의론에 비해서는 더 포괄적(따라서 덜 국지적)이다. 이 책은 경험적 지식의 문제를 다루기로 하였으므로, 이 장은 경험적 진술들에 대한 인식적 회의론을 다룰 것이다. 따라서, 다른 유형의 진술들에 대한 회의론은 이 책에서 다루어지지 않을 것이다.

회의론은 그 주장이 포함하는 강도 또는 양상에 따라 또다시 필연적 회의론과 현실적 회의론으로 구분될 수 있다. 현실적 회의론은 주어진 진술들에 대하여 우리가 실제로 지식을 갖고 있지 않다고 주장하는 입장이다. 필연적 회의론은 그들 진술들에 대하여 우리가 지식을 갖는 것이 불가능하다고 주장하는 입장이다. 필연적 회의론이 현실적 회의론에 비하여 강한 입장임은 자명하다. 한 사람이 주어진 명제에 대하여 지식을 갖는 것이 불가능하다면, 그가 현재 그 진술에 대하여 현실적으로 지식을 갖고 있지 않다는 결론이 당연히 뒤따른다. 즉 필연적 회의론은 현실적 회의론을 논리적으로 함축한다. 그러나 현실적 회의론이 필연적 회의론을 논리적으로 함축하지는 않는다. 한 명제에 대한 현실적 회의론은 내가 현재 그 명제가 묘사하는 사실을 알고 있지 않다고 주장할 뿐이다. 따라서, 현실적 회의론은 그 사실을 내가 현재 알고 있지 않지만, 미래에는 알 수 있다고 주장할 수 있다.

위에서 구분한 세 가지 차원에서 각각 어떤 입장을 취하는가에 따라 회의론은 다양한 유형으로 나타날 수 있다. 예를 들어, 인식정당성에 대한 포괄적 필연적 회의론이 있을 수 있을 것이며, 지식에 대한 국지적 필연적 회의론이 있을 수 있다. 포괄성과 국지성의 측면에서 회의론은 여러 형태가 있을 수 있지만, 단지 국지적 회의론과 포괄적 회의론의 두 형태만이 이 차원에서 주어진다고 하더라도 위에서 제시한 구분에 따르면 여덟 유형의 회의론이 있을 수 있을 것이다.

전통적 인식론에서 주목을 받아온 대부분의 회의론은 우리가 모든 (또는 극소수의 예외를 제외한 모든) 경험적 진술에 대하여 지식 또는 정당한 믿음을 가질 수 없다고 주장한다. 이러한 회의론은 필연적 회의론이며, 경험적 진술들의 집합에 관한 포괄적 회의론이다.[1] 이들 회의론이 주목을 받은 이유는 바로 그들이 포괄적 필연적 회의론이기 때문일 것이다. 만약 한 회의론이 경험적 진술들의 집합에 관한 국지적 회의론이라면, 다시 말하여, 한 회의론이 경험적 진술들의 집합 중에서 그 일부에 국한하여 그들의 인식론적 지위를 의심한다면, (물론 의심 대상이 되는 진술들이 어떤 것인가에 따라 다르기는 하겠지만) 그러한 회의론은 그다지 놀라울 것이 없다. 외적 세계에 대한 진술들 중에서 의심의 대상이 될 수 있는 것들은 항상 있을 수 있겠기에 말이다. 그러나 회의론이 외적 세계에 대한 모든 진술들에 관한 한 우리가 지식을 갖고 있지 않다고 주장하든가, 그들 모두에 대하여 우리가 정당한 믿음을 갖고 있지 않다고 주장한다면, 이는 우리의 일상적 신념에 위배되는 주장으로 인식론에 관심을 갖는 사람의 주목을 끌지 않을 수 없다. 회의론이 우리들이 단지 현재 지식을 갖고 있지 않다고 주장하는 데서 더 나아가 우리가 영영 지식을 가질 수 없다고 주장할 경우에 상황은 더욱 심각해진다. 이는 인간들이 아무리 많은 노력을 기울인다 하더라도 지식을 가질 수 없다는 결론을 함축한다. 이는 지식을 정의하고 그에 따라 인간의 인식 행위를 평가함으로써 궁극적으로 인간의 지적 행위를 향상하는 것을 인식론의 한 중요한 의의로 생각하는 인식론자들에게는 심각한 위협이 아닐 수 없

---

[1] 이는 경험적 진술들의 집합에 논의를 제한할 때 포괄적 회의론이지만, 이 회의론이 비경험적 진술들(선험적 진술, 도덕적 진술 등)에 관한 회의론으로 발전하는가 아닌가에 따라 진술들의 모든 집합에 상대적으로는 포괄적 회의론일 수도 국지적 회의론일 수도 있다.

다. 이러한 이유들 때문에 경험적 진술들에 관한 포괄적 필연적 회의론이 인식론 내에서 회의론이라는 제목 하에 주된 논의의 대상이 되어왔다. 이 장도 이러한 회의론의 논의에 초점을 맞출 것이다.

2 회의론 논증

2-1 첫째 논증: 실수로부터의 논증

다음의 예를 보자. 나는 지금 숲속에서 한 짐승의 발자국을 발견하고서 사슴이 이 지역에 있다고 믿는다. 그런데 과거에 나는 지금 내가 보고 있는 것과 동일한 증거를 갖고서 그 지역에 사슴이 있다고 믿었던 일이 있었다. 그리고 그때의 나의 믿음은 거짓으로 판명이 났다. 이 예에서 나의 과거의 믿음은 지식이 아니다. 한 믿음이 지식이 되기 위해서는 참이어야 하는데, 그 믿음은 거짓이기 때문이다.

실수로부터의 논증은 이렇게 실수를 범한 과거의 사례에 비추어 현재의 믿음 역시 지식이 될 수 없다고 주장한다. 현재와 과거의 나의 두 믿음은 동일한 내용을 갖고 있으며, 이 믿음을 뒷받침하는 내가 갖고 있는 정보나 증거에 관한 한 과거와 현재 사이에 아무런 차이도 없다. 그렇다면, 두 믿음은 동일한 인식론적인 지위를 가져야 한다. 즉, 두 믿음은 동시에 지식으로 간주되거나, 동시에 지식이 아닌 것으로 간주되어야 한다. 따라서, 과거의 믿음이 지식이 아니므로 현재의 믿음 역시 지식이 아니라는 것이다.

위의 논증은 동일한 인식적 상황에서의 과거의 실수를 현재의 믿음이 지식이 될 수 없음을 입증하기 위한 전제로 사용하고 있다. 그러나 그러한 실수의 사례가 과거에 실제로 발생했다는 사실이 이 논증에 필수적인 것은 아니다. 실수를 범하는 경우가 단지 가능성으로 주어진다고 하더라도, 위의 논증은 동등한 효력을 지닐 수 있을 것이다. 실수를 범하는 경우가 단지 가능한 경우라 하더라도, 이 경우의 믿음과 현재의 나의 믿음이 동등한 인식적 지위를 가져야 한다면, 가능한 경우의 믿음이 지식이 아니라는 사실로부터 현재의 나의 믿음이 지식이 아니라는 결론을 이끌어낼 수 있기 때문이다.

데카르트가 『성찰』에서 방법적 회의론을 전개하면서 사용한 전능한 기만자의 예를 다시 보자. 데카르트는 다음과 같은 경우를 상상할 것을 제안한다. 나의 정신 세계를 지배하는 기만자가 있어서, 나에게 주어지는 모든 감각 경험은 이 존재에 의하여 조작된다. 이 기만자는 전능해서 그가 나에게 부여하는 감각 경험들은 정교하고 정합적이다. 따라서, 외부의 세계가 존재하지 않음에도 불구하고 나는 이 조작된 감각 경험에 의존하여 외부의 세계가 존재한다고 믿는다. 이제 데카르트가 상상한 이러한 가능한 경우가 어떻게 위의 실수를 통한 회의론 논증에서 사용될 수 있는가를 보자.

내가 실제로 컴퓨터를 보면서 내 앞에 컴퓨터가 있다고 믿는다고 하자. 이에 대응하여 우리는 컴퓨터가 없는데 전능한 기만자의 조작에 의하여 컴퓨터가 있다고 생각하는 가능한 경우를 생각하여 볼 수 있다. 실수에 의한 회의론 논증은 이러한 두 경우에 인식 내적인 상황이 동일하므로 두 믿음의 인식적 (지식 여부의) 지위가 동일하다고 주장한다. 그런 후에 전능한 기만자에 의하여 조작된 믿음은 거짓인 전형적인 실수의 경우로서 지식이 될 수 없음을 지적한다. 이로부터, 내가 실재의 컴퓨터를 보고서 나의 앞에 컴퓨터가 있다고 믿는 것 역시 지식이 될 수 없다고 주장한다.

이 논증은 다음과 같이 요약될 수 있다.

경우 1 : 나는 내 앞에 컴퓨터가 있다고 믿는다. (실제 상황)
경우 2 : 나는 전능한 기만자에 의하여 조작된 경험에 의거하여 내

앞에 컴퓨터가 있다고 믿는다. (가설적 상황)

(1) 두 경우에 증거를 포함한 나의 인식적 상황은 동일하다.
(2) 경우 2에서 나의 믿음은 실수를 범하는 경우로 지식이 아니다.
(3) 만약 두 믿음이 인식 내적으로 동일한 상황에서 발생하였다면, 두 믿음은 동일한 인식적 지위를 갖는다.
(4) 따라서, 경우 1의 나의 믿음은 지식이 아니다.

이 논증은 타당하며, (1)과 (2)는 전능한 기만자의 가설에 의하여 자명하다. 따라서, 이 논증의 성공 여부는 전제 (3)에 달려 있으며, 이것이 바로 실수로부터의 회의론 논증의 핵심을 이룬다.

전제 (3)은 헤어 R. M. Hare에 의하여 윤리학에 도입된 보편화 가능성 Universalizability의 원리를 상기시킨다. 이에 따르면, 한 행위에 대하여 일정한 윤리적 판단을 내릴 경우에, 동일한 상황이 성립하는 다른 경우들에도 동일한 윤리적 판단을 내려야 한다. 한 경우에 일정한 윤리적 판단을 내렸는데, 만약 다른 경우에 동일한 조건이 성립하였음에도 불구하고 상이한 윤리적 판단을 내린다면 이는 받아들일 수 없는 비일관적인 태도라는 것이다. (3)은 이러한 보편화 가능성의 원리를 지식의 경우에 적용한 것이다. (3)에 따르면 지식 판단의 배경을 이루는 것은 경험, 믿음, 욕구 등의 심리 상태의 총체이며, 이러한 배경이 동일한 한에서는 같은 내용의 믿음에 대하여는 지식 여부에 관한 한, 같은 판단을 내려야 한다는 것이다.

위와 같은 회의론 논증은 경험적 지식에 관한 포괄적이고 필연적인 회의론이 될 것임은 자명하다. 어떠한 경험적 명제에 대하여도 위와 같이 전능한 기만자에 의하여 조작되어 거짓 믿음을 믿는 경우를 상정할 수 있을 것이기 때문이다.

2-2 둘째 논증 : 지식의 폐쇄성을 통한 논증

이 논증은 한 명제에 대한 믿음이 지식이라면, 그 명제가 연역적으로 함축하는 명제에 대한 믿음도 지식이 된다는 전제를 핵심으로 한다. 다음의 예들을 보자. 영식이가 아버지라고 하자. 내가 그러한 사실을 알기 위해서는 나는 영식이가 남자라는 것을 알아야만 한다. 내가 만약 영식이가 남자임을 알지 못한다면, 나는 그가 아버지임을 안다고 할 수 없다. 나는 영식이가 남자인지 아닌지는 모르지만, 그가 아버지라는 것은 안다라고 하는 것은 말이 되지 않는다. 마찬가지로, 내가 영자가 변호사임을 알기 위해서는, 나는 영자가 법률가임을 알아야만 한다. 다시 말하면, 내가 영자가 법률가임을 알지 않고서는, 나는 그녀가 변호사임을 알 수 없다. 〈나는 영자가 법률가인지 아닌지는 모르지만, 그녀가 변호사라는 것은 안다〉라는 진술이 말이 되는가를 보라.

위의 예들에서 주목할 것은 〈영식이가 아버지〉라는 명제가 〈영식이가 남자〉라는 명제를 연역적으로 함축하며, 〈영자가 변호사〉라는 명제가 〈영자가 법률가〉라는 명제를 함축한다는 점이다. 그리고 위의 예들은 명제들 사이의 연역적 함축 관계가 성립할 때, 그 명제들에 대한 지식들 사이에도 동일한 연역적 함축 관계가 성립함을 보여주는 듯하다. 즉 〈영식이가 아버지〉라는 명제가 〈그가 남자〉라는 명제를 연역적으로 함축할 때, 영식이가 아버지라는 것을 아는 것은 영식이가 남자라는 것을 아는 것을 함축하며, 이런 이유에서 영식이가 남자라는 것을 알지 못한다면 영식이가 아버지라는 것을 알 수 없다는 것이다.

노직 R. Nozick은 지식의 연관성에 대한 이러한 견해를 연역적 함축 하에서의 지식의 폐쇄성의 원리 *Principle of Closure of Knowledge under Deductive Entailment*라고 부른다. 이 원리는 다음과 같이 도식화될 수 있다.

PC: 임의의 두 명제 M와 N에 대하여,
[KM & (M → N)] → KN 또는 (M → N) → (KM → KN)

(KM은 〈M을 안다〉를 의미하고, 〈M → N〉은 M이 N을 연역적으로 함축한다는 것을 의미한다.)

영식이와 영자의 예에서 보듯이, 이 원리는 나름대로 직관적 설득력이 있는 듯이 보인다. 이제 위 원리가 앞 절에서 본 전능한 기만자의 경우와 결합할 때 어떻게 포괄적 회의론을 낳게 되는가를 보자. 〈내 앞에 컴퓨터가 있다〉라는 명제를 P라 하고, 〈내 앞에 컴퓨터가 없는데, 전능한 기만자가 나의 경험을 조작하여 나로 하여금 마치 내 앞에 컴퓨터가 있는 것처럼 느끼게 한다〉는 명제를 SH라 하자.

이로부터 PC의 원리가 어떻게 회의론을 이끌어내는가를 이해하기 위하여 우리는 두 가지 사실에 주목할 필요가 있다. 첫째는 명제 P가 명제 SH의 부정을 함축한다는 점이다. 내 앞에 사실 컴퓨터가 있다면, 컴퓨터가 없는데 기만자가 그렇게 보이게 한다는 명제는 거짓일 수밖에 없다. 둘째는 나는 SH가 거짓임을 알지 못한다는 점이다. 내가 실제로 살고 있는 세계가 물리적 사물로 이루어진 그러한 현실 세계라 하더라도, 나는 나의 세계가 전능한 기만자에 의하여 조작된 세계가 아니라는 것을 알지 못한다.[2] 개별적 사태들에 대한 믿음들에

---

2) 다시 말하면, 우리는 일반적으로 우리가 살고 있는 세계가 전능한 기만자의 세계가 아니라고 믿고 있지만 이 믿음이 지식이 되지 못한다는 것이다. 내가 살고 있는 세계가 전능한 기만자의 세계인가 아니면 물리적 사물들로 이루어진 세계인가를 결정하기 위하여 나는 나의 경험에 호소할 수밖에 없다. 그러나 가정상 전능한 기만자의 세계와 현실 세계의 차이는 나의 감각 경험의 차이를 통하여 드러나지 않는다. 즉 두 경우에 나에게 주어지는 감각 경험은 정확히 동일하므

대하여도 유사한 결론이 따른다. 내가 일정한 감각 경험에 의존하여 내 앞에 컴퓨터가 있다고 믿는 경우에 나는 나의 감각 경험이 전능한 기만자에 의하여 조작된 것이 아니라는 것을 알고 있는가? 내가 나의 세계가 전능한 기만자의 세계가 아니라는 것을 알지 못한다면, 이 질문에 대한 명백한 대답은 〈아니오〉다. 가정상 전능한 기만자의 세계와 현실 세계에서 나에게 주어지는 감각 경험은 정확히 일치하기 때문에, 현실 세계에서 나에게 주어지는 경험의 어떤 것도 나의 감각 경험이 전능한 기만자가 아니라 물리적 사물에서부터 주어졌음을 보일 수 없기 때문이다.

이제 연역적 함축 하에서의 지식의 폐쇄성의 원리 PC는 다음과 같이 명제 P에 대한 회의론을 도출한다: P는 SH가 거짓임을 연역적으로 함축하므로, 내가 P를 아는 것은 내가 SH가 거짓임을 안다는 것을 함축한다(PC). 그런데, 나는 나의 경험이 전능한 기만자에 의하여 조작된 것이 아니라는 것(SH가 거짓임)을 알지 못한다. 그렇다면, 나는 P를 알지 못한다는 결론이 따른다. 이 논증을 형식화하면 다음과 같다.

(1) $P \rightarrow \sim SH$
(2) $[KP \ \& \ (P \rightarrow \sim SH)] \rightarrow K \sim SH$ PC
(3) $\sim K \sim SH$ (앞 절의 전제 2)
(4) 따라서, $\sim KP$

로, 나의 감각 경험은 내가 살고 있는 세계가 전능한 기만자의 세계가 아니라는 어떠한 실마리도 제공하지 못한다. 따라서, 나의 세계가 전능한 기만자의 세계인지 아닌지를 결정하기 위하여 감각 경험에 호소할 수밖에 없는 나로서는 나의 세계가 전능한 기만자의 세계가 아니라는 아무런 증거도 갖고 있지 못하며, 따라서 실제로 나의 세계가 전능한 기만자의 세계가 아니라 하더라도 나는 그것을 알지 못한다.

이 논증은 타당하며, (1)과 (3)이 참이라는 것은 이미 설명되었다. 따라서 이 논증의 성공 여부는 (2)에 달려 있으며, 이것은 바로 지식의 연역적 함축 하에서의 폐쇄성의 원리다. 다시 말하면, PC를 받아들이는 한, 위 논증의 결론은 피할 수 없다. 이런 방식으로 PC는 내가 SH가 거짓임을 알지 못한다는 전제에서 내가 P를 알지 못한다는 결론을 이끌어내는 추론을 설득력 있게 만든다. 더구나, 위와 같은 논증은 내 앞에 컴퓨터가 있다는 경험적 명제에 대하여만 아니라 모든 (또는) 대부분의 경험적 명제에 대하여 구성될 수 있다. 왜냐하면, 임의의 경험적 명제에 대하여 전능한 기만자의 조작을 통하여 그에 상응하는 회의적 가설 SH를 쉽게 구성할 수 있으며, 이를 통하여 위와 같은 회의론 논증이 동일하게 전개될 수 있기 때문이다.

2-3 셋째 논증: 확실성의 요구로부터의 논증

회의론의 마지막 유형은 한 믿음이 지식이 되기 위해서는 그 믿음을 이루는 명제가 확실해야 한다는 주장을 핵심으로 한다. 이러한 회의론 논증은 한 믿음이 지식이 되기 위해서는 그 믿음의 내용이 확실해야 하는데, 어떠한 경험적 명제도 확실하지 못하므로 어떤 경험적 믿음도 지식이 될 수 없다고 주장한다.

피터 엉거 P. Unger의 경우가 확실성의 요구로부터 회의론을 논증하는 구체적인 사례에 해당한다. 그의 논증을 살펴보자.[3] 엉거는 모든 경험적 명제가 확실하지 않음을 보이기 위하여, 개념들을 상대적 개념과 절대적 개념으로 구분하고 확실성의 개념은 절대적 개념이라고 주장한다. 그는 상대적 개념의 대표적인 예로 〈굴곡이 있음〉과 같은 개념을 제시한다. 〈굴곡이 있음〉은 정도차를 나타내는 개념으로,

---

3) Unger(1971).

우리는 사물들에 대하여 굴곡이 많은가 적은가를 말할 수 있다. 그래서 우리는 한 면이 다소간 굴곡이 있다, 매우 굴곡이 많다, 굴곡이 극히 많다 등의 정도를 나타내는 표현을 사용할 수 있는 것이다. 반면에 〈평평하다〉라는 개념은 굴곡이 전혀 없음을 의미하는 것으로 이상적이고 절대적 개념이라고 엉거는 주장한다. 즉 한 면이 평평하기 위해서는 굴곡이 전혀 없어야 하고, 굴곡이 조금이라도 있으면 그 면을 평평하다고 할 수 없다는 것이다. 따라서, 평평한가 아닌가는 정도의 문제가 아니라, 그 성질의 적용이 흑백으로 결정되는 절대적 개념이라는 것이다.

위의 상대적 개념과 절대적 개념의 구분으로부터 엉거는 한 가지 흥미로운 의미론적 현상을 제시한다. 상대적 개념의 경우에는, A가 B보다 그 개념이 지시하는 성질을 더 많이 갖고 있다는 사실로부터 B가 그 성질을 갖고 있지 않다는 귀결이 반드시 따르지 않는다. 예를 들어, A가 B보다 더 굴곡져 있다고 하자. 이 경우는 A가 굴곡이 있지만 B는 전혀 굴곡이 없는 경우일 수도 있고, A와 B가 모두 굴곡이 있는데 A가 B보다 더 많은 굴곡을 갖는 경우일 수도 있다. 따라서, A가 B보다 더 굴곡져 있다는 사실로부터 B가 굴곡이 없다는 결론이 필연적으로 따르지는 않는다. 그러나 절대적 개념의 경우에는 사정이 다르다. 예를 들어, A가 B보다 더 평평하다고 하자. 이 경우는 A가 평평한 반면 B는 조금이라도 굴곡을 갖고 있는 경우든가, 아니면 A와 B가 모두 평평하지 않은데(즉 양자 모두 굴곡이 있는데), B가 A보다 더 많은 굴곡을 갖고 있는 경우이다. 어떤 경우에든 B는 굴곡을 갖는다. 즉, 어떤 경우에든 B는 절대적 성질로서의 평평함을 갖지 못한 상태다.

상대적 개념과 절대적 개념이 갖는 이러한 의미론상의 차이로부터, 한 대상이 어떤 절대적 개념에 대응하는 성질을 갖고 있는가를 검사하는 결정적 방식을 도출할 수 있다. 그 대상보다 문제의 절대적 성질을 더 많이 갖고 있는 다른 대상이 있을 수 있는가를 살펴보는 것이다. 그 대상보다 문제의 절대적 성질을 더 많이 갖는 다른 대상이 있을 수 있다면(후자의 대상이 전자의 대상보다 문제의 성질을 더 많이 갖는다고 말하는 것이 용납된다면), 전자의 대상은 그 절대적 성질을 갖고 있지 않다고 결론지을 수 있다.

엉거는 확실성도 절대적 개념이라고 생각한다. 그렇다면, 위에서 살펴본 절대적 개념이 갖는 의미론적 성질로부터 다음과 같은 결론이 나온다. 즉 한 명제보다 더 확실한 명제가 있다면(또는 그렇게 말하는 것이 용납된다면), 전자의 명제는 확실하지 않다. 확실성의 개념의 절대성으로부터 도출되는 이러한 의미론적 성질과 〈지식은 확실성을 함축한다〉는 주장을 결합하여, 엉거는 지식에 대한 회의론을 도출한다. 이 논증이 어떻게 진행되는지를 앞서의 컴퓨터에 대한 나의 믿음의 예를 통하여 살펴보자. 내 앞에 컴퓨터가 놓여 있다는 명제를 보자. 이 명제는 나에게 상당히 확실하게 보이지만, 이보다 나에게 더 확실한 명제가 있다. 내가 존재한다는 데카르트적인 명제가 그러한 명제다. 내 앞에 컴퓨터가 있다는 명제보다 확실한 명제가 있다는 이러한 사실로부터 나에게 컴퓨터가 있다는 명제는 확실하지 않다는 결론이 따른다. 그렇다면, 그러한 명제에 대한 나의 믿음은 지식이 될 수 없다. 한 명제에 대한 믿음이 지식이 되기 위해서는 그 명제가 나에게 확실해야 하기 때문이다. 이러한 회의론이 대부분의 경험적 명제에 대한 믿음에 대하여 적용될 수 있음은 자명하다.

2-4 종합적 고찰

우리는 지금까지 세 가지 유형의 회의론 논증을 보았다. 인식론의 역사에 나타나는 대부분의 합리적인 회의론은 이 세 가지 유형들 중의 하나, 또는 이들이 결합된 양태로 나타난다. 이 논증들이 지식과 관련된 상이한 원리 또는 요구에 의존하고 있지만, 이들이 상호간 밀접히 연관되어 있는 것 또한 사실이다.

우선 실수로부터의 논증과 확실성의 요구에 의한 논증이 밀접히 연관되어 있음은 어렵지 않게 파악할 수 있다. 확실성의 요구로부터의 논증의 핵심에는 〈나는 생각한다〉라는 명제가 모든 경험적 명제보다 더 확실하다는 주장이 놓여 있다. 이 주장의 배후에는 데카르트적인 통찰, 즉 나는 생각한다라는 명제는 의심불가능한 반면 대부분의 경험적 명제는 의심가능하다는 통찰이 놓여 있음에 틀림없다. 즉 대부분의 경험적 믿음은 그 믿음을 뒷받침하는 증거가 유지되면서도 그 믿음이 거짓인 경우가 있는 반면 나는 생각한다라는 믿음은 그러한 경우가 있을 수 없으므로, 대부분의 경험적 명제는 나는 생각한다라는 명제보다 덜 확실하다고 판단되는 것이다. 그렇다면, 한 믿음이 확실한가의 문제는 그 믿음이 거짓인데도 받아들이는 경우가 있을 수 있는가, 즉 그 믿음이 실수하는 경우가 있을 수 있는가의 문제와 동일하다. 이 점에서 확실성의 요구로부터의 논증은 실수로부터의 논증과 같은 기준을 갖고서 지식의 문제에 접근하고 있으며, 그로부터 회의론을 이끌어내고 있는 것이다.[4] 요약하자면, 현재의 나의 믿음이 확실하지 못하다는 것은 그 믿음이 거짓인, 실수하는 경우가 있을 수 있음을 의미하며, 나의 믿음이 실수하는 경우가 있을 수 있다는 것은 그 믿음이 의심가능하여 확실하지 않음을 보여준다.

다음으로 연역적 함축 하에서의 지식의 폐쇄성의 원리에 의한 논

---

[4] 단지 차이라면, 확실성의 요구로부터의 논증은 현재의 나의 믿음의 경우가 그러한 실수를 범하는 경우일 수 있다는 것을 지적하고서 그로부터 현재의 나의 믿음이 지식이 되지 못한다고 주장하고 있는 반면, 실수로부터의 논증은 현재의 상황과 대립되는 상황으로 실수하는 상황을 가정하고서 그 가정인 상황에서의 나의 믿음이 지식이 되지 못하므로 현재의 실제 상황에서의 나의 믿음 역시 지식이 되지 못한다고 주장하고 있다.

증을 보자. 이 논증은 나의 한 믿음이 지식이 아님을 보이기 위하여 우선 그 믿음에 대한 도전에 해당하는 회의적 가설(예를 들어, 전능한 기만자의 가설)을 제시한다. 그리고 나서 이러한 가설이 성립하지 않음을 내가 알지 못하기 때문에, 문제의 믿음 역시 나에게 지식이 될 수 없다고 주장한다. 이 논증의 전제인 〈내가 회의적 가설이 거짓임을 알지 못한다〉는 것은 다른 회의론 논증들의 전제들, 즉 문제의 믿음이 실수를 범하는 경우가 있을 수 있다, 또는 그 믿음이 확실하지 않다는 전제들과 밀접히 연관되어 있다. 이제 이들의 연관성을 전능한 기만자의 예를 통하여 상세히 살펴보자. 내 앞에 컴퓨터가 있다는 명제를 P라 하고, 내 앞에 컴퓨터가 없는데 악령이 조작하여 나로 하여금 그렇게 느끼게 한다라는 명제를 SH라고 할 때, 다음은 각기 실수로부터의 논증과 확실성의 요구로부터의 논증의 핵심적 전제에 해당한다.

나는 SH의 상황에서 P라고 믿는 실수를 범할 것이다.
SH가 나의 믿음 P를 의심스럽게 (확실하지 않은 것으로) 만든다.

위의 두 주장이 밀접히 연관된 것임은 이미 보았다. 연역적 함축 하에서의 지식의 폐쇄성에 의한 논증의 핵심적 전제는 다음과 같다.

나는 SH가 거짓임을 알지 못한다.

이 전제는 앞의 두 전제와 밀접히 연관된다. 내가 SH의 상황에서 P라고 믿는 실수를 범하는 이유는 내가 현재에 처한 상황이 실제로 컴퓨터가 있는 상황인지 아니면 전능한 기만자에 의하여 조작된 상황인지를 분별할 능력이 없기 때문이다. 만약 내가 그러한 분별력을 갖고 있다면, 전능한 기만자에 의하여 조작된 경험을 받아들일 경우

그로부터 내 앞에 컴퓨터가 있다고 믿는 실수를 범하지 않을 것이다. 또한 내가 그러한 분별력을 갖고 있다면, 전능한 기만자에 대한 고려가 나의 컴퓨터에 대한 믿음에 더 이상 의심을 제기하지 못할 것이다. 내가 현재의 경험이 전능한 기만자에 의하여 조작된 것인가 아니면 물리적 사물로부터 온 것인가를 분별하는 능력이 있고 그 능력에 의하여 현재 내 앞에 물리적 사물이 있다고 믿는 것이라면, 전능한 기만자에 의한 도전에 나는 충분히 응전할 수 있고 따라서 현재의 나의 믿음을 의심할 수 없을 것이기 때문이다. 이렇게 볼 때, 전능한 기만자의 가설이 제기하는 믿음의 확실성, 또는 실수의 가능성의 문제는 내가 현재의 상황이 전능한 기만자에 의하여 조작된 상황임을 아는가 모르는가의 문제와 같다고 볼 수 있다.

지금까지의 논의를 통하여 드러난 세 회의론 논증들의 핵심적 전제들 사이의 연관성은 문제의 경험적 명제에 대한 회의적 가설(예를 들어, 전능한 기만자의 가설)이 하는 역할을 통해 요약될 수 있겠다. 주어진 경험적 명제 P에 대하여 회의적 가설이 하는 역할은 보는 각도에 따라 〈P가 거짓임에도 그대로 믿는 실수하는 상황〉을 연출하는 것으로, 〈현실 세계에서의 나의 믿음 P를 의심가능하게 만드는 상황〉을 연출하는 것으로, 또는 〈내가 지적으로 분별해 낼 수 없는 상황〉을 연출하는 것으로 나타날 수 있다. 이들 연출 방식은 각기 실수로부터의 논증, 확실성의 요구로부터의 논증, 지식의 폐쇄성의 원리에 의한 논증에 대응한다. 앞의 논의가 보여주는 것은 이들 연출 방식들이 상이한 표현을 사용하고 있을지라도 결국 동일한 사태에 필연적으로 연관되어 있는 상이한 측면을 포착하고 있을 따름이라는 점이다.

이후에 우리의 비판적 논의에서 바로 이러한 공통적 부분이 공격 목표가 될 것이다. 즉 전능한 기만자의 경우에 의하여 대표되는 회의적 가설을 내가 현실적으로 분별할 능력이 없고, 따라서 현실 세계에서의 물리적 사물에 대한 나의 경험적 믿음이 확실하지 않고, 실수를 범할 수 있다는 사실이 과연 현실 세계에서의 나의 믿음을 지식이 아니게 만드는가의 문제가 핵심적 논의의 대상이 될 것이다. 이러한 핵심적 논의에 들어가기에 앞서 회의론에 대한 기존의 비판들을 살펴보기로 하자.

3 기존의 회의론 비판들

3-1 회의론은 자기 논박적이다

위에서 우리가 살펴본 회의론들은 경험적 지식에 관한 포괄적 회의론이다. 즉, 이들은 경험적 지식들 중에서 특정한 주제들에 관하여 의심을 제기하는 것이 아니라, 경험적 지식에 포함될 수 있는 모든 것들에 대하여 의심을 던지고 있다. 이러한 회의론은 자기 논박적이라는 주장이 포괄적 회의론에 대한 손쉬운 비판으로 널리 알려져 있다.

이 비판의 요지는 포괄적 회의론의 운명은 〈모든 진술은 거짓이다〉라는 진술과 같은 운명에 처한다는 것이다. 이 진술을 하는 사람은 자기가 하는 진술이 참이라고 주장한다고 할 수 있다. 그렇다면 이 사람은 모든 진술이 거짓이라고 하면서 동시에 최소한 참인 진술이 하나는 있다고 주장하는 셈이 된다. 이는 명백히 자기 모순이다. 달리 말하면, 모든 진술이 거짓이라고 주장하는 한에 있어서 이 사람은 어떤 진술도 참이라고 주장할 수 없고, 따라서 아무 주장도 할 수 없는 것이다. 결국, 모든 진술은 거짓이라는 주장은 그 주장 자체를 논박하는 성격을 갖는다.

이제 한 사람이 〈모든 지식은 불가능하다〉고 진술한다고 하자. 이 사람은 암암리에 이 진술을 통하여 자신은 지식이 불가능함을 안다고 주장하고 있을 수 있다. 만약 그렇다면, 이 회의론자는 자기 논박적인 결과에 부딪치게 된다. 어떻게 그러한가? 이 회의론자는 다음의 P를 입증하고자 하고 있다.

P : 모든 지식이 불가능하다.

그런데, 그가 나는 P(모든 지식이 불가능함)를 알고 있다(나는 P에 관한 지식을 갖고 있다)라고 주장함으로써 P를 입증하고자 한다면, 이는 지식의 사례가 최소한 하나가 있음을 인정하는 것이다. 이는 스스로 P에 대한 반례를 인정하는 것이어서, 결국 자신이 옹호하고자 하는 P를 논박하는 결과를 낳는다.

위 비판은 모든 지식이 불가능하다고 주장하면서, 자신은 그것을 알고 있다고 주장하는 우매한 회의론자에게는 정당하게 제기될 수 있는 비판이다. 그러나 회의론이 그러한 우매한 형태를 지닐 필요가 없다. 우선 위 비판은 P에 대한 지식을 갖고 있다고 주장하는 회의론에 대하여만 적용될 수 있다. 만약 회의론자가 자신의 P에 대한 믿음은 지식이 아니라 정당한 믿음이라고 주장한다면, 이는 자기 논박적인 결과를 초래하지 않을 것이다. 즉, 회의론자가 모든 지식이 불가능하다는 P를 주장하면서 P에 대한 자신의 믿음은 지식이 아니라 단지 정당한 믿음이라고 한다면, 이 후자의 주장은 인식정당성에 관한 것으로 모든 지식을 부정하는 P의 공격 범위에 포함되지 않는다.

포괄적 회의론은 자기 논박적이라는 비판에 대한 두번째로 가능한 대응 방법을 보자. 이는 위의 P를 다소간 약화하여 〈모든〉을 〈대부분〉으로 대체하는 것이다. 〈모든〉을 〈대부분〉으로 대체하면, 회의론자의 주장은 〈대부분의 지식이 불가능하다〉는 것이 되는데, 이는 〈소수의 지식이 있을 수 있다〉는 주장과 병존할 수 있다. 그렇다면, 회의론자가 자신이 주장하는 바를 안다고 하더라도, 즉 자신은 대부분의 믿음은 지식일 수 없음을 안다고 주장한다 하더라도, 이는 스스로를 직접 논박하는 결과를 낳지 않는다. 왜냐하면, 그 지식은 〈대부분〉에 포함되지 않는 예외적인 경우로 간주될 수 있기 때문이다.

그러나 회의론자가 자신이 주장하는 바를 알고 있다고 주장하는 한, 회의론에 동의하지 않는 사람들은 위와 같이 〈모든〉을 〈대부분〉으로 대체하는 방식에 의하여 쉽게 설득되지 않을 수 있다. 다음의 두 주장을 보자.

A: 대부분의 지식이 불가능하다.
B: 대부분의 지식이 불가능하다는 것은 지식이다.

B는 지식의 한 사례를 제시하고 있다. 한편, A는 모든 지식이 아니라 대부분의 지식이 불가능하다고 주장하고 있으므로, A가 참이라고 하여 B가 거짓이라는 결론이 직접 도출되지는 않는다. 그러나 B가 A에서 주장하는 대부분의 지식의 범위에 포함되지 않는다는 것이 증명되지 않는 한, A가 참이라면 B가 거짓일 개연성은 높을 수밖에 없다. 이런 이유에서 회의론에 비판적인 사람들은, A를 알고 있다고 주장하면서 B를 동시에 주장하는 회의론은 여전히 (직접적이지는 않을지 몰라도) 자기 논박적 결함을 갖고 있다고 느낄 것이다.

그러나 B에서 옹호하는 지식이 A가 비판하는 지식의 범위에 포함되지 않음을 효과적으로 보이는 방법이 있다. 이를 위하여 현재 우리가 논의하는 회의론이 경험적 지식에 관한 회의론임을 염두에 두고 다음의 두 주장을 보자.

A: 모든 경험적 지식은 불가능하다.
B: 모든 경험적 지식이 불가능하다는 것은 지식이다.

A는 단지 외적인 세계에 존재하는 경험적 사물을 대상으로 하는

경험적 지식이 모두 불가능함을 주장한다. 한편, B가 옹호하는 지식은 외적인 경험적 대상에 관한 지식이 아니라, 경험적 지식에 관한 지식, 즉 메타-인식론적 meta-epistemological 지식이다. 따라서, B가 옹호하는 지식은 A가 불가능한 것으로 배제하는 지식과 유를 달리한다. 따라서, 경험적 지식에 관한 회의론자는 모든 경험적 지식이 불가능하다고 주장하면서 동시에 그를 알고 있다고 당당히 주장할 수 있는 것이다.

3-2 회의론은 무슨 말을 하는지 알 수 없다

포괄적 회의론에 대한 또 하나의 잘 알려진 비판은 포괄적 회의론이 지식의 개념을 우리가 일상적으로 사용하는 지식의 개념과 전혀 다르게 쓰고 있다고 지적하는 것이다. 예를 들어, 한 외국인이 책상을 지속적으로 〈걸상〉이라고 부른다고 하자. 이 경우에 우리는 그 사람이 〈걸상〉이라는 말로 의미하는 것은 우리가 같은 말로 의미하는 것이 아니라, 우리가 〈책상〉이라는 말로 의미하는 바와 같다고 보아야 할 것이다. 마찬가지로 회의론자가 지구는 둥글다는 믿음을 포함한 우리가 자명하게 지식이라고 부르는 것들을 지식이 아닌 것으로 분류한다면, 그가 〈지식〉이라는 말로 의미하는 바는 우리가 그 말로 의미하는 바와 다른 어떤 것으로 볼 수 있다. 그렇다면, 〈모든 지식이 불가능하다〉는 회의론자의 주장은 우리가 그 말로 의미하는 바와는 다른 것으로 우리가 이해하는 바의 지식에 대한 도전이라고 볼 수 없을 것이다.

그러나 회의론에 대한 이러한 비판 역시 치명적이지 못하다. 모든 지식이 불가능하다고 주장하는 회의론자를 우리와 다른 의미로 지식이라는 개념을 사용하고 있다고 보아야 할지, 아니면 우리와 같은 의미로 지식 개념을 사용하고 있지만 우리와 지식의 여부 문제에 관하여 의견을 달리 하고 있다고 보아야 할지 분명하지 않기 때문이다. 이 양자 중에서 어떤 해석을 선택할 것인가 하는 문제는 언어의 의미에 관한 복잡한 논쟁과 연관되어 있어서, 이 책에서는 그에 대한 상세한 논의에 개입할 여유가 없다. 그러나 단지 한 단어가 사용되는 진술들에 관한 진위 판단이 우리와 다르다고 하여 그 단어의 의미가 우리가 이해하는 바와 다르다고 하는 것은 받아들이기 어려운 결과를 초래한다는 점에 유념할 필요가 있다.

한 과학 이론이 한 사회에서 널리 받아들여지는 정상과학의 지위를 차지하고 있는데, 이 이론에 반대하는 한 과학자가 대안적인 이론을 제시하면서 기존의 이론을 전반적으로 부정한다고 하자. 회의론에 대한 위의 해석을 이에 적용하면, 이 혁명적 과학자는 자연의 구조에 대하여 우리와 의견을 달리하는 것이 아니라 단지 언어의 의미를 우리와 달리 이해하고 있는 것에 불과하다. 그렇다면, 자연에 대한 새로운 이해를 통한 과학의 발전 내지 과학 이론의 변화란 있을 수 없다는 극단적 보수주의가 따른다. 이는 받아들이기 어려운 결론처럼 보인다.

위 고찰이 회의론의 주장은 무의미하다는 비판을 완전히 그릇된 것으로 만들지는 않는다. 그렇지만, 위 고찰은 이러한 회의론 비판이 아직 해결해야 할 문제를 안고 있음을 보여준다. 이 비판은 언어의 의미에 대한 특정한 견해를 전제하고 있는데, 이 견해가 논란의 여지가 있기 때문이다. 따라서, 위의 회의론 비판이 전제하는 의미에 대한 이론이 확정적으로 받아들여지기까지는 위 비판을 회의론에 대하여 치명적인 것으로 받아들일 필요가 없을 것이다.

4 회의론의 비판적 고찰

위에서 살펴본 회의론 비판은 회의적 결론의 진술 자체가 무의미하다고 주장하든가, 아니면 그러한 결론은 스스로를 논박하는 결과를 초래하기 때문에 어느 회의론자도 포괄적 회의론의 주장을 일관성 있게 견지할 수 없음을 주장하고 있다. 따라서 이들 비판은 회의론의 구체적 논증을 비판함으로써 회의론을 논박하려는 시도라기보다는 포괄적 회의론의 결론 자체가 갖는 문제점을 비판함으로써 회의론을 무력화하려는 시도였다. 그러나 이러한 비판은 아직 논란이 있는 주장이든가, 최소한 경험적 지식에 대한 포괄적 회의론에는 적용되지 않는 비판임을 보았다. 이제 경험적 지식에 대한 포괄적 회의론의 주장은 유의미하고 일관된 주장으로 성립할 수 있음을 인정하고서, 이러한 회의론을 뒷받침하는 논증을 평가하기로 하자.

4-1 실수로부터의 논증 비판

실수로부터의 논증은 한 믿음이 현실 세계와 전능한 기만자의 세계에서 인식적으로 동일할 때 그 믿음은 현실 세계와 전능한 기만자의 세계에서 지식 여부에 관한 한 동일한 지위를 가져야 한다는 주장을 핵심으로 한다. 이것이 바로 보편화 가능성의 원리에 의하여 포착되는 주장이다. 여기서 주목할 것은 이 논증이 한 믿음의 지식 여부를 결정하는 토대, 즉 보편성의 토대를 인식 내적인 것에 제한하고 있다는 점이다. 현실 세계에서 내 앞에 컴퓨터가 있다고 믿는 경우와 악령의 세계에서 같은 믿음을 받아들이는 경우에 공통된 것은 나의 증거, 욕구, 경험, 인식 과정 등을 포함한 인식 내적인 것들이다. 이 논증은 이러한 인식 내적인 것들이 두 믿음에 있어서 공통되므로 두 믿음이 모두 지식이든가 모두 지식이 아니라고 주장하고 있다.

얼핏 보아 이 주장은 자명하게 잘못된 주장인 듯하다. 한 믿음이 지식이 되기 위해서는 그 믿음이 참이어야 하며, 한 믿음이 참인가 아닌가는 인식 내적인 것이 아니기 때문이다.[5] 따라서, 지식을 인식 내적인 것의 함수로 보는 견해는 보편적으로 받아들여지고 있는 지식에 관한 초보적인 정의를 위배하고 있다고 할 수 있다. 이를 전능한 기만자의 예에 적용하여 보자. 전능한 기만자의 세계에서 나의 믿음은 거짓이다. 그리고 현실 세계에서 나의 믿음은 참이다. 그리고 전능한 기만자의 세계에서의 나의 믿음이 지식이 아닌 이유는 그 믿음이 거짓이기 때문이다. 참이 지식의 필요조건이며 한 믿음은 참이고 다른 믿음은 거짓인데, 인식 내적인 것들에 있어서 동일하다는 이유만으로 두 믿음이 지식의 지위에 있어 동일하다고 하는 것은 받아들일 수 없다.

그러나 실수로부터의 논증은 위의 비판에 굴복할 필요가 없다. 작은 수정만 가함으로써 위의 비판에 대응하면서 동일한 포괄적 회의론의 효과를 얻을 수 있기 때문이다. 그 작은 수정이란 한 믿음의 지식 여부를 결정하는 요소들에 기존의 인식 내적인 조건들 이외에 진리치를 추가하는 것이다. 즉, 두 믿음이 인식 내적인 조건들에 있어서

---

[5] 진리를 이상적 수용가능성 ideal acceptability으로 정의하는 입장이 있기는 하다. 이 입장에 따르면, 한 믿음이 진리인가 아닌가는 한 인식 주관이 받아들이고 있는 (아마도 더하기 앞으로 반성적으로 받아들일) 증거들에 비추어볼 때 받아들일 만한 것인가에 의하여 결정된다. 만약 이 입장이 옳다면 진리도 인식 내적인 것이라 할 수 있다. 그러나 진리란 인식초월적인가 아니면 인식상대적인 것인가의 논쟁은 아직도 진행중이다. 여기서는 진리가 인식초월적이라고 전제하고 논의를 전개하겠다. 이러한 전제 하에서 전개된 비판이 위의 회의론에 치명적인 문제를 던진다면, 이는 결국 진리에 대하여 어떠한 입장을 취하는가에 따라 위의 회의론이 운명을 달리함을 보이는 효과를 가질 것이다. 즉 이 비판은, 위의 회의론이 아직 확립되지 않은 진리관에 의존하고 있는 논란이 많은 입장임을 보이는 효과를 가질 것이다.

동일하면 지식의 지위가 동일하다고 주장하던 것을 다소 수정하여, 두 믿음이 진리치와 인식 내적인 조건들에 있어서 동일하면 지식의 지위가 동일하다고 주장하는 것이다.

전능한 기만자 대신에 자비로운 영을 고려함으로써, 이러한 수정이 어떻게 동일한 포괄적 회의론을 옹호하는 결과를 낳게 되는가를 살펴보자. 자비로운 영은 나의 정신 세계를 조작하는 측면에서는 전능한 기만자와 동일하지만, 전능한 기만자가 나의 믿음을 모두 거짓이 되게 조작하는 반면, 자비로운 영은 모든 믿음이 참이 되게끔 조작하는 점에서 차이가 난다. 전능한 기만자의 세계에서와 마찬가지로 자비로운 영의 세계에서도 나의 믿음들은 지식이 될 수 없다. 두 경우에 모두 나의 믿음은 우연적으로 참일 뿐이기 때문이다.

이제 이러한 자비로운 영의 세계에서의 〈내 앞에 컴퓨터가 있다〉라는 믿음과 현실 세계에서의 같은 믿음을 비교하자. 이 두 믿음은 모두 참이고(진리치가 동일하고), 또한 나에게 인식 내적으로 주어진 것에 관한 한, 두 믿음은 동일하다. 회의론자는 이러한 근거에서 두 믿음의 지식으로서의 지위는 동일해야 한다고 주장할 수 있다. 회의론 논증이 이와 같이 진행된다면, 이 논증은 전능한 기만자의 예를 통한 논증과 동일한 회의론적 결과를 얻으면서 위에서 제기한 비판을 피할 수 있을 것이다. 이 회의론 논증에 대하여 진리치에서 차이가 난다는 이유에서 양자의 지식으로서의 지위가 같을 수 없다고 주장할 수 없을 뿐더러, 이러한 회의론 논증은 모든 경험적 믿음에 적용되어 포괄적 회의론을 낳을 수 있기 때문이다. 물론, 이 논증에는 더 이상 실수하는 경우(믿음이 거짓인 경우)가 비교의 대상으로 사용되고 있지 않으므로 실수로부터의 논증이라고 부를 수는 없다. 그러나 이 논증은 전능한 기만자 대신에 자비로운 영이 사용되고 있다는 점에서만 다를 뿐, 실수로부터의 논증과 동일한 논리적 구조를 갖고서 동일한 포괄적 회의론의 효과를 얻고 있다.

실수로부터의 논증이 이와 같이 수정되어 앞에서 제기한 반론에 대응한다 하더라도, 이 논증은 여전히 극복할 수 없는 문제점을 안고 있다. 새로운 논증이 이전의 논증과 달리 진리치를 명백히 지식의 결정과 관련된 것으로 포함하고 있지만, 새로운 논증은 여전히 지식의 결정과 관련된 기타의 항목들을 전적으로 인식 내에 주어진 것들에 제한하고 있다. 그러나 지식이 과연 진리치를 제외한 모든 부분에서 전적으로 내재적으로 정의될 수 있는지는 의문의 여지가 있다. 3장에서 지식에 대한 정의를 논의하면서 거론했던 모조 기와집의 예를 살펴보자. 한 기와집을 제외하고는 나에게 기와집처럼 보이는 모든 것들이 정교하게 만들어진 모조의 가건물들인 그런 지역을 지나다가 나는 우연히 운이 좋게도 실제의 기와집을 보고서 내가 보고 있는 것은 기와집이라고 믿는다. 이때 내가 보고 있는 것이 기와집이라는 사실을 내가 안다고 할 수 없다. 반면에 내가 실제의 기와집들만이 밀집하여 있는 지역에서 한 기와집을 보고서 내가 보고 있는 것은 기와집이라고 믿을 경우에는 나는 내가 보고 있는 것이 기와집이라는 것을 안다고 할 수 있다. 위의 두 믿음은 모두 참이다. 그리고 두 경우에 나의 인식 내부에 나타나는 것은 정확히 일치한다. 그럼에도 불구하고 한 믿음은 지식이고 다른 믿음은 지식이 아니다. 이 예는 두 믿음이 진리치와 인식 내적인 조건들에 있어서 정확히 일치한다 하더라도 지식으로서의 지위에 있어서 차이가 날 수 있음을 보여준다. 따라서, 진리치와 인식 내적 조건이 동일하면 지식의 지위도 동일하다는 전제를 통한 위의 회의론 논증은 성공할 수 없다.

위의 예에서의 두 믿음의 차이는 진리치도 인식 내적인 조건도 아니고, 그 믿음을 둘러싼 외적인 상황이다. 그리고 위의 예는 이러한 상황이 믿음의 지식으로서의 지위를 결정함에 있어 중요한 영향을 미치고 있음을 보여준다. 결국 실수로부터의 논증과 그로부터 수정된 동일한 논지의 회의론 논증은 한 믿음을 지식이게 하는 조건을 편협하게 정의한 문제점을 갖고 있다고 할 수 있다.

4-2 지식의 연역적 함축 하에서의 폐쇄성에 의한 논증 비판

지식의 연역적 함축 하에서의 폐쇄성의 원리는 다음과 같다.

PC : 임의의 두 명제 M와 N에 대하여,
[KM & (M → N)] → KN 또는 (M → N) → (KM → KN)

이 원리는 얼핏 볼 때 옳은 듯이 보인다. 그러나 조금만 반성해 보면 이 원리는 받아들이기 어렵다는 것이 쉽게 드러난다. 우리는 어떤 명제들을 잘 알고 있음에도 불구하고, 이 명제들이 결합하여 나타나는 논리적 귀결들을 전혀 알지 못하고 있는 경우들이 흔히 있다. 논리학에서 이러한 경우들이 첨예하게 나타난다. 논리학에서 어떤 경우에는 주어진 전제들로부터 한 결론을 연역적으로 도출하는 것은 상당한 능력을 요한다. 논리학에서 괄목할 만한 업적으로 간주되는 것들은 이미 알려진 전제들로부터 전혀 예측하지 못한 연역적 결과가 따름을 보여준 것들이었다. 이러한 경우들이 보여주는 것은 일정한 명제들을 알면서도 그 명제들로부터 연역적으로 함축되는 결과들을 알지 못할 수 있다는 것이다. 달리 표현하면, 일정한 명제들로부터의 논리적 귀결을 알지 못한다고 하여, 그 명제들 자체를 모른다고 할 수는 없다는 것이다. 이러한 점에서 PC는 지식에 대하여 지나치게 강한 받아들일 수 없는 원리다.

그러나 명제들 사이의 연역적 함축 관계를 축으로 하는 회의론이 위와 같은 반례에 바로 굴복할 필요는 없다. 위의 반론을 피하는 방식으로 PC를 수정하면서도 자신이 원하는 회의적 결과를 확보하는 방법이 있을 수 있기 때문이다. PC가 문제가 되는 이유는 M이 사실상 N을 논리적으로 함축한다 하더라도, 인식 주관이 그러한 논리적 함축 관계를 알지 못할 수 있고 그러한 경우에는 M을 알면서도 N을 알지 못하는 것이 충분히 가능하다는 것이다. 위의 반례는 바로 이 점을 지적하고 있다. 이제 이러한 요지를 참고하여 위의 PC를 다음의 PCK로 수정하자.

PCK : 임의의 두 명제 M와 N에 대하여,
[KM & K(M → N)] → KN 또는 K(M → N) → (KM → KN)

이 원리는 지식이 단순한 연역적 함축 하에서 폐쇄되어 있다는 것을 말하지 않고, 지식이 알려진 연역적 함축 하에서 폐쇄되어 있음을 말한다. 따라서, 이 원리를 지식의 알려진 연역적 함축 하에서의 폐쇄성의 원리 Principle of Closure of Knowledge under Known Deductive Entailment라고 부를 수 있겠다. 이 원리는 한 사람이 M을 알고 있을 경우에 그가 그 논리적 귀결인 N을 안다고 주장하는 대신에, 그가 M과 N 사이의 논리적 함축 관계를 아는 한에서만 N을 안다고 주장한다.

앞서의 PC에 대한 반론은 이제 PCK에는 문제되지 않는다. PC를 옹호하는 회의론자와는 달리, PCK를 옹호하는 회의론자는 M을 알면서도 그 논리적 귀결인 N을 모르는 경우가 있을 수 있음을 부정할 필요가 없기 때문이다. PCK를 옹호하는 회의론자는 이러한 경우는 인식자가 두 명제 사이의 논리적 함축 관계를 모르는 경우에 발생한다고 자연스럽게 설명할 수 있다.

PCK는 PC에 제한을 더하고 있는 원리이므로, PC보다 약한 원리다. 그러나 PCK는 앞서 소개한 회의론을 유지하기에 충분하다. 앞서의 PC에 따른 회의론 논증은 다음과 같다.

P : 내 앞에 컴퓨터가 있다

SH : 내 앞에 컴퓨터가 없는데, 전능한 기만자가 나의 경험을 조작하여 나로 하여금 마치 내 앞에 컴퓨터가 있는 것처럼 느끼게 한다

(1) P → ~SH
(2) [KP & (P → ~SH)] → K~SH   PC
(3) ~K~SH
(4) 따라서, ~KP

이 논증을 PCK를 통하여 재구성하면 다음과 같다.

(1) K(P → ~SH)
(2) [KP & K(P → ~SH)] → K~SH   PCK
(3) ~K~SH
(4) 따라서, ~KP

새로운 논증이 이전의 논증과 다른 점은 P → ~SH가 전체적으로 K(P → ~SH)에 의하여 대체되었다는 것뿐이다. 이러한 대체는 논증의 효력에 아무런 영향도 미치지 않는다. 왜냐하면, K(P → ~SH)는 의심의 여지가 없는 전제이기 때문이다. 〈내 앞에 컴퓨터가 있다〉라는 명제가 〈컴퓨터가 없는데 기만자가 조작하여 그렇게 보이게 할 뿐〉이라는 명제의 부정을 함축하고 있다는 것은 누가 보아도 알 수 있다.

지식 판단의 맥락의존성[6]

위의 수정된 논증은 타당한 논증이고, 그 논증의 전제인 (1)과 (3)은

---

[6] 이 논의는 Dretske(1970)을 참조하였다.

거부할 수 없다. 따라서 PCK를 받아들인다면, 회의적 결론을 받아들이지 않을 수 없다. 더욱이 위와 같은 논증은 모든 (또는 대부분의) 경험적 명제에 대하여 적용된다. 그리고 PCK는 PC에 대하여 적용되는 반론에 더 이상 말려들지 않는 설득력 있는 원리로 보인다. 그렇다면, 우리는 PCK를 받아들이고, 이에 따른 경험적 지식에 대한 포괄적 회의론을 받아들여야 할 것인가? 그렇지 않다. 그 이유는 PC와 PCK가 공히 지식의 판단에 있어 중요한 맥락 상대성을 무시하고 있기 때문이다. 이제 지식 판단의 맥락 상대성이 무엇을 의미하는지를 살펴보기로 하자.

영수가 정희를 사랑한다라는 명제를 보자. 이 명제와 상반되는 명제들로는 다음과 같은 것들이 있다.

(1) 영수는 정희를 사랑하는 것이 아니라 미워한다.
(2) 영수는 정희를 사랑하는 것이 아니라, 주연이를 사랑한다.
(3) 영수가 정희를 사랑하는 것이 아니라, 철호가 정희를 사랑한다.

이제 누군가가 자신은 영수가 정희를 사랑한다는 것을 알고 있다고 주장한다고 하자. 이 상황에서 나는 그가 과연 그러한 사실을 아는가에 의문을 던진다. 〈당신은 과연 영수가 정희를 사랑한다는 것을 아는가?〉 이러한 질문이 일어나는 맥락은 다양할 수 있다. 예를 들어, 나는 영수라는 사람은 지극히 이기적인 사람이어서 다른 사람을 사랑할 수 있는 마음의 여유가 없는 사람이며, 또한 대체로 주변 사람들을 미워하는 부정적인 성격을 갖고 있다고 생각한다고 하자. 이러한 경우에 누군가가 영수가 정희를 사랑한다는 것을 알고 있다고 주장한다면, 이는 나를 놀라게 할 것이다. 이 경우에 내가 〈당신은 정말 영수가 정희를 사랑한다는 것을 아는가?〉라고 묻는 것은 자연스러우며, 이 질문을 통하여 내가 알고 싶어하는 것은 영수가 사랑하는 대상이 구체적으로 어떤 사람인가 하는 것이 아니다. 나에게 놀라운 것은 그 대상이 어떤 사람인가가 아니라, 도대체 어떤 사람이든 영수의 사랑의 대상이 되는 사람이 있다는 사실이다. 나는 또한 정희를 사랑하는 사람이 누구인가에 관심을 갖고 있지도 않다. 나는 정희가 누구인지도 모를 수 있으며, 알고 있다 하더라도 누가 그녀를 사랑하는가에 관심을 갖고 있지 않다. 내가 관심을 갖는 것은 과연 영수가 다른 사람을 미워하지 않고 사랑할 마음의 여유가 있는가 하는 것이다. 따라서, 이 경우에 누군가가 이러한 사실을 입증한다면, 나는 그가 영수가 정희를 사랑한다는 것을 안다고 받아들일 것이다.

위의 (1), (2), (3) 모두는 영수가 정희를 사랑한다는 명제에 대한 회의적 가설에 해당한다. 즉 이들은 모두 〈영수가 정희를 사랑한다〉는 명제와 상반된 가설들을 제시하고 있으며, 이 명제는 이들 각 가설들이 거짓임을 함축한다. 위의 예가 시사하는 것은 어떤 사람이 영수가 정희를 사랑한다는 것을 알기 위해서는, 그가 (1), (2), (3)의 가설 모두가 거짓임을 알 필요는 없다는 것이다. 위의 예에서 영수가 정희를 사랑한다는 것을 안다고 하는 사람에 대하여 내가 갖는 의구심은 영수가 누구를 사랑하는가, 또는 누가 정희를 사랑하는가가 아니라, 영수가 도대체 사랑이라는 정서를 가질 수 있는가 하는 것이다. 따라서, 나의 의심에 대응하기 위하여 그는 (2)와 (3)의 가설을 배제할 필요가 없다. 그가 배제해야 할 가설은 (1)과 같은 것들이다. 따라서, 그가 영수의 정희에 대한 감정이 미움, 질투심, 또는 상대방의 환심을 사려는 의도 등이 아님을 알고서, 이로부터 분별하여 영수가 사랑의 감정을 갖고 있음을 입증할 수 있다면, 나는 그가 정희를 사랑한다는 것을 안다고 받아들일 것이다.

맥락이 다른 경우를 보자. 만약 내가 영수가 다른 사람, 예를 들어 주연이를 사랑하고 있다고 생각하고 있는데, 어떤 사람이 영수가 정희를 사랑하고 있음을 안다고 주장한다고 하자. 이 경우에도 나는

〈당신은 영수가 정희를 사랑하고 있다는 것을 아는가〉라는 같은 물음을 던질 것이다. 이 경우에 나는 그가 (2)의 가설을 배제할 수 있을 것(그가 (2)가 거짓임을 알 것)을 요구하기는 하지만, (1)과 (3)의 가설을 배제할 것을 요구하지는 않는다. 이와 비슷하게, 내가 영수가 아니라 철호가 정희를 사랑하고 있다고 생각하고 있는데, 누군가가 영수가 정희를 사랑한다고 주장한다면, 나는 그에게 〈당신은 영수가 정희를 사랑하고 있다는 것을 아는가〉 물을 수 있다. 이때, 나는 그가 (3)의 가설을 배제할 수 있는가(즉 (3)이 거짓임을 아는가)를 묻는 것이며, 그가 (1) 또는 (2)의 가설을 배제할 수 있는가는 그가 영수가 정희를 사랑하고 있음을 아는가에 관한 나의 판단에 영향을 미치지 않는다.

위와 같은 지식 판단의 맥락의존성이 PC와 PCK에 심각한 문제점을 던짐은 자명하다. 영수가 정희를 사랑한다라는 명제는 (1), (2), (3)의 모든 명제의 부정을 함축한다. 그리고 우리들 대부분은 이러한 연역적 함축 관계를 잘 알고 있다. 따라서, PC와 PCK에 따르면, 영수가 정희를 사랑한다는 것을 알기 위해서는 (1), (2), (3) 모두가 거짓임을 알아야 한다. 그러나 지식 판단의 맥락의존성에 따르면, 영수가 정희를 사랑한다는 것을 알기 위하여 (1), (2), (3) 모두가 거짓임을 알아야 하는 것은 아니다. 영수가 정희를 사랑한다는 것을 아는가의 문제가 발생하는 맥락에 따라서, 이들 중의 어떤 것들이 거짓임을 아는가가 전혀 무관할 수 있기 때문이다.

신빙성 있는 지표 이론

PC와 PCK는 3장에서 살펴본 지식에 대한 가정법적 조건을 통한 분석 또는 신빙성 있는 지표 이론을 통하여도 그 문제점이 드러난다. 이 이론에 따르면, 내가 어떤 명제를 믿는 것이 지식이 되려면 다음의 조건이 만족되어야 한다.

그 명제가 거짓이라면, 나는 그 명제를 믿지 않을 것이다.

이제 지식에 대한 이러한 분석이 P와 SH의 부정에 관하여 어떠한 결과를 낳는가를 살펴보자.

P : 내 앞에 컴퓨터가 있다.
~SH : 나의 믿음은 전능한 기만자 또는 자비로운 영에 의하여 조작된 것이 아니다.

P에 대한 믿음이 지식이 되기 위해서는 다음의 조건이 만족되어야 한다.

CP : 만약 내 앞에 컴퓨터가 없다면, 나는 내 앞에 컴퓨터가 있다고 믿지 않을 것이다.

이 조건문은 참이다. 나는 정상적으로 작동하는 시각 장치를 통하여 정상적인 조명 하에서 내 앞에 컴퓨터라고 믿고 있으므로, 내 앞에 컴퓨터가 없다면 전혀 다른 감각 경험을 가졌을 것이고 따라서 내 앞에 컴퓨터가 있다고 믿지 않았을 것이기 때문이다.
SH의 부정에 대한 나의 믿음, 즉 나의 믿음은 전능한 기만자 또는 자비로운 영에 의하여 조작된 것이 아니라는 나의 믿음은 어떠한가? 위의 가정법적 조건에 따르면, 이 믿음이 지식이 되기 위해서는 다음의 조건이 만족되어야 한다.

C~SH : 나의 믿음이 전능한 기만자 또는 자비로운 영에 의하여 조

작된 것이었더라면, 나는 나의 믿음이 전능한 또는 자비로운 영에 의하여 조작되지 않았다고 믿지 않을 것이다.

이는 거짓이다. 왜냐하면, 나의 믿음이 전능한 또는 자비로운 영에 의하여 조작되었을 경우에도 나는 여전히 그러한 사실을 모르고 나의 믿음이 그러한 조작의 결과가 아니라고 믿을 것이므로.

위의 고찰은 다음과 같은 사실을 보여준다 : P가 ~SH를 논리적으로 함축함에도 불구하고, 지식에 대한 가정법적 분석에 따르면, P에 대한 지식을 가지면서도 ~SH에 대한 지식을 갖지 않는 경우가 가능하다. 이 결과는 우리의 상식적이고 직관적인 판단과 잘 부합한다. 우리는 흔히 일상적인 상황에서 P에 대한 믿음은 지식이지만, ~SH에 대하여는 알 수 없다고 판단하고 있기 때문이다. 이렇게 지식에 대한 가정법적 조건문을 통한 분석은 우리의 직관적 판단을 모순 없이 설명해 줄 뿐 아니라, 지식이 알려진 연역적 함축 하에서 폐쇄되어 있지 않음도 보여준다.

가정법적 조건문의 본성에 대하여는 이미 3장에서 가능 세계 의미론을 통하여 상세하게 논의하였으므로, 여기서는 그 논의가 어떻게 지식의 연역적 함축 하에서의 폐쇄성의 원리를 부정하는 결과를 낳는가 하는 것만을 간략하게 살펴보기로 하자. CP의 진위를 결정하기 위하여 고려되는 가능한 상황들(가능 세계들)의 집합과 C~SH의 진위를 결정하기 위하여 고려되는 가능한 상황들(가능 세계들)의 집합을 비교해 보자. 3장에서 살펴본 가정법적 조건문의 분석에 따르면, 전자의 집합은 현실 세계와 대체로 유사하면서 내가 컴퓨터를 보고 있지 않은 그러한 가능 세계들이다. 이러한 세계들에서 내가 여전히 컴퓨터를 보고 있다고 믿을 것인가 아닌가에 의하여 CP의 진위가 결정된다. 한편 C~SH의 진위를 결정하기 위하여 고려되는 가능 세계들의 집합은 전능한 기만자 또는 자비로운 영이 나의 정신 세계를 조작하고 있는 그러한 가능 세계들이다. 이러한 가능 세계에서 내가 나의 정신 세계가 그러한 기만자에 의하여 조작되고 있다고 믿을 것인가 아닌가에 의하여 C~SH의 진위가 결정된다. 이러한 고찰에서 드러나는 것은 CP의 진위를 결정하기 위하여 고려되는 가능 세계들의 집합과 C~SH의 진위를 결정하기 위하여 고려되는 가능 세계들의 집합은 공통적인 성원이 전혀 없는 별개의 집합이라는 것이다. 따라서, CP와 C~SH의 진리값은 전혀 무관하게 결정된다. 그리고 지식에 대한 가정법적 조건문을 통한 분석에 따르면, CP와 C~SH는 각기 KP와 K~SH를 위한 필요조건들이므로, KP가 K~SH의 진리값도 상호간 무관하게 결정된다는 결론이 따른다.

4-3 확실성의 요구로부터의 회의론 논증 비판

우리는 회의론을 위한 세 가지 논증을 소개하는 것으로 이 장의 논의를 시작하면서, 이들 세 논증이 상호간 밀접히 연결되어 있음을 보았다. 다음으로 회의론을 위한 두 논증의 문제점들을 살펴보았다. 따라서, 조심스러운 독자라면 이들 문제점들이 어떻게 마지막 회의론 논증인 확실성의 요구로부터의 논증에도 적용될 수 있는지를 간파하였을 것이다. 이 절에서는 이러한 사실을 간략히 살펴보기로 하자.

확실성의 요구로부터의 회의론 논증의 핵심을 이루는 것은 한 믿음이 확실하기 위해서는 그 믿음을 받아들이는 사람이 그 믿음에 대하여 제기될 수 있는 모든 회의적 도전에 성공적으로 응전할 수 있어야 한다는 것이다. 한 사람이 한 믿음을 받아들이고 있는 경우에, 그 믿음에 대한 회의적 도전은 실은 그 믿음이 거짓인데도 참인 것처럼 보일 뿐임을 제시하는 가설의 형태로 나타난다. 전능한 기만자의 가설이 바로 이러한 역할을 하고 있다. 확실성의 요구에 의한 회의론 논증은, 한 믿음이 지식이 되기 위해서는 그 믿음을 받아들이는 사람이 그 믿음에 대하여 제기될 수 있는 모든 회의적 가설에 대하여 그 가설들이 사실이 아님을 분별해 낼 수 있어야 함을 주장한다. 만약 그 가설들 중 그가 틀리다는 것을 분별해 내지 못하는 것이 하나라도 있다면, 그 가설 때문에 그 믿음은 그에게 의심의 여지가 있는 확실하지 못한 믿음이 되고, 따라서 그 믿음은 지식이 되지 못한다.

확실성에 의한 회의론 논증이 위와 같이 이해되면, 앞서의 회의론 비판이 이 논증에 대하여 어떻게 적용될 수 있는지는 어렵지 않게 파악된다. 지식 판단의 맥락의존성에 대한 고찰의 핵심은 한 믿음이 지식으로 결정되기 위하여 그 믿음을 받아들이는 사람이 그 믿음에 대하여 제기될 수 있는 모든 회의적 도전에 응수할 필요가 없다는 것이다. 따라서, 지식 판단의 맥락의존성이 옳다면, 한 믿음이 지식이 되기 위해서는 그 믿음을 받아들이는 사람이 그에 대하여 제기될 수 있는 모든 가능한 회의적 도전에 응수할 수 있어야 함을 전제하는 위 회의론 논증은 받아들일 수 없는 것이 된다.[7]

---

[7] 이에 대하여 확실성의 요구를 통하여 회의론을 옹호하는 회의론자는 전능한 기만자의 가설이 한 믿음의 지식 여부에 대한 실제적 위협이 되는 맥락이 있을 수 있다고 대응할 수 있다. 예를 들어, 인식론 수업 시간에 전능한 기만자의 가능성을 생각하면서 우리의 경험적 믿음이 지식일 수 있는가를 묻는 맥락이 그러한 맥락에 해당할 수 있다. 이러한 전능한 기만자를 생각하면서 당신이 과연 현재 받아들이는 경험적 믿음을 안다고 할 수 있는가라고 물을 때, 아마도 우리는 그로 하여금 전능한 기만자에 의하여 기만당하고 있지 않음을 증명할 것을 요구하면서 그가 그것을 입증하지 못한다면 그가 그 경험적 믿음을 알지 못한다고 판단하고자 할 것이다. 이렇게 전능한 기만자의 고려가 경험적 믿음의 지식 여부에 실질적 위협이 되는 경우가 있을 수 있다는 것을 지식의 맥락의존성을 옹호하는 사람들은 부정하기 어려울 것이다. 그러나 그렇다 하더라도, 이러한 대응은 포괄적 회의론을 도출하는 하나의 맥락이 있을 수 있음을 보일 뿐, 그것이 바로 전통적 회의론자들이 주장하는 바의 절대적인 포괄적 회의론을 뒷받침하지는 못한다. 그를 위해서는 전능한 기만자에 대한 고려와 같은 맥락이 지식의 결정을 위한 유일하게 정당한 맥락임을 보이는 별도의 논증이 필요할

가정법적 조건문을 통한 지식 분석도 유사한 함축을 갖는다. 이 분석에 따르면, 한 믿음이 지식이 되기 위해서는 그 믿음이 거짓인 현실 세계와 최근접한 가능 세계들에서 그 믿음이 거짓인데도 그 믿음이 여전히 받아들여지는 경우가 있어서는 안 된다. 이 주장은 모든 가능 세계들에서 그 믿음이 거짓인데도 그 믿음이 여전히 받아들여지는 경우가 있어서는 안 된다는 주장과는 분명히 다르다. 여기서 〈그 믿음이 거짓인데도 그 믿음이 여전히 받아들여지는 경우〉란 그 믿음에 대한 회의적 가설에 다름 아니다. 그렇다면, 가정법적 조건을 통한 분석이 주장하는 것은 한 믿음이 지식이 되기 위해서는 현실 세계와 최근접한 가능 세계들에서 제기될 수 있는 회의적 가설이 배제되어야 한다고 주장하고 있을 뿐이다. 따라서, 한 믿음이 지식이 되기 위하여 그에 대하여 제기될 수 있는 모든 가능한 회의적 가설이 배제되어야 할 필요는 없다. 바로 이러한 이유 때문에, 지식에 대한 가정법적 조건문을 통한 분석은 확실성을 통한 회의론 논증에 대하여 지식 판단의 맥락의존성과 같은 문제점을 제기한다.

5 결론

지금까지 회의론 논증의 다양한 형태들을 보았고, 나아가 이 논증들이 상호간 긴밀히 연결되어 있는 만큼, 그들에 대한 비판들도 상호간 긴밀히 연결된 것임이 드러났다. 이제 지금까지 살펴본 회의론 비판이 갖는 효력을 한 발 물러나 원거리에서 조망함으로써 이 장을 마무리짓기로 하자.

것이다. 그러나 이러한 논의가 성공할 수 있는지는 의문의 여지가 있으며, 여하튼 그러한 논증이 아직 주어지지 않은 현상황에서는 확실성의 요구를 통한 회의론 논증은 분명히 수세에 있다.

회의론 논증들의 핵심은 전능한 기만자의 가설로 대표되는 가설적 상황을 설정하고, 이러한 상황에서 우리의 경험적 믿음은 지식이 될 수 없는 실수하는 믿음이며 이러한 실수를 우리가 분별해 낼 수 없다는 사실을 근거로 하여, 현실 세계에서의 우리의 믿음이 확실하지 못하므로 지식이 될 수 없다는 방식으로 진행되었다. 그리고 이에 대한 비판은 그러한 가설적 상황에서 우리의 믿음이 어떠한가라는 고찰은 현실 세계에서의 우리의 믿음이 지식일 수 있는가에 아무런 영향을 미치지 않는다는 것을 보이는 데에 초점을 두고 있다. 지식에 대한 외재론적 접근, 가정법적 조건문을 통한 분석, 그리고 지식 판단의 맥락의존성 모두가 이러한 공통된 결론을 향하는 상이한 근거를 이루고 있다.

그러나 앞서의 회의론 논증을 옹호하는 사람들은 이러한 비판에 대하여 바로 백기를 들지 않을 것임이 분명하다. 골수 회의론자는 확실성의 요구를 직접적으로 또는 지식의 알려진 연역적 함축 하에서의 폐쇄성의 원리를 통하여 간접적으로 고집함으로써, 이를 통하여 지식에 대한 외재론적 접근, 가정법적 조건문을 통한 분석, 그리고 지식 판단의 맥락의존성 모두가 잘못된 견해라고 주장할 것이다. 이러한 주장은 아마 다음과 같이 진행될 것이다.

당신의 비판은, 지식에 대한 외재론적 접근, 가정법적 조건문을 통한 분석, 지식 판단의 맥락 상대성이 내재론적 접근, 지식의 알려진 연역적 함축 하에서의 폐쇄성, 확실성의 요구 등과 상호 병존할 수 없다는 것을 보일 뿐이다. 즉 전자의 입장들이 경험적 지식에 대한 비회의론을, 후자의 입장들이 회의론을 함축한다는 것을 보일 뿐이다. 따라서, 당신이 나를 성공적으로 설득하기 위해서는, 당신은 나의 논증의 전제를 이루는 후자의 입장들이 틀렸다는 것을 당신의 전제를 사용하지 않고서 입증할 수 있어야 한다. 당신의 논증이 그러한 단계까지 나아가지 못한다면, 나 역시 나의 전제를 사용하여 당신의 전제가 틀리다고 주장할 수 있기 때문이다. 그런데, 당신의 논증은 아직 그 단계까지 나아가고 있지 못하므로, 나는 당신의 논증에 굴복할 이유가 없다.

이러한 회의론자의 대응에 성공적으로 대응한다는 것은 거의 불가능하다. 예를 들어, 확실성의 요구를 부정하는 다른 근거가 제시된다 하더라도, 위의 회의론자는 여전히 같은 방식으로 반응할 수 있을 것이기 때문이다. 즉 이 회의론자는 그 전제를 다시 회의론의 부정을 도출하는 전제로 해석하고 위의 예문과 같이 대응할 수 있기 때문이다. 사실 위의 예문에 나타난 대응이 바로 이러한 대응이라고 볼 수 있다. 왜냐하면, 가정법적 조건문을 통한 지식의 분석, 지식 판단의 맥락의존성 등의 주장은 왜 지식을 위한 확실성의 요구가 지나친 것인가를 보이는 전제들로 볼 수 있기 때문이다. 이렇게 볼 때, 위와 같이 대응하는 회의론자는 독단적이고 비합리적인 입장을 취하고 있는 것처럼 보인다.

회의론을 비판하는 많은 사람들은 위와 같은 이유에서 회의론은 독단적인 입장이라고 주장한다. 그러나 반드시 그렇게만 볼 수도 없다. 지식의 알려진 연역적 함축 하에서의 폐쇄성의 원리는 그 자체로 설득력 있는 원리로 보이며, 이것은 확실성의 요구를 지지하는 논거로 해석될 수 있기 때문이다. 이것이 어떻게 가능한지는 앞서의 논의에서 이미 설명하였지만, 이를 다시 간략히 설명하면 다음과 같다. 지식의 알려진 연역적 함축 하에서의 폐쇄성 원리에 따르면, 내가 내 앞에 컴퓨터가 있다는 것을 알기 위해서는, 나는 그것이 거짓임을 제시하는 모든 회의적 가설이 거짓임을 알아야 한다. 이로부터, 위 믿음이 지식이 되기 위해서는 그 믿음이 나에게서 모든 의심가능성이 배제된 확실한 믿음이어야 한다는 결론이 따른다. 이렇게 폐쇄성의 원리가 확실성의 요구를 위한 전제로 해석될 수 있으며, 그렇다면 회의론 논증은 확실성의 요구에 맹목적으로 집착하여 그에 대한 비판을 독단적으로 거부하는 비합리적 이론이라고 할 수 없다.

회의론의 논증 구조가 이렇게 해석되면, 회의론과 비회의론 사이의 대립은 다시 평행한 것으로 나타난다. 이러한 논증 구조상의 평행선을 그림으로 표현하면 다음과 같다.

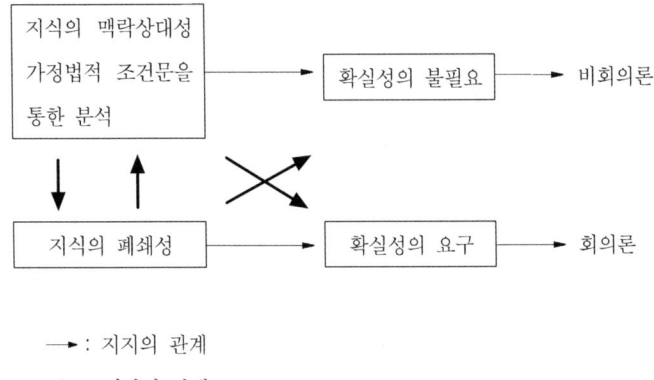

위와 같이 회의론 논증과 그를 비판하기 위하여 쓰일 수 있는 비회의론적 지식 분석이 평행한 논증 구조를 갖는다는 사실은 회의론에 대하여 결정적인 비판을 가하는 것이 얼마나 어려운 것인가를 보여준다.[8] 아마도 회의론을 비판하는 위의 논증을 통하여 기대할 수

---

8) 위 그림과 현재의 우리 논의가 한 가지 오해를 야기할 가능성이 있기에 여지에 지적해 둔다. 그것은 가정법적 조건문을 통한 지식의 분석이 필연적으로 비회의론을 함축하지는 않는다는 것이다. 가정법적 조건문을 통한 지식의 분석은 한 믿음이 지식이 되기 위해서는 우리의 믿음이 그 조건문이 명시하는 방식으로 형성되어야 한다고 주장한다. 그런데, 사실상 그러한 방식으로 발생하는 믿음이 없을 수 있다. 그렇다면, 가정법적 조건문의 분석은 회의론을 귀결하게 될 것이다. 그러나 전능한 기만자의 가설 등을 통한, 또는 확실성의 요구를 통한

있는 최대한은 전통적인 회의론자들이 현대 인식론에서 새로이 제시된 가정법적 조건문을 통한 지식 분석이 갖는 설득력을 받아들이고 이를 토대로 그들이 이전에 옹호하던 지식의 폐쇄성 원리와 확실성의 요구를 버리기를 바라는 것이다. 그러나 회의론자가 이러한 기대에 부응하지 않을 경우에 더 이상 어떻게 회의론자를 설득할 수 있는지는 분명하지 않다. 아마도 이러한 사실이 현대 인식론에서 회의론에 대한 논쟁이 그다지 활발하지 못하고, 회의론을 받아들일 것인가 아닌가가 일종의 태도의 문제인 것처럼 나타나는 이유에 대한 설명인지도 모르겠다.

회의론 논증은 가정법적 조건문을 통한 분석에 의하여 여전히 부정된다. 현재의 우리의 논의는 이러한 회의론에 집중하고 있으며, 우리의 논의에서 회의론이 의미하는 것은 이러한 확실성 요구를 통한 회의론임에 유념하자.

제 8 장 자연화된 인식론

지금까지 우리는 경험적 지식과 관련된 인식론적 논의를 대부분 살펴보았다. 그러나 자연화된 인식론에 대한 논의 없이 이 책을 마무리짓는다면 이 책은 불완전할 수밖에 없다. 왜냐하면, 자연화된 인식론이 현대 인식론에서 가장 중요하면서도 가장 활발히 논의되고 있는 주제이기 때문이다. 이 장에서는 자연화된 인식론이란 무엇을 의도하는 조류인가를 살펴보기로 하자.

자연화 운동은 현대 영미 철학의 거의 전 영역에 걸쳐 큰 조류를 이루고 있다. 윤리학에서는 도덕적 개념을 자연화하려는 운동이 활발히 진행되어 왔고, 심리철학 및 언어철학에서는 지향성과 내용을 자연화의 틀 내에서 설명하는 이론이 여러 형태로 제시되고 있다. 인식론도 예외가 아니어서 지난 20-30년간 전통과의 단절을 표방하는 대부분의 이론들이 자연화된 인식론으로 분류되고 있다. 이렇게 자연화라는 개념이 유행어처럼 사용되고 있음에도 불구하고, 그에 대한 정의가 명시적으로 내려져 있지 않음은 물론이고 빈번히 상이한 의미로 사용되고 있어서 자연화와 관련된 논의에 있어 혼동을 낳고 있다. 이 현상은 인식론에서 더욱 두드러져 보인다.

그러면 인식론에서 자연화는 도대체 왜 관심거리가 되는가? 인식론을 자연화하는 것은 어떤 것이기에 자연화된 인식론은 전통적인 인식론과 다른 것인가? 이 문제를 접근하는 출발점은 철학으로서의 인식론과 자연과학 사이의 관계에 대한 상이한 견해에서 찾을 수 있다. 이 관계에 대한 자연화된 인식론의 새로운 시각을 이해하기 위하여 우선 그 관계에 대한 전통적 인식론의 견해를 살펴보기로 하자.

1 전통적 인식론의 두 가지 특성

전통적 인식론의 관심을 지배한 가장 중요한 문제는 〈어떻게 믿을 것인가?〉하는 문제였다. 외부 세계에 대한 우리의 지식의 출발점을 이루는 것은 우리의 감각 경험이다. 우리는 감각 경험을 받아들인 후에 이를 토대로 하여 세계에 대한 지각적 판단을 구성하고, 이에서 출발하여 이론적 믿음으로 나아가 세계에 대한 체계적인 그림을 구성하게 된다. 전통적 인식론은 이 과정이 어떻게 정당하게 될 수 있는가 하는 문제에 관심을 가졌다. 감각 경험이란 기본적으로 주관적이고 2차원적인 반면에 그를 토대로 하여 구성되는 지각적 판단은 단순히 주관적인 차원에 머물지 않고 주관을 넘어선 3차원적이고 객관적인 세계의 모습을 그 내용으로 한다. 그렇다면, 사실적 경험적 세계에 대한 우리의 판단은 그 시작 단계에서부터 감각 경험으로부터 외부 세계로의 추론을 포함하고 있는 셈이다. 전통적 인식론은 이 추론이 어떻게 정당하게 될 수 있는가, 좀더 구체적으로는 이러한 추론들 중에서 어떤 것은 옳고 어떤 것은 그른가 등의 문제에 관심을 가졌다. 전통적 인식론 내에서 합리주의적 경향을 대표하는 데카르트가 이러한 문제로 고심하였고, 경험주의 경향을 대표하는 로크, 버클리, 흄 등이 모두 같은 문제와 씨름하였다는 것은 잘 알려져 있다.

한편, 자연과학은 〈어떻게 믿을 것인가?〉, 〈어떻게 믿는 것이 정당한가?〉 등의 규범적 문제에 관심을 갖지 않는다. 자연과학은 감각 경험을 토대로 하여 직접 구성되는 지각적 판단을 옳은 것으로 가정하고, 그로부터 외부 세계에 대한 체계적 이론을 구성하고자 한다. 즉, 자연과학은 세계 속에 존재하는 자연적 성질들 사이의 법칙적 연관성을 〈서술〉하는 것을 목표로 하며 이러한 성질들이 객관적으로 존재하는가, 또는 자연과학에서 사용되는 추론들이 정당한가의 문제에는 관심을 갖지 않는다.

위와 같은 전통적 견해에서 나타나는 인식론과 자연과학의 관계는 다음과 같이 요약될 수 있다.

(1) 전통적 인식론의 이념 : 인식론은 사실을 다루는 자연과학과 달리 규범적 학문으로서 자연과학의 정당성의 근거를 문제삼는다.

이에 따르면, 자연과학은 인식론으로부터 그 정당성을 인정받아야 하는 인식론의 하위에 속한 분과가 된다. 따라서, 자연과학은 인식론이 용인하는 영역 내에서 인식론이 용인하는 방법을 사용하여 자연 세계를 탐구해야 한다. 결국 자연과학은 인식론의 지배 하에 놓인, 인식론에 포함된 학문이 된다. 〈인식론은 제1철학이다〉라는 주장은 위와 같은 견해를 반영하는데, 이 주장은 인식론이 철학계를 풍미하던 근세 철학에서 널리 받아들여지고 있었다.

인식론과 자연과학의 관계에 대한 위와 같은 견해는 양자 사이의 위계 질서를 규정하는 것을 넘어서는 그 이상의 함축을 갖는다. 자연과학은 경험이 세계에 대한 올바른 이해를 제공하는 실마리라는 것을 의심하지 않고 받아들이면서, 거기서 출발하여 세계에 대한 체계적인 이해를 제공하고자 한다. 그러나 전통적 인식론은 자연과학의 토대이며 전제인 경험의 정당성 자체를 문제삼는다. 즉, 주어진 감각 경험이 외부 세계에 대한 올바른 이해의 실마리를 제공할 수 있는가를 문제삼는다. 그렇다면, 인식론은 자신의 문제를 해결하기 위하여 경험적 지식과 경험적 방법을 사용할 수 없다. 왜냐하면, 경험적 지식의 정당성을 문제삼으면서 그에 대하여 경험적 지식을 사용하여 대답하는 것은 명백히 선결 문제를 전제하는 오류를 범하는 것이기 때문이다. 인식론은 기존의 경험적 지식을 사용할 수 없을 뿐 아니라, 그 탐구의 방법이 경험적일 수도 없다. 전통적 인식론은 경험적 인식 방법의 정당성의 근거를 문제삼고 있으므로, 즉 경험적인 인식 방법이 지식을 낳을 수 있는가를 문제삼고 있으므로, 경험적 사실적 방법으로 이 문제에 접근하는 것은 기존의 경험적 판단을 사용하는 경우와 마찬가지로 선결 문제를 전제하는 오류를 범하게 되기 때문이다. 이러한 이유 때문에 인식론은 경험적 학문이 아닌 〈선험적 a priori〉인 학문으로 간주되었다. 이것이 전통적 인식론의 두번째 특성을 이룬다.

(2) 전통적 인식론의 방법론 : 인식론은 선험적 학문이다.

지금까지 우리는 전통적 인식론의 견해에 잠재된 인식론과 자연과학 사이의 단절을 살펴보았다. 자연과학이 사실적 경험적 학문으로 간주되는 반면, 인식론은 규범적 선험적 학문으로 간주된다. 인식론의 자연화는 이러한 전통적 인식론의 입장에 반발하여 인식론과 자연과학의 연속성을 옹호하려는 경향으로 볼 수 있다.[1] 인식론은 믿음의 형성과 관련된 인지의 영역을 다루므로, 자연과학 중에서 인식론과 연속적일 수 있는 영역을 찾고자 할 때 역시 인지의 영역을 다루는

---

1) 자연화된 인식론의 개괄적 소개에 관해서는 Maffie(1990) ; Kitcher(1992) ; Goldman(1994)를 보라.

심리학, 특히 인지심리학이 가장 그럴 듯한 후보로 떠오른다. 따라서, 자연화된 인식론을 해명하는 관건을 자연과학과의 연속성에서 찾고자 할 때 주로 언급되는 것은 인지심리학과의 연속성이다.

2 개념적-존재론적 연속성

우리는 위에서 자연과학은 외부 세계에 관련된 사실을 탐구하는 반면, 전통적 인식론을 지배한 가장 중요한 문제는 〈어떻게 믿을 것인가?〉, 〈어떻게 믿는 것이 정당한가?〉 등의 규범적 문제임을 보았다. 현대 인식론에서는 평가적 개념으로서의 인식정당성이라는 개념을 자연과학이 받아들이는 비평가적 개념[2]에 의하여 정의한다든가, 지식, 증거 등과 같은 인식적 개념을 다른 비인식적 개념에 의하여 정의하려는 경향이 활발히 나타나고 있다. 이러한 경향은 현대 철학의 다른 분야에서도 목격할 수 있다. 현대 윤리학에서는 도덕적 성질을 자연적 성질에 의하며 분석하려는 움직임이 활발히 진행되고 있으며, 언어 철학과 심리 철학에서는 의미, 지향성 등의 의미론적 개념을 다른 비의미론적 자연적 성질에 의하여 분석하는 경향이 활발히 나타나고 있다. 그리고 이러한 사조는 자연주의 윤리학, 자연주의 의미론 등의 이름으로 불린다.

---

2) 여기서의 비평가적 개념이 반드시 물리주의적 개념일 필요는 없다는 점에 주목하자. 자연과학의 범주에는 물리학, 화학 등의 Hard Science뿐 아니라 심리학, 진화론과 같은 Soft Science도 포함된다. 따라서, 개념적 존재론적 차원에서의 연속성을 성취하기 위하여, 인식론의 평가적 성질이 반드시 Hard Science의 물리주의적 개념과 연관을 맺어야 할 필요는 없다. 예를 들어, 진화론의 적자생존, 심리학의 욕구 등의 개념을 통하여 인식정당성을 규명한다면 이 역시 개념적-존재론적 차원에서 인식론과 자연과학의 연속성을 유지하는 방식이 된다.

자연화된 인식론을 이해하는 한 방법은 인식론의 자연화를 현대 철학의 위와 같은 전반적 경향의 일환으로 파악하는 것이다. 이렇게 이해하면, 자연화된 인식론은 인식론이 다루는 평가적 인식적 개념 또는 성질과 자연과학의 대상이 되는 사실적 비인식적 개념 또는 성질 사이의 연속성을 추구하는 시도가 된다. 즉, 자연화된 인식론은 개념적-존재론적 차원에서 인식론과 자연과학 사이의 연속성을 추구하는 시도가 된다.

우리는 현대 인식론에서 이러한 개념적-존재론적 차원에서의 연속성을 조장하는 몇 가지 움직임들을 목격할 수 있다. 2장과 3장에서 살펴본 현대 인식론의 새로운 이론들이 이들에 해당한다. 2장에서 우리는 골드만이 지식을 인과를 통하여 분석하는 것을 보았다. 골드만이 이 이론을 게티어 문제에 대한 해결책으로 제시하기는 하였지만, 그의 이론은 단순히 게티어 문제에 대한 해결책으로서의 의의를 넘어 지식을 인과라는 과학의 핵심 개념을 통하여 해명하는 새로운 가능성을 제시하였다. 그리고 3장에서 본 암스트롱과 드레츠키는 지식을 세계와 인간의 인지체계 사이의 자연과학적 법칙에 따른 관계를 통하여 규명하고 있다. 이와 같이 이들은 지식을 인과, 자연 법칙 등의 자연과학적 개념을 통하여 분석하는 구체적인 예를 보임으로써 인식론과 자연과학 사이의 개념적-존재론적 차원에서 연속성을 추구하는 계기를 마련하였다.

단지 지식의 정의에 있어서뿐만 아니라, 인식정당성의 해명에 있어서도 유사한 움직임이 나타난다. 우리는 5장에서 한 믿음이 인식적으로 정당하기 위해서는 그 믿음을 위한 적절한 증거가 있는 것만으로는 부족하고, 그 믿음이 그 증거에 적절히 토대지어져야 한다는 것을 보았다. 이를 전통적인 증거론에 대한 비판과 연관하여 다시 살펴보자. 증거론으로 대변되는 전통적 인식론은 한 믿음의 내용과 그의 증거를 이루는 다른 믿음들의 내용 사이의 증거 연관을 주된 관심사로 삼고, 이들 사이의 확률적 논리적 관계에 의하여 주어진 믿음의 정당성을 정의한다. 따라서, 증거론에서는 한 믿음의 형성과 관련된 인식과정, 한 인식자와 세계와의 관계, 그리고 인식에 영향을 미치는 인지과정에 대한 사실적 탐구는 인식론 내에서 중요하게 다루어지지 않았다. 그러나 증거와의 논리적 연관만을 고려해서는 인식정당성에 대한 충분한 해명이 이루어질 수 없다는 데에 전통적 증거론의 문제가 있다. 예를 들어, 한 사람이 한 믿음을 위한 적절한 증거를 갖고 있음에도 불구하고, 실제로는 이 증거를 무시하고 단지 그 믿음을 표현하는 문장의 소리가 좋아서 그 믿음을 갖게 되었다고 가정해 보자. 이 경우 그 믿음은 그에게 정당하게 되지 않는다. 이러한 이유에서 많은 인식론자들은 한 믿음이 인식적으로 정당하기 위해서는 그 믿음이 주어진 증거에 적절히 토대지어져야 하며, 여기서 그 증거에 적절히 토대지어진다 함은 그 증거에 의하여 야기된다는 것을 말한다고 생각하였다.[3] 이렇게 토대 관계가 인식정당성에 필수적이라는 인식과 토대 관계를 인과적 관계로 보는 견해가 결합하여, 인식정당성의 분석에 있어서조차 인과라는 자연적 개념이 필수적이라는 자연주의적 사고가 전면에 부상하게 된다.

 개념적-존재론적 차원에서의 자연과학과의 연속성에서 자연화된 인식론의 핵심을 찾는 입장에 따르면, 한 인식론적 이론이 자연화된 이론이기 위해서는 그 이론이 제시하는 지식 또는 인식정당성에 대한 분석이 믿음을 산출하는 인과 과정, 즉 인지적 과정에 대한 고려를 포함해야 하며, 지식 또는 인식정당성에 대한 분석이 그러한 인과 과정에 속하는 자연적 성질들을 통하여 주어져야 한다. 현대의 새로운 경향으로서의 자연화된 인식론을 이렇게 파악하는 것은 나름대로 의의가 있다. 사실 한 믿음이 어떠한 인지 과정을 통하여 생산되고

---

3) 특히, 4장에서의 발생적 견해를 보라.

유지되고 있는가와 같은 사실적 고려는 전통적 인식론에서 심각하게 다루어지지 않았으며, 현대에 자연화된 인식론을 표방하는 많은 사람들이 인지 과정에 대한 고려를 자신들의 논의의 새로운 시각으로 제시하고 있기 때문이다.

그러나 자연화된 인식론을 지식, 인식정당성 등의 인식적 개념을 비인식적 개념을 통하여 분석하고자 하는 시도로, 특히 인지 과정에 대한 고려를 포함한 비인식적 개념을 통하여 분석하고자 하는 시도로 이해하고자 하는 것은 문제가 있다. 왜냐하면, 자연화된 인식론이란 일반적으로 전통적 인식론과의 결별을 표방하는 현대 인식론의 새로운 경향을 나타내는데, 위와 같이 자연화된 인식론을 이해해서는 전통적 인식론과의 주목할 만한 차이가 드러나지 않기 때문이다.

우선 전통적 인식론의 많은 이론들 역시 인식적 개념을 비인식적 개념을 통하여 분석하고 있다는 점에 주목하자. 인식정당성에 대한 전통적 이론의 전형으로 꼽히는 정합론을 보자. 정합론은 인식정당성이라는 인식적 평가적 개념을 〈믿음의 집합〉, 〈논리적 일관성〉, 〈확률적 인과성〉 등의 비인식적, 비평가적 개념들을 통하여 정의하고 있다. 그렇다면, 자연화된 인식론을 인식적 개념을 비인식적 개념을 통하여 분석하는 시도로 이해할 경우, 정합론 역시 자연화된 인식론이 된다. 여기서는 정합론을 대표적으로 언급하였지만, 대부분의 전통적 인식론자들은 인식적 평가적 개념을 비인식적 비평가적 개념을 통하여 분석하고자 하는 시도에 원칙적으로 반대하지 않을 것이다.[4] 결국, 자연화된 인식론을 인식적 평가적 개념 및 성질과 비인식적 비평가적 개념 및 성질 사이의 개념적-존재론적 연속성을 추구하는 시도로 보는 것은 자연화된 인식론을 전통적 인식론과 근본적으로 구분짓지 못하여 자연화된 인식론을 흥미없는 것으로 만들고 만다.

---

4) 아마도 Chisholm(1977)과 Lehrer(1990)가 소수의 예외에 해당할 것이다.

인식적 평가적 개념을 분석하는 비인식적 비평가적 개념들이 인지 과정에 대한 언급을 포함해야 한다는 단서를 첨가하더라도 사정은 크게 달라지지 않는다. 데카르트, 흄, 베이컨, 밀 등의 전통적 인식론자들을 보자. 이들은 한 믿음을 받아들여야 할 것인가의 문제(인식정당성의 문제)를 그 믿음과 관련하여 인식 주관이 갖고 있는 증거와 관련하여 접근한다. 이들이 한 믿음을 받아들이기 위한 정당한 증거란 어떤 것이어야 하는가의 문제에 주목한 것은 사실이다. 그러나 그렇다고 하여 이들이 주어진 증거와 믿음 사이의 인과적 관계를 그 믿음의 인식정당성에 전혀 무관한 것으로 간주했다고 해석하는 것은 과도한 듯하다. 이들은 한 믿음이 주어진 증거와 적절한 인과 관계에 놓여 있어야 한다는 것을 당연한 요구로 전제하고서는, 주어진 증거가 문제의 믿음을 정당화하기 위해 필요한 논리적 관계에 주목하고 있다고 볼 수 있다. 이러한 해석이 그들에 대한 보다 공정한 해석인 듯하며, 설령 이들이 인과 관계에 대한 고려 내지 믿음을 산출한 인식적 과정에 대한 고려를 간과하였다 할지라도, 이들의 이론은 별다른 어려움 없이 이러한 인식적 과정에 대한 고려를 자신의 큰 틀 속에 포섭할 수 있을 것이다. 결론적으로 말하자면, 자연화된 인식론을 개념적-존재론적 차원에서 인식적 영역과 비인식적 영역 사이의 연속성을 추구하는 시도로 보는 것은 자연화된 인식론과 전통적 인식론을 효과적으로 구분하지 못하여 자연화된 인식론을 흥미없는 것으로 만든다.

지금까지 개념적-존재론적 차원에서 인식론과 자연과학의 연속성을 추구하는 시도로 자연화된 인식론을 이해하는 것은 기존의 전통적 이론들까지 자연화된 인식론으로 분류하게 된다는 것을 보았다. 이제는 같은 현상을 반대편에서 접근하자. 즉, 개념적-존재론적 차원에서의 연속성이라는 관점에서 볼 때, 전형적으로 자연화된 인식론으로 볼 수 있는 현대적 이론이 전통적 인식론과 얼마나 유사할 수 있는가를 보자. 아마도 개념적-존재론적 차원에서의 연속성이라는 관점에서 볼 때 전형적인 자연화된 인식론으로 구분될 수 있는 이론으로는 골드만의 과정 신빙주의를 들 수 있다. 누차 보았듯이, 과정 신빙주의는 한 믿음이 정당하기 위해서는 그 믿음이 신빙성 있는 인지 과정에 의하여 형성 또는 유지되어야 한다고 주장한다. 이를 풀어 말하면, 한 믿음이 정당하기 위해서는 그 믿음이 특정한 인지 과정의 산물이어야 하며, 이 인지 과정이 거짓 믿음들보다 많은 참된 믿음을 산출한다는 의미에서 신빙성이 있어야 한다는 것이다. 여기서 우리는 인식정당성라는 인식적 개념이 〈인지 과정에 의하여 산출 또는 유지됨〉, 〈거짓보다 많은 참 믿음을 산출함〉 등의 비인식적 비평가적 개념에 의하여 정의되고 있음을 볼 수 있다. 과정 신빙주의는 전통적인 증거론에서 상대적으로 간과되었던 인간들의 인식 체계를 지배하는 구체적 인지 과정에 대한 고려를 인식정당성 분석의 전면에 부각시켰다는 점에 명백한 의의를 갖는다. 또한 전통적인 의미에서 증거라고 부를 수 없는 비명제적 내용을 지닌 감각 경험이 일정한 인지 과정을 통하여 명제적 내용을 지닌 믿음을 정당하게 할 수 있다고 주장하는 점에서 역시 혁신적이라고 할 수 있다.

그러나 시야를 넓혀서 자연과학과 인식론과의 총체적 관계에 대한 견해를 보면, 골드만의 과정 신빙주의는 전통적 인식론과 크게 다르지 않다. 그는 믿음의 인식정당성을 그 믿음을 산출 또는 유지하는 인지 과정의 특성에 의하여 규정하면서, 정당한 믿음을 산출할 수 있는 인지 과정의 기준으로 〈신빙성〉을 제시하고 있다. 그러면서, 그는 이 기준 자체는 자연과학의 탐구에 의하여 주어지는 것이 아니라, 철학의 고유한 방법으로 간주되어 온 반성적 평형 reflective equilibrium 의 방법에 의하여 주어진다고 주장한다.[5] 이러한 반성적 평형이 정확

---

5) Goldman(1986), 66.

히 어떤 것인지는 분명하지 않지만, 그것은 경험과 무관한 어떤 선험적인 방법임이 분명하다. 그렇다면, 전통적 인식론에 있어서와 마찬가지로 골드만에 있어서도 인식론은 철학 고유의 선험적 방법으로 믿음을 형성하는 올바른 방법을 제시하면서 자연과학은 철학이 제시한 틀 내에서 움직일 것을 요구하고 있는 것이다. 즉, 인식론이 자신의 선험적 방법으로 자연과학이 따라야 할 규범의 틀을 제시함으로써, 인식론은 여전히 전통적 인식론에서와 마찬가지로 제1철학의 위치를 차지하고 있으며, 자연과학은 인식론 내에서 이루어진다.

결론적으로 말하자면, 분석적 차원에서의 자연과학과의 연속성에서 자연화된 인식론의 특성을 찾으려는 시도는, 전통적 인식론의 큰 틀을 건드리지 않은 채 현대 인식론에서 새로이 부각된 인지 과정에 대한 고려의 중요성만을 포착한다. 이 측면이 중요하지 않은 것은 아니지만, 자연화된 인식론이 그 정도만을 의미한다면 흔히 생각하는대로 자연화된 인식론이 전통적 인식론과의 단절을 의미하지는 않는다.

3 방법론적인 연속성

그렇다면, 전통적 인식론과의 단절을 표방하는 자연화된 인식론의 참신성은 어디에 있는 것인가? 그것은 인식론이 인식적 개념을 정의함에 있어서 자연과학적 개념을 사용해야 한다는 개념적 연관성을 넘어서, 인식론적 작업의 구체적 내용이 자연과학의 실질적인 연구결과를 반영하여야 한다는 의미에서 방법론적 연속성을 주장하는 점에서 찾을 수 있다. 이것이 인식론과 자연과학 사이의 방법론적 연속성을 옹호하는 입장이라고 할 수 있는 이유는, 자연과학의 연구 성과가 인식론적 작업의 실질적 부분을 이루게 된다면 최소한 부분적으로는 인식론이 자연과학의 방법인 경험적 탐구의 방법을 채택하는 셈이 되기 때문이다. 자연화된 인식론이 추구하는 인식론과 자연과학 사이의 연속성이 이러한 방법론적 차원에 있는 것이라면, 자연화된 인식론은 인식론을 제1철학으로 보는 전통적 인식론과 근본적으로 다른 태도를 취하게 된다. 자연과학의 연구 결과가 인식론의 구체적 내용을 이룬다면, 인식론은 더 이상 인간의 인식이 따라야 할 합당한 방식(인식적 규범)을 자연과학에 의존함이 없이 선행적으로 규정하고자 한 전통적 인식론의 꿈을 유지할 수 없기 때문이다. 같은 이유에서 인식론의 방법을 순수히 선험적인 것으로 이해한 전통적 인식론의 입장도 함께 사라진다. 사실 인식론이 제1철학이라는 주장과 인식론의 방법은 순수히 선험적이어야 한다는 주장은 같은 동전의 양면에 불과하다. 인식론이 경험적 탐구(자연과학의 탐구)의 규범을 선행적으로 규정하고자 한다면, 인식론은 경험적 탐구에 의존하여 규범을 해명하는 일은 있을 수 없으며, 이 경우에 인식론이 호소할 수 있는 방법은 비경험적 방법이어야 하고 바로 선험적 방법이 이러한 비경험적 방법으로 간주되었던 것이다. 그러나 경험적 탐구가 규범 해명의 실질적 부분을 이룬다는 것을 받아들이면, 제1철학으로서의 인식론을 버리게 됨과 동시에 인식론의 방법이 순수히 비경험적이어야 한다는 견해 역시 파기된다. 위와 같은 이유들 때문에 인식론과 자연과학의 연속성을 방법론적인 차원에서 추구하는 자연화된 인식론은 전통적 인식론의 기본적 틀을 뒤엎는 진정으로 새로운 입장이라고 할 수 있다.

그런데 인식론의 연구가 자연과학의 실질적 연구를 반영한다는 기본적인 원칙에 동의하면서 방법론적인 차원에서의 자연과학과 인식론의 연속성을 옹호하는 인식론자들 사이에서도 자연과학적 탐구가 인식론에 영향을 미치는 정도에 대하여는 상이한 견해가 있다. 그리고 이에 따라 자연화된 인식론이 추구하는 인식론과 자연과학 사이의 방법론적인 연속성의 정도가 다르게 나타날 수 있다. 약하게는 인식적 규범이 근본적으로는 선험적 방법을 통하여 규명된다는 것을 인정하면서 부분적으로 경험적 탐구에 의하여 제약된다는 주장이 있을 수 있다. 강하게는 인식적 규범에 대한 해명이 전적으로 경험적 탐구에 의하여 주어진다는 주장, 또는 인식론은 더 이상 규범에 대한 탐구가 아니고 인간의 인식 과정에 대한 사실적 탐구에 불과하다라는 주장이 있을 수 있다. 이제 약한 주장에서 출발하여 이들 주장들을 살펴보기로 하자.

3-1 규범의 경험적 제약

다음의 세 주장들을 보자.

① 나는 어떻게 믿어야 하는가?
② 나는 어떻게 믿고 있는가?
③ 나는 어떻게 믿을 수 있는가?

①의 질문은 내가 어떻게 믿는 것이 마땅한가에 관한 당위에 관한 질문으로 전통적 인식론을 지배한 문제다. 전통적 인식론이 제공하고자 한 인식적 규범은 이 질문에 대한 대답으로 주어졌다고 볼 수 있다. 한편, ②는 내가 사실상 어떻게 믿고 있는가에 대한 사실에 관한 질문으로 당위에 대한 질문과 명백히 구분된다. ③은 나의 인식 능력과 관련된 질문이다. 이는 ②와는 명백히 다른 질문이다. 예를 들어, 나는 자전거를 탈 수 있지만, 즉 자전거를 타는 능력을 내가 갖고 있지만, 나는 현재 그러한 능력을 발휘하여 자전거를 타지 않으며 그 대신에 인식론에 관한 책을 쓰고 있다. 마찬가지로 나는 일정한 방식으로 믿음을 구성할 능력이 있지만, 나는 현재 그러한 방식을 사용하지 않고 다른 방식으로 믿음을 구성하고 있을 수 있다. ②와 ③이 이

러한 차이점을 갖고 있음에도 불구하고, 양자는 모두 당위가 아니라 사실에 관한 질문이라는 점에서 공통적이다. 내가 현재 어떠한 인식 방법을 사용하여 믿음을 구성하고 있는가는 나의 인식 체계 내에 어떤 인식 방법들이 사용가능한 것으로 주어져 있으며, 그들 중 어떤 것이 현재 사용되고 있는가를 사실적으로 탐구함으로써 밝혀질 수 있다. 마찬가지로 나의 인식 능력이 어느 정도인가 하는 문제도 나의 인식 체계가 어떤 인지 과정들을 포함하고 있으며 이들이 어떻게 조직되어 있는가에 의하여 결정될 것이며, 이에 대한 탐구 역시 사실적 경험과학의 영역에 속한 것임이 분명하다.

　이미 살펴본 전통적 인식론의 입장을 위의 세 질문과 관련하여 요약하면 다음과 같다. ①의 질문은 ②와 ③의 질문과 독립적이면서도 ②와 ③의 질문에 선행적으로 대답되어야 한다. 인식론은 ①을 다루고 자연과학은 ②와 ③을 다루므로, 인식론은 자연과학과 독립한 분과이다. 이제 자연화된 인식론자들은 이러한 주장에 대항하여 인식론이 자연과학의 연구 결과에 의하여 제약되어야 한다고 주장한다. 이러한 주장의 밑바탕에는 ①과 ③의 질문 사이에 존재하는 논리적 연관성에 대한 특정한 견해가 깔려 있다. 이 연관성은 어떠한 것인가?

　이미 보았듯이, ①은 인식적 당위에 관한 질문이며 ③은 인식적 능력에 대한 질문이다. 그런데, 이제 철학에서 상식화된 논제들 중에 〈'당위'가 '수행가능성'을 함축한다 'ought' implies 'can'〉는 명제가 있다. 이 명제의 요점은 한 사람이 어떤 일을 수행할 능력이 없다면, 즉 그 일은 그 사람이 할 수 없는 일이라면, 그에게 그 일을 하여야 한다고 주장하는 것은 부당하다는 것이다. 이러한 논점은 다양한 주제들에 폭넓게 적용된다. 예를 들어, 한 사람에게 동일한 시간에 서울과 부산에 있어야 한다고(있으라고) 한다든가, 지금의 위치에서 자신의 힘만으로 100미터 높이 위로 뛰어올라야 한다고 하는 것은 당위 내지 규범적 판단으로 성립할 수 없다. 왜냐하면, 그러한 일들은 그에게 불가능하기 때문이다. 위와 같은 행위에 관한 규범적 주장이 갖는 특성은 그 특수한 형태인 도덕적 판단의 경우에도 마찬가지로 성립함은 어렵지 않게 추측할 수 있다. 만약 한 사람이 주어진 상황에서 일정한 방식으로 행위할 수밖에 없었다면, 그에게 그렇게 행동하는 것을 옳지 않다, 또는 그렇게 행동하여서는 안 된다라는 식의 도덕적 판단이 성립할 수 없을 것이다. 이러한 논점은 윤리학 내에서 자유의지와 결정론의 문제로 잘 알려져 있다.

인식적 규범이 당위적 판단을 포함하고 있는 한, 인식론 내에서도 마찬가지의 논리적 관계가 나타난다. 인식적 규범은 일정한 방식으로 믿음을 구성해야 한다 또는 일정한 방식으로 믿음을 구성하여서는 안 된다라고 명령한다. 그러나 우리에게 주어진 인식적 구조의 한계 때문에 이러한 인식적 규범의 내용을 우리가 따를 수 없다면, 그러한 규범은 합당한 규범으로 성립할 수가 없을 것이다. 이러한 논의로부터 다음과 같은 결론이 따른다. 즉, 인식적 규범의 내용을 해명하는 인식론의 작업이 인간의 인식적 구조와 그에 따른 인간의 인식 능력의 한계에 대한 경험과학적 탐구로부터 전적으로 분리될 수 없다. 인식적 규범의 내용은 인간의 인식 능력의 한계 내에 제한되며, 따라서 인식 규범을 해명하는 인식론은 인간의 인식 능력을 사실적으로 탐구하는 자연과학에 의하여 제약된다.

위와 같이 인식적 규범의 내용이 인간의 인식 능력에 관한 사실에 의하여 제약된다는 사실에 의거한 논증의 대표적인 것으로 처니액 C. Cherniak의 논증을 들 수 있다. 이 논증을 간략히 살펴보는 것은 인식적 규범이 사실적 탐구에 의하여 제약된다는 주장의 요지를 이해하는 데에 도움이 될 것이다. 처니액은 인식적 합리성에 대한 전체론적 정합론을 비판한다. 이 비판의 목표가 되는 주장은 한 믿음을 합리적으로 받아들이기 위해서는, 그 믿음을 받아들이는 사람이 자신이 갖고 있는 모든 증거를 고찰하여야 한다는 주장이다. 인식적 정당성에 대한 이러한 요구는 전체 증거의 요구 Requirement of Total Evidence 라고 불리기도 하는데, 이에 따르면 한 믿음이 특정인에게 정당하기 위해서는, 그는 자신이 갖고 있는 모든 증거들을 고려하여 그 믿음이 참인 것으로 나타나는가를 판단하여 그 믿음을 받아들여야 한다. 이러한 관점에서 그 믿음이 참인 것으로 나타나기 위한 최소한의 조건은 그 믿음이 다른 믿음들과 논리적으로 일관성이 있어야 한다는 것이다. 처니액은 이러한 조건이 얼핏 보기에는 그럴 듯하지만, 사실은 인간의 인식 능력의 한계를 넘어서는 도저히 인간들이 만족할 수 없는 조건이라고 주장한다. 그는 우선 우리의 마음이 아주 작아서 단지 138개만의 논리적으로 독립적인 원자적 믿음들을 포함하고 있다고 가정한다. 그리고 이들을 진리표를 통하여 논리적 일관성을 평가할 때, 진리표의 한 줄을 평가하는 데 단지 빛이 프로톤의 지름을 통과하는 데 걸리는 시간만이 걸린다고 가정한다. 그는 이러한 최고의 속도로 논리적 일관성을 검증해도, 이러한 작은 믿음 체계의 논리적 일관성을 결정하기 위해서는 우주의 창조에서부터 현재까지에 해당하는 2조 년 이상이 걸린다는 것을 지적한다.[6]

3-2 인식적 규범의 경험적 탐구

지금까지 우리는 인식론이 추구하는 인식적 규범이 인간의 인식 장치에 대한 경험적 사실에 의하여 제약되어야 한다는 주장을 보았다. 즉 인식적 규범을 명시하는 인식론의 이론은 인간의 인식 능력의 사실적 한계에 관한 인지심리학의 연구에 의하여 검증되고 제약되어야 한다.

이 주장이 옳다면, 이는 이미 전통적 인식론의 견해에 대한 치명타

---

6) Cherniak(1986), 93-94.

가 된다. 이 주장에 따르면, 인식적 규범의 규명이 이미 인간의 인식 구조에 대한 사실적 탐구를 최소한 한 부분으로 포함하며, 따라서 인식적 규범을 자연과학으로부터 완전히 독립하여 탐구하고 이를 통하여 사실에 대한 모든 자연과학의 탐구를 선행적으로 인도하고자 하는 제1철학으로서의 전통적 인식론의 꿈은 더 이상 이룰 수 없는 것이 된다. 이와 더불어 전통적 인식론의 방법론도 심각하게 위협을 받는다. 자연과학보다 높은 곳에 서서 자연에 대한 탐구를 어떻게 시작할 것인가를 선행적으로 규정하고자 하는 전통적 인식론은 경험적 방법을 사용할 수 없었다. 경험적 탐구에 의존하여 인식적 규범을 구성한 다음에 이를 통하여 경험적 탐구를 어떻게 시작할 것인가를 규정하는 것은 명백히 순환적이기 때문이다. 이러한 이유에서 제1철학으로서의 인식론을 꿈꾸는 전통적 인식론의 방법은 경험적 방법 이외의 것, 즉 전적으로 선험적 방법일 수밖에 없었다. 그러나 인식적 규범의 내용을 규명하는 과정에 인간의 인식 능력에 대한 사실적 탐구가 실질적으로 개입해야 한다면, 인식론의 방법은 더 이상 전적으로 선험적일 수 없다. 인식론을 제1철학으로 보는 전통적 인식론의 이념과 더불어 그 방법론까지 위협받고 있는 것이다.

그러나 인식적 규범에 대한 해명이 인식 능력에 대한 사실적 고려에 의하여 제약되어야 한다는 주장이 전통적 인식론에 대하여 아직 완전한 사형 선고를 내리지는 못한다. 왜냐하면, 전통적 인식론자는 이 주장을 받아들이면서도 전통적 인식론의 틀을 부분적으로 유지할 수 있기 때문이다. 앞 절의 논의가 보여준 것은, 인식적 규범에 대한 가설이 정당한 것으로 받아들여지기 위하여서는, 그 규범이 지시하는 바가 인간의 인식 구조에 비추어 볼 때 따를 수 있어야 한다는 것이다. 이 주장은 인식적 규범에 대한 가설 자체는 선험적 방법에 의하여 주어지는 것일 여지를 남겨 둔다. 이 여지가 바로 전통적 인식론이 완전한 사형 선고에서 빠져 나올 수 있는 여지에 해당한다. 즉, 전통적 인식론자는 다음과 같이 주장할 수 있을 것이다 : 〈인식적 규범은 철학의 전통적인 선험적인 방법인 반성적 평형에 의하여 일차적으로 제시되며, 이것이 최종적으로 정당한 인식적 규범으로서 성립하기 위해서는 인간의 인식 능력에 대한 고려를 통한 검증을 통과해야 한다〉.

인식론 내에서의 인식적 규범의 해명 과정을 위와 같이 해석하는 것은 지금까지의 논의와 잘 조화될 뿐 아니라, 전통적 인식론의 틀을 상당히 유지하기도 한다. 이 해석에 따르면, 비록 이후에 사실적 고찰의 검증을 통과하여야 하기는 하지만 인식적 규범은 원천적으로 선험적 방법에 의하여 생산된다. 그리고 인식적 규범이 그 원천에 있어 선험적 방법에 의하여 구성되므로, 그 내용이 사실적 탐구의 우연적 성격을 넘어서서 보편적인 특성을 가지리라고 기대할 수 있는 듯하다. 그렇다면, 인식론이 전적으로 선험적인 제1철학이 되지 못한다 하더라도, 그 중요한 핵심에 있어서는 선험성을 유지하며, 이와 더불어 인식론이 갖는 보편적 규범성은 상당한 정도 유지될 수 있는 듯이 보인다.

한편, 자연화된 인식론을 옹호하는 몇몇 인식론자들은 인식적 규범이 선험적이라는 것을 원천적으로 공격한다. 이러한 도전의 선구적 역할을 한 사람은 콰인이다. 콰인은 분석 명제와 종합 명제의 구분을 전통적 경험론의 하나의 독단으로 비판하였다.[7] 콰인에 따르면 우리의 믿음의 체계는 하나의 유기적 체계로 이루어져 있는데, 주변에 위치한 믿음들은 경험과 직접 맞닿아 있어서, 이들 믿음들은 주변 상황의 변화에 따라 쉽게 수정되는 경향을 보인다. 예를 들어, 〈나의 컴퓨터의 무게가 15킬로그램이다〉라는 나의 믿음이 그러한 믿음으로, 만약 그 무게가 다르게 확인된다면 그 믿음은 이에 따라 쉽게 수정되는

---

7) Quine(1961).

경향을 갖는다. 반면, 〈모든 물체들 사이에는 중력이 작용하고 있다〉와 같은 이론적 믿음은 위 믿음과 달리 구체적이고 개별적인 경험과 밀접히 연관되지 않는다. 이 믿음은 경험과 관련을 맺는 종합적 믿음이기는 하나, 폭넓은 경험들과 간접적인 관련을 맺고 있다. 콰인은 우리가 분석적이라고 간주하는 믿음들도 경험과 관련을 맺는 전체적 체계 속에 속하여 있다고 주장한다. 〈1 더하기 1은 2다〉, 〈총각은 결혼하지 않은 남자다〉와 같이 우리가 분석적이라고 간주하는 믿음들은 우리의 믿음 체계의 중앙부에 위치하고 있는 것들로서 경험과 관련되는 방식이 극도로 간접적인 것에 불과하지 경험과 무관한 것은 아니라고 주장한다. 즉, 우리의 모든 믿음들은 경험에 의하여 원칙적으로 수정가능한 것들이며, 단지 이들 사이에는 구체적 경험들과의 연관성의 직접성의 정도, 그에 따라 기존의 믿음 체계에 도전이 되는 경험이 주어졌을 경우에 얼마나 쉽게 파기될 것인가에 있어서 정도의 차이가 있을 뿐이라는 것이다.

이러한 콰인의 견해에 따르면, 우리가 선험적이라고 생각한 인식론의 작업도 경험적 작업일 수밖에 없다. 인식의 목표는 무엇이며, 이러한 목표에 도달하기 위하여 어떠한 방식을 사용하여야 하는가 하는 것이 인식론의 과제였다. 인식론은 우리의 개념적 분석의 방법으로 이들 질문들에 대답할 수 있다고 생각하였다. 그러나 콰인은 경험을 초월한 순수한 개념적 분석을 통한 진술이란 있을 수 없다고 주장한다. 즉, 개념들의 연관성은 경험을 조직화하고 설명하고자 하는 오랜 역사적 과정을 통하여 정착된 가설에 불과하며, 따라서 개념적 분석을 통하여 얻어진다고 생각된 인식적 규범은 궁극적으로 선조들의 경험에 의존하는 것으로서 경험적 세계에 대한 가설에 다름 아니다.

콰인의 논지는 인식적 규범에 대한 해명이 인식 능력에 대한 사실적 탐구에 의하여 제약된다는 정도의 주장을 넘어서고 있음이 분명하다. 그는 인식적 규범에 대한 명제 자체가 원천적으로 선험적일 수 없으며, 경험에 토대를 둔 일종의 이론적 진술로서 경험에 의하여 수정가능한 종합적 명제임을 주장하고 있기 때문이다. 결국 인식적 규범을 탐구하는 것은 우리의 선조에서부터 우리에게 이어지는 인식하는 방식에 대한 경험적 판단을 탐구하는 것이다.

위의 결론은 쿤 Thomas Kuhn의 논의에서도 뒷받침된다. 쿤은 철학에서 제시하는 과학 이론의 확증에 관한 선험적 주장과 과학사를 통하여 드러나는 과학의 실행 사이에 괴리가 있음을 지적한다.[8] 이는 과학의 방법론을 규명하는 인식론자들(과학철학자들)을 딜레마에 처하게 한다. 이들은 자신들의 선험적 방법을 통한 확증의 원리가 올바르다는 것을 고집하면서 과학자들의 실행이 잘못되었다고 주장하든가, 아니면 선험적 원리들을 버리고 과거와 현재의 과학자들의 작업을 사실적으로 탐구하여 (이론의 확증 방법을 포함한) 믿음을 구성하는 원칙을 제시하든가 하여야 할 것이다. 전자는 명백히 철학적으로 오만한 태도라고 할 수 있으므로, 인식론자에게 주어진 합당한 노선은 후자일 수밖에 없다.

위와 같은 콰인과 쿤의 견해에 따르면, 인식적 규범을 탐구하는 철학적 작업은 우리의 선조와 동시대인들이 지적인 탐구를 수행하는 방식에 대한 사실적 탐구를 통하여 이루어져야 하는 것처럼 보인다. 이러한 결론을 콰인과 쿤이 명시적으로 주장하였는지는 분명하지 않지만, 이 결론은 그들의 논의로부터 이끌리는 자연스러운 결론이며 사실 많은 과학철학자들은 콰인과 쿤의 영향 하에 이러한 결론을 명시적으로 수용하게 된다. 이러한 입장을 옹호하는 대표적인 철학자들로는 로든 L. Laudan, 후커 C. A. Hooker, 레셔 N. Rescher, 보이드 R. Boyd 등을 들 수 있다.[9] 이들의 견해에 따르면, 인식과 지적인 탐구가 우리

---

[8] 포퍼의 반증 이론에 대한 그의 논의를 참고하라. Kuhn(1970), 146-147.
[9] Laudan(1987A, 1987B, 1990) ; Hooker(1987) ; Rescher(1977) ; Boyd(1982).

가 무엇을 목표로 하는가는 합리성, 지적인 책임 등의 본성에 대한 선험적인 반성을 통하여 이루어지는 것이 아니다. 지적인 행위는 우리의 많은 행위들 중의 하나이며, 따라서 이러한 행위의 목표는 우리 자신의 일반적 욕구, 그리고 우리가 처한 환경, 그리고 이러한 환경 속에서 우리의 욕구를 실현하는 방식 등을 사실적으로 고려함으로써 얻어지는 것이다. 즉, 인식적 목표는 우리의 다른 목표들과 우리가 처한 세계의 우연적 특성들과의 연관 하에서 결정된다. 인식적 목표가 이러한 사실적인 요소들에 의하여 결정될 뿐 아니라, 그러한 인식적 목표를 달성하기 위한 인식적 방법에 관한 규범들 역시 사실적 고려를 통하여 결정된다. 한 인식적 방법이 바람직한 것인가는 우리가 처한 세계에서 그 방법을 따르는 것이 주어진 인식적 목표를 달성하기 위한 성공적인 수단인가에 의하여 결정되며, 이는 명백히 사실적 탐구의 영역이다. 바로 이러한 이유들 때문에, 로든은 목표, 규범, 사실에 대한 탐구는 모두 〈동일한 천으로부터 재단된다〉고 주장한다.[10]

위의 견해에서는 인식론과 과학은 상호간 조정하는 관계에 놓이게 된다. 위에서 제시된 바와 같이 인식적 목표와 규범을 탐구하는 인식론은 자연과학의 연구로부터 영향을 받으며, 이렇게 성립한 인식론은 자연과학의 탐구 방식에 대한 규제적인 역할을 한다. 그러나 이러한 인식론의 내용은 또다시 자연과학의 발전에 의하여 수정될 수 있으며, 수정된 인식론이 자연과학에 대한 새로운 규범을 제시한다. 후커는 이 과정을 〈인식론은 과학적 방법을 평가하고, 과학은 인식론에 정보를 제공함으로써 역사적인 시간 축을 따라서 확장되는 나선형의 과정〉[11]으로 묘사한다.

인식론의 규범적 탐구가 위와 같이 전적으로 경험적 탐구의 영역

---

10) Laudan(1990).
11) Hooker(1974), 415.

으로 이동하게 되면, 이제는 인식론의 규범적 성격은 큰 폭으로 줄어든다. 앞서 지적하였듯이, 인식적 목표는 특정한 시대 사람들의 세계관, 그들의 욕구, 세계와 사람 사이의 관계의 함수로 이해된다. 그렇다면, 세계가 변하고, 욕구가 변하면 인식적 목표도 변하게 마련이다. 이러한 사실이 인식론의 규범적 성격에 대하여 갖는 함축을 키쳐는 다음과 같이 세련되게 표현한다.[12]

> 과학사는 탐구에 부여되는 목표가 영역에 따라, 그리고 시대에 따라 상당히 다르다는 것을 보여준다. 따라서 보편적인 규범적 인식론이란 있을 수 없으며, 우리는 사람들이 실제로 믿음을 형성하는 방식을 서술하는 것에 만족하든가, 지적인 탐구가 특정한 맥락 내에서 어떻게 그들의 목표를 고양할 수 있는가에 관한 맥락 내적인 충고를 하는 것에 만족해야 한다.

이제 이러한 이유에서 과학사회학자들을 포함한 철학자들은 전통적 인식론에서 그토록 강조되었던 인식론의 규범적 성격의 의의를 아주 사소한 것으로 재해석하든가, 아니면 규범성을 인식론에서 전적으로 배제하는 극단적 방향으로 나아가기도 한다.[13] 예를 들어, 블로어와 반즈는 지식을 〈임의의 집단적으로 받아들여진 믿음의 체계〉라고 정의한다.[14] 이렇게 규범성을 인식론으로부터 배제한다는 견해는 자연화된 인식론에 관심을 갖는 사람에게는 생소할 것이 없다. 왜냐하면, 이러한 주장은 〈자연화된 인식론〉이라는 말을 인식론을 처음 도입한 콰인 자신이 처음으로 제시하였으며, 그 주장의 혁신성 때문에 자연화된 인식론이 주목을 끌었다고도 할 수 있기 때문이다. 널리 인용되는 다음과 같은 콰인의 유명한 주장은 이러한 입장을 선명히

---

12) Kitcher(1992), 80.
13) Bloor(1976) ; Barnes and Bloor(1982) ; Latour(1987) ; Roth(1983).
14) Barnes and Bloor(1982), 22.

대변한다 :

    인식론 또는 그와 비슷한 것은 단순히 심리학의 따라서 자연과학의 한 장이 된다. 그것은 한 자연 현상, 즉 물리적인 사람을 연구한다. 이 사람에게는 경험적으로 제어된 입력, 예를 들면 빛이 조합된 파장을 통하여 일정한 형태로 투사되어 주어지고, 충분한 시간이 흐르면 이 사람은 3차원적인 외부 세계와 그 과정에 대한 묘사를 출력으로 산출한다. 이러한 빈약한 입력과 엄청난 출력 사이의 관계를 우리가 관심을 갖고 연구하는 이유는 항상 인식론을 고무하였던 이유와 대체로 같다. 그 이유란 증거가 이론과 어떻게 연관되는가, 그리고 어떻게 자연에 대한 한 사람의 이론이 획득할 수 있는 증거의 범위를 넘어서는가를 이해하고자 하는 것이다.[15]

    다만 한 가지 주목할 점은 분석-종합의 구분에 대한 비판을 통하여 인식론의 규범성을 철학적으로 배제한 콰인의 주장이 이제 과학사가들과 과학철학자들에 의하여 과학사에 대한 구체적인 고찰과 그에 토대를 둔 철학적인 논증을 통하여 설득력 있는 입장으로 제시되고 있다는 것이다.

4 결론

    지금까지 우리는 자연화된 인식론의 여러 형태를 살펴보았다. 우리는 자연화된 인식론을 인식론과 자연과학 사이의 방법론적인 연속성을 옹호하는 입장으로 보아야 그 의의가 제대로 드러난다는 것을 지적한 후에, 자연과학의 경험적 탐구가 인식론의 탐구에 영향을 미치

---

15) Quine(1969).

는 정도에 대한 상이한 견해에 따라 자연화된 인식론이 상이한 형태로 나타나고 있다는 것을 살펴보았다. 그리고 우리는 자연과학의 탐구가 인식론의 탐구에 영향을 미치는 정도가 점차 강화되는 순서를 따라 자연화된 인식론의 여러 형태들을 살펴보았으며, 그러한 강화를 지지하기 위하여 그때그때 어떠한 철학적 과학사적 근거가 제시되고 있는가를 살펴보았다. 물론 여기서 제시된 자연화된 인식론의 여러 형태들의 순서가 역사적 발전 순서와 정확히 일치하는 것은 아니다. 인식론의 자연화를 옹호하는 현대의 인식론자들 사이에서 자연과학의 탐구가 인식론의 탐구에 어느 정도 영향을 미칠 수 있는가, 즉 인식론의 자연화는 어느 정도까지 진행되어야 하는가에 대하여 많은 논쟁이 진행중이다. 따라서 여기서 살펴본 자연화된 인식론의 여러 형태들의 배열은 논리적 강도에 따른 배열로 이해하여야 할 것이다.

그리고 이 글은 각 자연화된 인식론의 이론들이 어떠한 근거를 자신의 이론을 옹호하는 근거로 삼고 있는가는 살펴보았지만, 이 근거가 자신들의 이론을 진정으로 지지하여 줄 수 있는지를 비판적으로 고찰하지는 않았다. 이러한 비판적 고찰은 이 글의 범위를 넘어서는 것으로, 독자와 필자의 미래 연구 과제로 남겨두기로 하겠다. 다만 이러한 고찰은 어떤 성찰을 포함하여야 하는지를 지적함으로써 이 글을 마무리짓도록 하자.

인식론의 자연화에 중요한 계기로 작용한 것들 중의 하나는 콰인의 분석 명제와 종합 명제의 구분에 대한 비판임을 보았다. 콰인은 이로부터 선험적 지식과 경험적 지식의 구분도 함께 비판하는 듯하다. 그리고 이로부터 인식적 규범에 관한 인식론적 지식 역시 종합적-경험적임을 주장한다. 최소한 인식적 규범에 대한 선험적 지식의 존재를 콰인의 논의에 의거하여 부정하는 사람들은 위와 같은 태도를 취하고 있다. 이러한 방식으로 자연화된 인식론을 주장하는 입장에는 몇 가지 문제가 있다. 우선 분석-종합의 구분 가능성은 여전히 철학적 논란의 대상이 되고 있다. 그뿐 아니라, 분석-종합의 구분에 대한 비판을 받아들인다 하더라도 이것이 전통적 인식론이 해오던 작업에 대하여 어떤 혁명적인 변화를 요구하는지가 분명하지 않다. 콰인의 논증이 보여주는 것은, 전통적 인식론이 소위 반성적 평형이라는 방법을 통하여 제시한 인식적 규범은 궁극적으로 우리의 선조들과 우리들의 개념 체계를 지배하는 규칙들이며 이들 역시 경험적 내용을 지니고 있다는 것이다. 즉, 기존의 전통적 인식론이 제시하는 인식적 규범에 대한 진술들이 경험적 진술이라는 것이다. 그러나 이로부터 인식적 규범을 해명하기 위하여 구체적인 자연과학, 특히 인지심리학의 구체적인 연구 성과를 고려해야만이 인식적 규범이 밝혀질 수 있다는 결론이 따르지는 않는다. 전통적 인식론자는 자신들이 해오던 대로 우리의 개념 체계를 지배하는 규칙들을 분석하고, 그리고 자연과학을 지배하는 방법론을 이전의 방식대로 분석하면서, 콰인의 주장을 받아들여 자신들이 제시하는 인식적 규범에 대한 진술들이 경험적이라는 주석만을 달면 되는 것이다.[16] 만약 이러한 주장이 정당하다면, 인식적 규범에 대한 진술이 종합적이라는 근거에서 자연화된 인식론을 옹호하는 것은 별것 아닌 것에 대하여 법석을 떠는 결과에 불과할 수 있다. 따라서, 콰인의 주장에서 자연화된 인식론의 의의를 도출하고자 한다면, 콰인의 주장이 인식론의 실제 작업에 대하여 갖는 함축이 심도 있게 논의되어야 한다.

그러나 만약 앞에서 지적한 과학사가들이 주장하는 바와 같이 인식적 목표 자체가 한 시대의 사람들이 갖는 욕구와 자신의 환경에 대한 이해에 의하여 결정되는 가변적인 것이라고 한다면, 인식적 규범에 대한 탐구는 엄밀한 의미에서의 자연과학의 연구 성과에 의하여 결정되지 않는다 하더라도 선조들과 현대인들의 심리 상태와 욕구에

---

16) 이와 유사한 논증에 관해서는 Foley(1995)를 참조하라.

대한 역사적 심리학적 연구로 이루어질 것이다. 우리는 이러한 주장이 인식론에서 규범성을 배제하거나 그 의의를 극도로 약화시켜서 인식론의 틀을 근본적으로 변형시키는 계기로 작용하고 있음을 보았다. 그러나 과연 인식적 목표 자체가 그렇게 가변적인 것인가는 아직 상당한 논란의 여지가 있다. 전통적 인식론의 기본적 가정이면서 현대의 많은 인식론자들이 받아들이고 있는 주장은 인식의 목표는 진리라는 것이다. 즉, 참에 도달하고 올바른 예측을 제공하고자 하는 것은 인류의 역사를 꿰뚫는 보편적 가치로서 모든 시대와 공간에서 인간의 지적인 탐구를 인도한 목표라는 것이다. 이러한 주장은 과학사에 많은 관심을 갖는 사람들에 의하여도 옹호되고 있다. 다시 말하면, 과학사는 상이한 해석의 여지를 갖고 있으며, 어떻게 해석되는가에 따라 진리 추구라는 인식적 목표가 보편적인 것으로 또는 그렇지 않은 것으로 나타날 수 있으며, 이에 따라 인식론의 보편적 규범성에 대한 결론도 다르게 나타날 수 있다. 따라서, 인식론의 규범성을 배제하거나 약화시키는 자연화된 인식론의 주장은 과학사에 대한 엄밀한 검토와 철학적 논증을 통하여 검증되어야 한다.

참고문헌

Alston, William(1986), "Internalism and Externalism in Epistemology," *Philosophical Topics* 14.

──────(1988a), "An Internalist Externalism," *Synthese* 74, reprinted in *Epistemic Justification*(Ithaca, New York : Cornell University Press).

──────(1988b), "Deontological Conception of Epistemic Justification," in J. E. Tomberlin ed., *Philosophical Perspectives* 2, *Epistemology*(Atascadero, CA : Ridgeview Publishing Co.).

──────(1989), "Level Confusions in Epistemology," in *Epistemic Justification* (Ithaca, New York : Cornell University Press).

Armstrong, D. M.(1973), *Belief, Truth and Knowledge*(Cambridge : Cambridge University Press).

Ayer, A. J.(1946), *Language, Truth, and Logic*, 2nd ed.(New York : Dover).

Barnes, Barry and Bloor, David(1982), "Relativism, Rationality and the Sociology of Science," in Hollis and Lukes eds., *Rationality and Relativism*(Cambridge MA : MIT Press).

Bloor, David(1976), *Knowledge and Social Imagery*(London : Routledge and Kegan Paul).

BonJour, Laurence(1980), "The Internalist Conception of Epistemic Justification," in Peter A. French et al eds., *Midwest Studies in Philosophy* vol. 5 : *Studies in Epistemology*(Minneapolis : University of Minnesota Press).

―――― (1985), *The Structure of Empirical Knowledge*(Cambridge, MA : Harvard Univeristy Press).

Boyd, Richard(1982), "Scientific Realism and Naturalized Epistemology," in Asquith and Giere eds., *PSA* 1980 vol. 2(East Lansing : Philosophy of Science Association).

Carnap, Rudolf(1935), *Philosophy and Logical Syntax*(London).

Cherniak, Christopher(1986), *Minimal Rationality*(Cambridge, MA : MIT Press).

Chisholm, Roderick(1968), "Lewis' Ethics of Belief," in P. A. Schlipp ed., *The Philosophy of C. I. Lewis*(La Salle, Illinois : Open Court).

―――(1977), *Theory of Knowledge*, 2nd ed.(Englewood Cliffs, N. J. : Prentice-Hall).

―――(1982), "A Version of Foundationalism," in *The Foundations of Knowing* (Minneapolis : University of Minnesota Press).

―――― (1988), "The Indispensability of Internal Justification," *Synthese* 64.

Churchland, Paul(1989), "Perceptual Plasticity and Theoretical Neutrality : A Reply to Jerry Fodor," in *A Neurocomputational Perspective*(Cambridge, MA : MIT press).

Clark, Michael(1963), "Knowledge and Grounds : A Comment on Mr. Gettier's Paper," *Analysis* 24.

Cohen, Stewart(1984), "Justification and Truth," *Philosophical Studies* 46.

Dancy, Jonathan(1985), *Contemporary Epistemology*(Oxford : Basil Blackwell).

Dretske, Fred(1970), "Epistemic Operators," *Journal of Philosophy* 67 : 1007-1023.

―――(1971), "Conclusive Reasons," *Australasian Journal of Philosophy* 49 : 1-22.

―――(1981), *Knowledge and the Flow of Information*(Cambridge, MA : MIT Press).

Feldman, Richard and Conee, Earl(1985), "Evidentialism," *Philosophical Studies* 48 : 334-345.

Firth, Roderick(1978), "Are Epistemic Concepts Reducible to Ethical Ones?," in

A. Goldman and Jaegwon Kim eds., *Values and Morals*(Dordrecht : Reidel).

Fodor, Jerry(1984), "Observation Reconsidered," *Philosophy of Science* 51 : 23-43.

Foley, Richard(1987), *The Theory of Epistemic Rationality*(Cambridge, MA : Harvard University Press).

―――(1995), "Quine and Naturalized Epistemology," in French et al eds., *Midwest Studies in Philosophy* vol. 19(Notre Dame, Indiana : University of Notre Dame Press).

Gettier, Edmund(1963), "Is Justified True Belief Knowledge?," *Analysis* 23.

Ginet, Carl(1975), *Knowledge, Perception and Memory*(Dordrecht : D. Redidel).

Goldman, Alvin(1967), "A Causal Theory of Knowing," *The Journal of Philosophy* 64 : 355-372.

―――(1967), "Discrimination and Perceptual Knowledge," in Marshall Swain George Pappas eds., *Essays on Knowledge and Justification*(Ithaca New York : Cornell University Press).

―――(1976), "Discrimination and Perceptual Knowledge," *The Journal of Philosophy* 20.

―――(1979), "What is Justified Belief?," in George Pappas ed., *Justification and Knowledge*(Dordrecht : D. Redidel).

―――(1980), "The Internalist Conception of Justification," in French et al eds., *Midwest Studies in Philosophy* V(Minneapolis : University of Minnesota Press).

―――(1986), *Epistemology and Cognition*(Cambridge, MA : Harvard University Press).

―――(1992), "What Is Justified Belief?," *Liasons*(Cambridge, MA : MIT press).

―――(1994), "Naturalistic Epistemology and Reliabilism," in French, Uehling, and Wettstein eds., *Midwest Studies in Philosophy*, vol. XIX(Notre Dame, IN : Notre Dame University Press).

Gregory, R.(1970), *Mind in Science*(Cambridge, MA : MIT Press).

Gregory, R.(1981), *The Intelligent Eye*(New York : McGraw Hill).

Harman, Gilbert(1973), *Thought*(Princeton, NJ : Princeton University Press).

──(1984), "Positive versus Negative Undermining in Belief Revision," *Nous* 18 : 39-49.

──(1986), *Change in View*(Cambridge, MA : MIT Press).

Hooker, Clifford(1974), "Systematic Realism," *Synthese* 26 : 409-497.

──(1987), *A Realist Theory of Science*(Albany : State University of New York Press).

James, William(1890), *Principles of Psychology*(New York : Holt Press).

──(1909), *The Meaning of Truth*(New York : Longmans Green).

Kim, Kihyeon(1993), "Internalism and Externalism in Epistemology," *American Philosophical Quarterly* 3 : 303-316.

Kitcher, Philip(1992), "Naturalists Return," *The Philosophical Review* 101 : 53-114.

Kornblith, Hilary(1980), "Beyond Foundatrionalism and the Coherence Theory," *The Journal of Philosophy* : 597-612.

──(1983), "Justified Belief and Epistemically Responsible Action," *Philosophical Review* 92 : 33-48.

──(1985), "Introduction," *Naturalizing Epistemology*(Cambridge, MA : MIT Press).

Kuhn(1970), *The Structure of Scientific Revolutions*, 2nd ed.(Chicago : University of Chicago Press).

Latour, Bruno(1983), *Science in Action*(Cambridge, MA : Harvard University Press).

Laudan(1987a), "Progress or Rationality : The Prospects for Normative Naturalism," *American Philosophical Quarterly* 24 : 19-31.

──(1987b), "Relativism, Naturalism and Reticulation," *Synthese* 71 : 221-334.

────(1990), "Normative Naturalism," *Philosophy of Science* 57 : 44-59.

Lehrer, Keith(1965), "Knowledge, Truth and Evidence," *Analysis* 25.5.

────(1971), "How Reasons Give Us Knowledge, or the Case of the Gypsy Lawyer," *Journal of Philosophy* 68 : 311-313.

────(1981), "A Self Profile," in R. Bogdan ed., *Keith Lehrer*(Dordrecht : D. Reidel).

──── (1990), *Theory of Knowledge*(Boulder, CO : Westview Press).

Lehrer, Keith and Paxon, Thomas(1969), "Knowledge : Undefeated Justified True Belief," *Journal of Philosophy* 66 : 225-237.

Lewis, C. I.(1946), *An Analysis of Knowledge and Valuation*(La Salle, Illinois : Open Court Press).

Lewis, David(1973), *Counterfactuals*(Oxford : Blackwell).

Maffie, James(1990), "Recent Work on Naturalized Epistemology," *American Philosophical Quarterly* : 281-93.

Moser, Paul(1985), *Empirical Justification*(Dordrecht : D. Reidel).

Naylor, Margery(1988), "Epistemic Justification," *American Philosophical Quarterly* 25 : 49-58.

Nisbett, Richard and Ross, Lee(1980), *Human Inference : Strategies and Shortcomings of Social Judgment*(Englewood Cliffs, N.J. : Prentice-Hall).

Nisbett, Richard and Wilson, Timothy(1977), "Telling More than We Can Know : Verbal Reports on Mental Processes," *Psychological Review* 84 : 231-59.

Nozick, Robert(1993), *The Nature of Rationality*(Princeton, NJ : Princeton University Press).

────(1981), *Philosophical Explanations*(Cambridge, MA : Harvard University Press).

Pollock, John(1986), *Contemporary Theories of Knowledge*(New Jersey : Rowman and Littlefield).

―――(1979), "A Plethora of Epistemological Theories," in G. Pappas ed., *Justifcation and Knowledge*(Dordrecht : D. Reidel).

Quine, W. v. O.(1961), "Two Dogmas of Empiricism," in *From a Logical Point of View*(Cambridge, MA : MIT Press, 1961).

―――(1969), "Epistemology Naturalized," *Ontological Relativity and Other Essays*(New York : Columbia University Press).

―――(1975), "The Nature of Natural Knowledge," in Samuel Guttenplan ed., *Mind and Language*(Oxford : Clarendon Press).

Rescher, Nicholas(1977), *Methodological Pragmatism*(Oxford : Basil Blackwell).

Roth, Paul(1983), "Seigel on Naturalized Epistemology and Natural Science," *Philosophy of Science* 50 : 482-493.

Russell, Bertrand(1912), *The Problems of Philosophy*(Oxford : Oxford University Press).

Saunders, Turk and Champawat, Narayan(1964), "Mr. Clark's definition of 'Knowledge'," *Analysis* 25.1 : 8-9.

Sellars, Wilfrid(1963), "Empiricism and the Philosophy of Mind," reprinted in *Science, Perception, and Reality*(New York : Humanities Press).

Shope, Robert(1983), *The Analysis of Knowing*(Princeton : Princeton University Press).

Sosa, Ernest(1964), "The Analysis of 'Knowledge that P'," *Analysis* 25 : 1-8.

――― (1980), "The Raft and the Pyramid," in French et al eds., *Midwest Studies in Philosophy*, vol. 5 : *Studies in Epistemology*(Minneapolis : University of Minnesota Press).

Stevenson, Charles(1944), *Ethics and Language*(New Haven : Yale University Press).

Stich, Stephen(1985), *From Folk Psychology to Cognitive Science*(Cambridge MA : MIT press).

Swain, Marshall(1974), "Epistemic Defeasibility," *American Philosophical Quarterly* 11 : 15-25.

──(1981), *Reasons and Knowledge*(Ithaca, New York : Cornell University Press).

Swain, Marshall and Pappas, George(1978), *Essays on Knowledge and Justification*(Ithaca, New York : Cornell University Press).

Unger, Peter(1971), "A Defense of Skepticism," *The Philosophical Review* 80 : 198-218.

Wilson, Timothy(1985), "Self-Deception without Repression : Limits on Access to Mental States," in Mike Martin ed., *Self-Deception and Self-Understanding* (Lawrence : University Press of Kansas).

Wolterstorff, Nicholas(1983), "Can Belief in God be Rational If It Has No Foundations?," in Alvin Plantinga and Nicholas Wolterstorff eds., *Faith and Rationality*(Notre Dame, Indiana : University of Notre Dame press).

Wundt, W.(1905), *Grundriss der Psychologie*(Leibzig : Englemann Press).

김기현 (1992), 「인식정당화의 한 이론」, 《철학과 현실》, 겨울호.

── (1995), 「믿음과 증거의 연결」, 《과학과 철학》, 제6집 : 186-204.

── (1995), 「자연화된 인식론과 연결」, 한국 분석철학회 편, 『철학적 자연주의』(서울 : 철학과 현실사).

── (1997), 「자연화된 인식론」, 철학과 현실사 편, 『언어, 진리, 문화 1』(서울 : 철학과 현실사).

── (1998), 「인식적 합리성의 두 개념」, 한국 분석철학회 편, 『합리성』(서울 : 철학과 현실사).

찾아보기

ㄱ

가능 세계 81-83
개념적-존재론적 차원에서의 연속성 265-267
객관적 확률과 주관적 확률 117-118
게티어 48-72, 77, 97, 99, 266
격파자
  논박적 격파자 46
  밑동자르는 격파자 47
결과주의
  윤리학의 결과주의 106, 공리주의 참조
  인식정당성의 결과주의 108-109, 발생적 견해 참조
경험의 이론의존성과 경험의 이론독립성 192-196, 212-217
경험주의 149, 181, 189, 262
골드만 59-60, 62-63, 77, 94, 96, 114-116, 132-133, 140, 144, 154-155, 266, 270-271
공리주의 106, 결과주의 참조
과정 신빙주의 114, 132-133, 140, 144, 154-155, 270
과정주의 140, 151-153
근거 43-48

기초적 믿음 163-166, 171, 175-182, 185-196, 202-204, 210, 212-213

ㄴ

내재론
  근거 내재론과 근거 외재론 139-142
  적절성 내재론과 적절성 내재론 142-148
  토대 내재론과 토대 외재론 148-153
노직 77, 89, 92, 132, 227
논리 실증주의 181, 189
논리적 일관성 168-169, 276

ㄷ

데카르트 37, 69, 126, 177-178, 207, 209-210, 225, 232-233, 262, 269
도덕적 개념 261
동기주의 106-107, 의무론적 견해, 전통적 견해 참조
드레츠키 77, 89, 90, 132, 266

295

ㄹ

레러 110, 112, 118, 122, 134-135, 144, 150-151, 154-155, 167
레셔 280
로든 280-281
로크 262
루이스, C. 181, 189, 195
루이스, D. 81

ㅁ

메타인식론 239
명제적 태도 33
무한 후퇴 123-124, 127-128, 174
뮐러-라이어 도형 214
믿음
　활성화된 믿음과 비활성화된 믿음 34
　의식적 믿음과 무의식적 믿음 33-34
　내성적 믿음 58, 182-186, 188-189, 191, 193

ㅂ

반성적 평형 270, 278, 285
반즈 282
발생적 견해 114-129, 156, 158-159, 결과주의 참조
버클리 262
보이드 280
봉주르 109, 111-112, 121, 132-135, 144, 154-155, 167-170
분석 명제와 종합 명제 178-179
블로어 282
비기초적 믿음 163-166
비직접적으로 정당한 믿음 163
비추론적으로 정당한 믿음 163
비토대적 믿음 163

ㅅ

상위 믿음 120-124, 150-151, 155-158, 186, 190
상위 의식 108-114, 118-120, 123
서술적 개념 38
스웨인 115
신빙성 있는 지표 이론 3장, 141, 145, 151, 154, 250-253
신시각심리학 214

ㅇ

악성적 무한 후퇴 123
알려진 연역적 함축 하에서의 지식의

폐쇄성 246-247, 252, 258
암스트롱 77, 85-86, 88-89, 132-133, 154-155, 266
엉거 230-232
연역적 함축 하에서의 지식의 폐쇄성 227-230, 233-235, 245, 247, 252, 257-258
오류가능성 42-43, 136
온건한 토대론 187-192, 213
올스톤 115, 151
윤리학 105-108, 120, 123, 226, 261, 265, 275
의무론적 견해 109-110, 112, 121, 동기주의 참조
의심불가능성 178-179
이례항 170
이상적 수용가능성 36
인식적 개념 265-266, 268, 270-271
인식적 규범 104, 126-129, 146, 198, 200, 272-273, 275-280, 284-285
인식정당성의 후퇴 172-176, 201-205
인지과학 22, 33

ㅈ

자기논박성 236-237
자기제시성 184 주 11), 191
자비로운 영 69-70, 243, 251-252

자연화된 인식론 98-99, 8장
자체정당성 176-177
재구성적인 인식론 177, 181, 185, 191
적절성 94-98, 142-148
적절한 대안의 부재 이론 94-98
전능한 기만자 37, 69, 126-128, 207-210, 225-226, 228-230, 234-235, 241-243, 247, 251-254, 256
전체 증거의 요구 276
전통적 견해 108-113, 116-124
정의 29-32
제1철학 263, 271, 272, 277
조건문
　실연적 조건문 78-79
　엄격한 조건문 78-80
　가정법적 조건문 80-84, 88, 89-93, 95, 251-253
　반사실적 조건문 80
증거주의 139-140, 145, 151-153, 155
지각적 믿음 42-43, 56, 86, 120, 182, 187-188, 191-193, 209, 211-213
지식
　경험적 지식 23, 25-27
　도덕적 지식 25
　선험적 지식 23
　이성적 지식 23
　절차적 지식 17-18
　지각적 지식 22
　체험적 지식 20-21

찾아보기 297

초월적 지식 23
표상적 지식 22-26
지식 판단의 맥락의존성 247-250
직접적 실재론 188, 192
직접적으로 정당한 믿음 163
진리 상응론 36-37
진리 실용론 36-37
진리 추적 이론 90 주 10)
진리연관성 38-42

ㅊ

처니액 275-276
처칠랜드 216
추론적으로 정당한 믿음 163, 172
치좀 109, 132-133, 145, 155, 191

ㅋ

칸트 23, 37
코니 115, 151
콰인 136, 278-280, 282-285
쿤 280

ㅌ

토대론 162-166, 172, 175-176

토대적 믿음 163

ㅍ

펠드만 115, 151, 154
평가적 개념 38, 265, 268-270
포더 216
폴록 145, 148, 153
폴리 110-112, 118-119, 145, 150-154

ㅎ

하만 54, 57-58, 198-199
형태심리학 214
확률적 일관성 169
확실성 176-185, 189, 230-232, 233, 235
확정적 이유와 비확정적 이유 44
확증 이론 36-37
회의론
　지식 회의론과 인식정당성 회의론 221
　포괄적 회의론과 국지적 회의론 221, 223
　필연적 회의론과 현실적 회의론 222-223
후커 280-281
흄 140, 149, 262, 269

김기현

서울대 철학과를 졸업하고 같은 과 대학원에서 석사 학위를 받았으며, 애리조나 대학에서 철학 박사 학위를 받았다. 오클라호마 대학에서 철학과 조교수를 지냈으며 현재 서울대 철학과 교수로 있다. 옮긴 책으로는 『사회과학과 철학』(P. 윈치), 『버클리』(J. O. 엄슨)가 있고, 「인식정당성에 관한 한 이론」, 「철학에서 본 인지과학」, "Internalism and Externalism in Epistemology", "The Fallibility Paradox" 등의 논문이 있다.

현대 인식론

1판 1쇄 펴냄 • 1998년 8월 25일
2판 1쇄 펴냄 • 2003년 7월 28일
2판 7쇄 펴냄 • 2021년 9월 15일

지은이 • 김기현
발행인 • 박근섭, 박상준
펴낸곳 • (주) 민음사

출판등록 • 1966. 5. 19. (제16-490호)
서울특별시 강남구 도산대로1길 62(신사동)
강남출판문화센터 5층 (우편번호 06027)
대표전화 02-515-2000 • 팩시밀리 02-515-2007
www.minumsa.com

ⓒ 김기현, 1998, 2003. Printed in Seoul, Korea

ISBN 978-89-374-5431-8 94160
ISBN 978-89-374-5420-2 (세트)

* 잘못 만들어진 책은 구입처에서 교환해 드립니다.